DEMONIC FOES

精神科医の悪魔祓い《エクソシズム》

デーモンと闘いつづけた医学者の手記

リチャード・ギャラガー
Richard Gallagher
松田和也［訳］

国書刊行会

精神科医の悪魔祓い《エクソシズム》　目次

精神科医の悪魔祓い《エクソシズム》——デーモンと闘いつづけた医学者の手記

自らの、異常ではあるが圧倒的な物語を共有することを許可してくれた、本書の登場人物たちに深甚なる感謝を表明したい。

わが息子ピーターと多くの同僚、友人たち、その他数限りない人々に感謝する。本書に注意を占有されていた時期の私に、愛と援助を下さったことを。

序文

かつて長きに亘って学部長を務めた者として、リチャード・ギャラガー博士は多彩な才能を持つ精神科医であると共に批評家としても高い評価を受け、また有能な教育者でもあることを確信致します。博士は遠い昔に、いわゆる悪魔憑依《ひょうい》という、物議を醸すにしても魅惑的な主題に関する真剣な学術研究に着手されました。

広く流布している信念とは裏腹に、このような現象は今日の世界でも報告が相次いでいるのみならず、依然として単純な医学的・精神医学的疾患として安易に説明されることを拒んでおります。ギャラガー博士はその専門的知見と非の打ち所なき誠実さを以てこのような「憑依状態」の研究に当たられ、間違いなく他のどんな医師よりも数多く、これらの説明困難かつ興味深い症例に直接遭遇して来られました。

ゆえに本書は歴史上にも独自なものでありましょう。長く論争の対象となって来た主題を、優れて信頼に足る学究的医師――精神医学の有能な教授――が真剣に論じたものでありますから。博士は、今日の症例に関する個人的に知り得た情報の入念な詳細を正確に提供することが可能な人物であります。

ニューヨーク医科大学精神医学および行動科学部シドニー・E・フランク特別教授
アメリカ精神医学会元会長

医学博士ジョセフ・T・イングリッシュ

イントロダクション

悪魔の最も巧妙な策略は、悪魔は存在しないと諸氏をして信ぜしめるところにある。［la plus belle des ruses du Diable est de vous persuader qu'il n'existe pas!］

——ボオドレエル『寛大なる賭博者』

わたしが暗闇であなたがたに言うことを、明るみで言いなさい。耳打ちされたことを、屋根の上で言い広めなさい。

——『マタイによる福音書』第一〇章二七

私の経験上、悪魔憑依《ひょうい》という観念は極めて物議を醸すものであり、また誤解されやすいものである。故に、まず初めにこの観念には学問的な根拠が存在するということを明らかにしておきたい。この主題に対する典型的な反応は、我が国の両極性を反映するものである。合衆国、および全世界的に悪霊の存在は広く信じられているが、一部の人はこの主題をあり得ないこと、あるいは愚かしいことであるとまで考えている。一方では至るところに悪魔を見出す者もいる。そんな訳でここでは私の個人的な物語を詳細に述べ、憑依現象の信憑性を強調すると共に、さまざまな誇張や欺瞞に関する冷静な所見を提供したい。

本書の草稿に対する、多くの分野における最初の医学的・宗教的反応は――学識深い学者や医者、および経験豊富な祓魔師《ふつまし》のいずれからも――喜ばしいほど肯定的なものであった。私の同僚である多くの医師たち――世界中にいる――が私の発見に同意しているという事実を知れば、読者は驚かれるかもしれない。確かに彼らはそれについて明け透けには語りたがらないが――中には著しい例外もいる。例えば、とあるハーヴァードの精神科医は本書をして「間違いなく世界的権威による……格別の説得力を持つ書物である……著者の学術的厳密さ、人格的誠実さはまさに非の打ち所がない」と述べておられる。とある傑出した神経学の教授は本稿を「この上なく際立った書物である……著者は全面的に信頼すべき証人であり、私がこれまでに出逢った中でも最も明敏なる人物である」と評された。またアメリカの一流の祓魔師はこれを「悪魔の攻撃という主題に関する、アメリカで〈最も頼りになる《ゴウ・トウ》〉医学の専門家によるこの上なく有益な書物である……もしも私に助けが必要なら、私は彼を訪ねるだろう。彼はこの分野において大いに尊敬を受けている」と述べておられる。[†1]

本書は、過去二五年に亘って私が直接遭遇した、悪魔による憑依を初めとするさまざまな攻撃の明々白々な事例を語っている。私は元来、自ら志願してこれらの症例に取り組んだわけではない。単に、精神科医としての私の見解を求める宗教指導者からの問い合わせに答えたまでであった。そして私が本書の執筆に対する躊躇《ちゅうちょ》を克服したのは、私が救援した悩める男女からの許可を得た後のことにすぎない。

二〇一六年、私は『ワシントン・ポスト』紙から委嘱されてとある記事を寄稿した。[†2] 編集者の注文は、悪魔憑依に関する精神科医としての専門的見解を読者に伝えることであった。この記事はネット上で一〇〇万回以上のアクセスを集めた。そこには、より十全な証拠を要求する何千というコメントが寄せられたが、その時点ではまだそれを明らかにする意図はなかった。CNNのオンライン・プロファイル――TVのインタヴューが添えられている――でも同じように答えていた。[†3] 一方で、専門家である同僚たちや何十人もの祓魔師たちからもまた、教授として精神科医としての私の発見や手法の報告を始終せがまれていた。さらに、憑依の「非病理説」を唱える学者たちは長い間、十分な裏付けのある本物の報告の公開を待ち望んでいた。

そのようなわけで、依然として若干の優柔不断を残しつつも、私は本書の執筆を決意したのである。

しばしば訊ねられることだが、悪魔に攻撃されていると訴える多くの不幸な事例においては、実際には当人がそのように思い込んでいるだけ、という場合が圧倒的である。そのような数多の事例の中から本物を選別するに当たって、精神医学の教授以上の適任者がいるだろうか？　精神疾患、およびその他の病症のある人にとっては、自らの精神状態を誤認し、悪霊に唆《そそのか》されていると思い込んでしまうのは珍しいことではない。後に見るように、これは精神病や重度の人格障害、解離障害等の患者や暗示に掛かりやすい人には特に当て嵌《は》まる。私は自分が、これらの込み入った問題に光を当てることができるという、独自の立場にいる人間であることに気づいた。

当然ながら、私はこれまで大勢の懐疑論者や否定派に出くわしてきた。特にネット上の評論家たちは私に対して眉を顰《ひそ》めてきたものである。匿名という鎧を纏《まと》った自称専門家たちは、自らの、しばしば情報不足気味な見解も平気で開陳する。とある辛辣な支持者のコメントによれば、私の情報公開は「蟻塚を突《つつ》く」結果をもたらしたという。

同様に、ほとんどの医療従事者は、どれほど聡明な善意の人であっても、この主題に関しては全くの無知である。彼らは記憶というものが如何に容易《たやす》く歪曲されるものであるかを一般人よりもよく知っている。故に、そのような話は全てが妄想もしくは記憶の不正確な想起によるものに違いないと決めつけがちである。悪魔による攻撃や悪魔崇拝者による虐待を受けたと称する疑わしい「回復記憶」は数多く存在している。本書ではこの現象に関する論争全般も詳細に扱っているが、本書で取り上げる主要な事例はその種のものではない。以下に記した報告は私が自ら直接目撃したものか、もしくは極めて信頼に足る複数の目撃者によって個別に証明されたものばかりである。

霊性に対して理解ある人々の中にすら、これについては懐疑的な者もいる。多くの宗教学者は素朴な、もしくは願望的な「脱神話化」に傾倒し、悪魔の活動に関する話は単なる神話か、時代遅れの文化的概念に過ぎないと主張する。彼らは古い文献や証拠資料にある悪霊への無数の言及を、単なる時代錯誤、もしくは象徴的表現に過ぎないとして一蹴するのである。このような結論を聞けば、歴史上の偉大な宗教家たちは驚倒していただろう。彼らは悪魔による攻撃の事例の現実性に何の疑念も抱いていなかったのだから。だが今日の多くの聖職者たちは嘲笑や誇張を恐れて、この主題について論じることすら躊躇する。聖職者でなくとも、頭が良すぎる人というものは得てして、どんなに印象的な証拠を突きつけられても無視を決め込むのである。

そして最後に、狂信的な懐疑派。彼らは、もはや出せなくなるまで次から次へと「証拠」を出せと要求する。明白に信頼しうる証言を安易に一蹴するその様は、しばしば少々滑稽にすら見えるほどだ。

そんなわけで、本書では詳細かつ明々白々な証拠を開示しよう。陰鬱な悪魔の世界を語るに当たっては、明るい陽光こそが偉大な消毒薬なのだ。

＊　＊　＊

異なる主題には異なる種類の証拠が必要である――憑依という現象では、人はしばしば録画や録音を要求する。だが録画は個人のプライバシーの侵害であるし、悪霊がこちらの都合に合わせてカメラの前をうろうろしてくれるという誤った前提に基づいている。何千年にも亘って闇に潜み、人を誑《たぶら》かしてきた彼らが、何故いきなり素人撮影者の言うことを聞いてくれるだろうか？　本物の録音テープも数多く存在しているが、それですら筋金入りの懐疑派を説得するには至っていない。そしてまたしても、このような要求は悪霊に従順な振る舞いを期待するという点で無邪気過ぎると言わざるを得ない。

もしも本書の中に臨床検査値や対照臨床試験や、あるいは憑依状態のニューロイメージを探すなら、失望することとなろう。霊的存在はX線には写らない。われわれは皆、人生の多くの領域において、それぞれに異なる検査方法を用いる。訓練を受けた医師たる私は科学を重視しているし、近代科学のプロトコルは必須である。近代科学の主流による諸発見も当然受け入れている——医学はその上に成り立っているのだ。だが科学哲学者の専門用語で「方法論的自然主義」と呼ばれるこのような研究原理は、人間の興味のあらゆる問題に答えられるわけではない。定義上、この科学的方法論の理解可能な概念は霊の世界を、何ならあらゆる有神論的信仰を、初めから考慮に入れていないのだ。

だが、歴史的証拠もまた同様に有用であり、「知る」ための重要な方法である。このように言うと懐疑派は呆気にとられるが、確かに憑依の症例は一般的に遭遇するものではないにしても、それが実在するという累積証拠は歴史を通じて膨大なものとなっているのである。霊の実在と彼らが人間に及ぼす影響は、ほとんどの歴史時代においてほぼ普遍的に信じられてきた。人類学者たちは、何千年にも亘るほとんどの文化において憑依への言及があることを記録している。この分野にいる多くの者は、これらの報告に不慣れな者を無知と見なしている。ある研究者に言わせれば、今日の「地球平面主義者」に他ならないという。だがほとんどの人類学者はこれらの霊的体験を、如何に奇妙なものであれ、極めて真剣に捉えているのである。たとえ当人は個人的には不可知論者であるにしても。

しかしながら、歴史を通じて悪魔の悪行や非道に関する報告には誇張されたものもまた多い。周期的に集団ヒステリー現象が生ずるのも事実である。例えば一六世紀および一七世紀の魔女狩りがそれである。セイラムの事例のように、しばしばその標的となった者は憑依を受けていると称された。精神科医である私は、より最近、すなわち一九八〇年代と一九九〇年代の「抑圧記憶」や「悪魔崇拝に関する恐慌」などの失態も目の当たりにしてきた。当時、さまざまな人格障害の患者のための精神病棟の担当医であった私は、毎日のようにこのような戯言《たわごと》と格闘しなければならなかったのである。このような恥ずべきエピソードを繰り返してはならない。

だがもしも、深く考えもせずに全ての歴史的証拠を黙殺したり、あるいはこれらの話をどれ一つとして信じることなく、霊的存在を実験の対象にできると決め付けるなら、その対象を把握することはないだろう。

ジョン・アダムズ大統領は「真実は頑固者である」と述べた。本書の目標は、現代的コンテクストにおける悪魔憑依および襲撃に関する永続的かつ明白な実証的証拠を提供することである。虚心坦懐な読者なら、その証拠を自力で解釈できるであろう。

西洋の多くの世俗主義者たちにとっては、悪魔の実在など想像も付かない。しかし霊の世界――そして悪の霊的存在による攻撃――を信ずる者は、一般に考えられている以上に主流派なのである。世界中の大部分の者が霊の世界や悪魔の憑依を信じている。第3千年紀初頭の調査によれば、わが国の市民の七〇%が悪霊の存在を信じ、そして五〇%を僅かに越えるアメリカ人が、悪魔が人間を攻撃する可能性までをも信じているのだ。[†4] ならば、主流派でないのは果たしてどちらであろうか？

当然、異なる説は数多くある。悪魔の攻撃という伝統的な観点以外に、特に現代の世界においては、憑依はしばしばさまざまな病態に帰せられる。憑依の異常な特徴の少なくとも一部を説明するために人間の潜在的な「サイキック」能力を提唱する者もいる。だがそれらの説は、信頼しうる科学的根拠によって証明されたものではない。「超常的」現象に関する似非《えせ》科学的観念はますます世に広まっており、宗教の専門家の中にすら「超心理学的」学説を信奉する者もいる。

これまでも懐疑に凝り固まった者以外は霊による攻撃が明らかに実在することを認識してきたが、多くの場合、憑依を初めとするこの種の攻撃は悪魔ではなく霊に帰せられていた。文化伝統によっては、悪しき死霊や祖霊、騒霊、祟り神、妖精、悪鬼などに帰せられることもある。このように霊に関する説は多種多様であるが、にもかかわらず歴史上の幅広く種々雑多な文化において報告されるさまざまな憑依の類型には顕著な共通点がある。どのように説明されるにせよ、何らかの霊的な攻撃が生じているという共通の要素は依然として残されているのだ。もしもこのような攻撃を邪悪な霊に帰すことができないのなら、言葉はその意味を失う。

同時にまた、酷い誇張や迷信、よくある誤解などを過度に軽信してはならない。この分野には売らんかな主義や誇張、人間の愚かさが蔓延《はびこ》っているのである。搾取されやすい者は、専門家の目から見れば明らかに精神病やその他の病気と判断される場合でも、悪魔の攻撃を受けているという誤った理解に基づいて行動するかもしれない。さらに問題なのは、その患者を「解放」するためと称して無分別に身体的虐待を加えたりすることである。このような虐待は今に始まったものではない。過激もしくは危険な手段、例えば殴打や拷問によって悪魔を祓おうとする過去および現代の試みは、効果がないばかりか無知であり、嗜虐的ですらある。霊的存在によって惹き起こされた問題に必要なものは霊的な援助であり、いかなるものであれ暴力は忌避せねばならない。

もう一つのしばしば無視される注意点は、憑依の稀少性である。ほとんどの医師は生涯そのような症例に出くわすことはないだろう。聖職者ですら、圧倒的多数の者は本物の憑依に遭遇することはない。肯定派の多くは驚くであろうが、私が専門家としての通常業務において長年の間に徹底的に診察した二五〇〇〇例ほどの正式な患者の中に、憑依の事例は皆無であった。私が憑依であると結論づけた患者は、常に聖職者によって私の許に送られてきた者か、私の専門を聞きつけて自力で私の所へやって来た者である。単にふらりと私の診療所にやって来た普通の患者の中に、「憑依」などという奇想天外な診断を受けて驚いたという者は只の一人もいないのだ！

診断のための最も堅実な手法には、単に直観や推量のみならず、かなりの専門知識が要求される。多くの者は驚くが、霊の憑依の診断基準は極めて厳密であり、純然たる「症候群」の識別に基づいている。その特徴には、他の多くの医学的診断と同様の厳格さが要求されるのである。われわれの文化が現在、超常現象に関する的外れの理論に囚われたり、逆に悪魔の攻撃を誇張して言い立てたりしているという事実は、助けを求める人々の混乱をただ徒《いたずら》に悪化させているばかりなのである。

＊　＊　＊

本書『精神科医の悪魔祓い《エクソシズム》』は大衆文化――超常現象や超自然を煽情的に取り上げる――と、健全な霊的判断および真面目な精神医学的・科学的研究が出逢う場所に立ち入ろうとする試みである。それは必然的に学際的なアプローチとなる。

これを説明する最善の方法は、私見では、当初の懐疑派から肯定派に、そして遂には専門家に至った私自身の個人的な変容の旅を語ることだと思う。議論の基盤を現実に置くために自らが実見した複雑かつ説得力ある症例を選抜し、私自身の研究手法を概略すると共に、各症例がどのように現代文化、歴史、宗教、精神医学理論と関係し特徴付けているかを解説した。

私が見た多くの症例の中で、私が選んだのは以下のものである。

若い女性。自称悪魔崇拝者。八名の証人の前で祓魔式を受けている最中に三〇分間空中に浮揚した――二人の熟練した祓魔師によれば、「一〇〇年に一度」の事例。

主婦。誰かが宗教に関わることを言うと、聴覚を失い、反復的なトランス様の憑依状態で下品かつ冒瀆《ぼうとく》的なことを言った。

専門職の女性。不可解な傷が生じ、全く知らないはずの複数の言語を話し、憑依状態で定期的に暴れ回り、自分自身とその評判を台無しにした。

小柄な女性。憑依状態において、体重二〇〇ポンドのルター派の執事《ディーコン》〔訳注：プロテスタントで牧師に次ぐ聖職者〕を部屋の端から端まで投げ飛ばした。

このような症例において、私は自らの精神科医としての訓練と経験に基づいた研究システムを懸命に開発した。先ず、私は患者が「憑依」されていると正式に「診断」することはない。それには幾つかの理由がある。第一に、それは伝統的な、科学的に責任の持てる精神医学的診断カテゴリに捻子込《ねじこ》むことのできる臨床診断ではないということ。憑依は霊的問題である――精神医学的問題ではない――がゆえに、医学的に確立されたカテゴリを用いてその情報を登録できるような臨床検査も認知検査も、あるいは精神状態検査も存在しないからである。そこで私は一つの基本的な問題を問う。当該患者の症状が自然的もしくは科学的に説明可能か否か？

必要とあらば検診や通常の一連の医学的検査、例えば化学的異常を探す血液検査などを通じてこの問いに答えるところから開始することになる。特に当該患者に異常な発作性障害やそれ以外の隠れた脳損傷がないかを確認する。これらを除外するために、必要なら脳スキャンやEEG〔訳注：脳波測定〕の予定を組む。適切な検査が陰性なら、いつも通りに本格的なナラティヴ・アセスメントとシンプトム・サーヴェイに進む。さらに、患者の報告の細部を確認するためにその友人や家族とも面談する。

素人目には、多くの憑依事例はさまざまな精神病や重度の人格および解離障害の精神病的カテゴリに納まりそうに見える。あるいは被暗示性が高いと判断されるかも知れない。しかしながら、熟練の精神科医や医療従事者にとっては、憑依はこれらの障害とは重要な点において著しく異なっている。私は本書を通じて、医学的基準と霊的基準の両方の面からこれらの症状と徴候を詳細に記していく所存である。

患者の状態について、自然な、あるいは科学的な説明を決しかねるという稀な症例の場合、その当該人物を私の許に送り込んだ司祭、ラビ、牧師、イマーム、その他の霊的指導者の許に送り返す。聖職者はこれによって最終的かつ公式の決断を下し、もしも患者が必要としている場合、何らかの霊的援助を手配することになる。

私は医師としての責任を真剣に引き受けているので、精神的に病んでいて自分が悪霊に攻撃されていると思い込んでいるだけの患者に対しては精神医学的な援助を奨める。悪魔祓いの分野は不注意な呪《まじな》い集団や素人の事例で溢れ返っている。彼らは、鬱やその他の精神病に苦しむ人に対して、問題のある、時には完全に有害な「解放」の手法を施すのである。

誤った診断や行き過ぎた行為を緩和しようとする主要な試みは、一九九〇年代初頭の国際祓魔師協会の設立を皮切りとする。私は同協会の創設者のほとんどを個人的に存じ上げており、暫くの間、その科学顧問を務めていた。合衆国においては、カトリック司教協議会が悪魔による深刻な症状と闘うために一〇〇人ほどの祓魔師を指名している。彼らは精神科医の診断を仰ぐ決まりになっている。他の宗派もまた、これほど顕著ではないにしても、同様の試みを行なっている。とは言うものの、これらの分別ある発展が見られるからと言って、依然として誤った過激主義者の「集団」が溢れ返っているという現状から目を背けてはならない。特に、先進国・途上国のいずれにおいても、あらゆる信仰の原理主義者の間にそれは見られる。

＊　＊　＊

私は精神科医という特権的な地位、および憑依された数多くの人々の信頼を勝ち得たことから、彼らは私に対して、自らの症状の奇妙な特徴のみならず、その背景や人生の個人的な側面までをも開示してくれるようになった。このような要素の全ては、ある者が本物の悪魔の攻撃を受けているか否かを判断する上で死活的に重要である。深甚かつ多様な症状に悩む患者はしばしば医師に、特に精神科医に、他の誰にも明かさない問題を打ち明けるものである。これらの詳細には共通して、恥ずべき行動が含まれている。例えば短期間のオカルト信仰、あるいは悪魔崇拝への改宗等である。そのような場合、そうした過去の無分別を、配偶者や親しい友人はもちろん、聖職者に対しても打ち明けることに躊躇するようになる。幾つかの文化においては、憑依された者は忌避される。中には少数ながら物理的な処罰を受けたり、殺されたりする者も世界中にいる。その結果、これらの人物は自らの話を秘密にするようになる。合衆国においては、彼らが恐れるのは通常、施設への収容である。

私は科学的訓練を受けた医師として、憑依の症状に関して「科学」および歴史上の有力な事例が示し得ることと示し得ぬこととを厳密に区別するよう努めた。そしてこれらの人々の私に対する信頼を極めて厳粛に受け止めた。

証拠を要求することは当然であるが、そのために、これらの診断の中心にいるのは苦しんでいる当人であるという不可避的な現実から目を背けることがあってはならない。彼らは理論を提示したり、自らの信憑性を証明しようとしているわけではない。彼らはただ甚だしい苦しみの中にあり、そこからの解放を求めているのだ。私はしばしばこれら苦しむ人々の目を覗き込み、そこに見て取れる恐怖に胸を打たれた。自らの身に生じていること、あるいは自らが常に苦痛の状態に置かれる理由を完全に理解している者はほとんどいない。だが彼らは、自らの肉体、精神、そして魂が攻撃を受けていると信じているのだ。そんな彼らの苦悩を無視せよというのか？

だが驚くべきことにほとんどの場合、彼らの解放にとって最も重要なのは彼ら自身の行動と姿勢なのである。カトリック教会が説いているように（他の宗派や多くの宗教にも同様の信仰があるが）大祓魔式は患者自身の努力無しに自動的に悪魔を祓って完全に解放する魔法の術式ではない。祓魔師は魔法使いではないのであり、患者をその苦悩から解放するためにはしばしば長く苛酷で恐るべき苦闘が続く。それは典型的な重度精神病を持つ通常の精神病患者と同様である。

祓魔式は魔法の弾丸ではない。結局のところ、だからこそ私は自分の専門家としての資格を賭けて本書を執筆しているのである。これらの稀少な現象の重要性と真実性について、そして苦しむ者が助けを受けるために為すべきことについて、世に知らしめたいと熱望しているのだ。苦しむ人々が、その人生を圧迫し破壊する全てのものから解放されるのを見届けたいと切望しているのだ。私は精神病の惨禍と闘うために命を懸けてきた。同時にまた、悪魔の憑依やその他の攻撃に苦しむ人々の治療に関しても同様の情熱を注ぎ込んできた。このような結論が、一部の同僚の目にはどれほど物議を醸すものに見えようとも、である。

強硬な懐疑派や批判者を説得することはできないということは解っている。ただ私の希望は、本書が中間地帯にいる膨大な人々に働きかけることである。彼らは、われわれの住む世界には目に見えるものと見えぬものがあり、この二つの領域は想像しえぬ方法で互いに影響を及ぼしうる、という観念に対して心を開いている。その目に見えぬ世界の一部は、謎でありながらも明らかに人間に対して悪意を抱いており、その身体的・霊的破壊を望んでいる。極めて稀に、それは何らかの宇宙的なテロリストのような本性を顕わにする。過去数十年の間に人々は、恐ろしいことに邪悪な人間が言語に絶するテロリズム行為を行ないうるという事実を学んだ。おそらく、同様の残忍性を備えた霊的存在もまた霊的な動機による残虐行為を行ないうるとの示唆も信憑性を増しているだろう。

説得力ある物語を共有することを許してくれた多くの人々に感謝する。中でも本書に登場する、悪魔主義者を自認するとある女性には特別の感謝を表明する。彼女は私と同僚たちに対して、その印象的な物語を報告することを許可してくれたのみならず、奨励までしてくれたのだ。彼女の奇妙な物語が極めて絢爛たる、ほとんど幻惑的なものであることはよく認識している。だがそれはその個々の詳細においては前例なきものではない。そして私は、彼女の状況の最も奇妙な特徴にすら歴史上の類似例を指摘することができる。

彼女を含むこれらの被害者は、誰一人として私の患者ではない。もしそうなら私は彼らについて書くことはなかっただろう。「異常な性質 extraordinary nature」(伝統的術語)を示す患者のほとんど全員が、さまざまな宗教の学識深い聖職者や信任状のある精神医療の専門家から私の見解を求めるために送り込まれた人々なのだ。最近ではネット上の私の体験を知り、あるいは私のインタヴューや記事を見て自力で私を捜し当てた人も少数ながらいる。敏感な問題を扱う際には常に公表の利点と慎重さとの間で均衡を取ろうとする働きがある。医学報告の標準的な倫理規定に従い、本書において私は、ある方の言葉を借りれば「言葉を口に出す」ことを望む被害者自身の意志を尊重した。とは言うものの、これらの症例の記述の事実関係とは無関係な、個人を特定できるような不適切な情報――氏名、場所、人種、身体的特徴――などは秘匿もしくは改変した。私は情報伝達に関してはプライヴァシーを遵守している。メディアからはしばしば、このような人々に会見させて欲しい、公の場で語って欲しいと依願されてきたが、私は誰に対してもそのように依頼したことはない。少なからぬ人が、自ら公に出る意志を告げたにもかかわらずである。

一方で、適切な情報を読者に開示する必要性は不可欠である。ゆえに、症例に関する記述において特定の詳細に改変を加えたことはない。全ての事例に関する綿密で正確な記述にこそ読む価値がある。以下の頁において、私はいかなる創作的許容も誇張も加えてはいない。同時にまた、読者の目に如何に荒唐無稽に見えようとも幾つかの事例の驚くべき性質について割引いて記述するということもしていない。

プライヴァシーを守りたいと望む祓魔師や、その身分を明らかにする明示的な許可を得られなかった祓魔師については、完全に匿名とした。彼らの多くが、現在までに自らの話の概略を何らかの形で公表しているにしてもである。この異常な葡萄畑の農夫を見つけることは難しくはない。巷に蔓延する混乱と誇張を前にすれば、大衆の教化の必要性はますます高まるばかりであり、多くの祓魔師や俗人であるその助手たちは今や彼らの仕事の性質を公然と語りたがっている。しかしながら、彼らの抑制された証言はしばしば短く、それに耳を傾ける者は決して多くはない。

憑依の目撃者がそれを語りたがらないのも、当たり前の慎重さと思慮深さの結果である。だがあまりにも厳密に守秘に徹しすぎるのもまた逆効果である。要は適切な安全策を講じることが肝要なのだ。不穏とは言え精確な事実を過度に隠匿するならば、この問題を文化的な霧の中に埋没させることになる。聡明な評者の中には、依然としてこの問題の一部たりとも公開することを恐れる者も散見されるが、それでは無知な者や批判的な者ばかりがこの議論において大手を振るということになりかねない。

特別な感謝を、特別な医師に捧げたい。私の前の学部長で元アメリカ精神医学会会長のジョー・イングリッシュ博士である。博士はかつて、まだ経歴の浅い頃に極めて稀少ではあるが明白な憑依の事例に遭遇したことがある、と私に告げられた。博士は私の職業的な目標をご存じである。すなわち昔からこの複雑な主題を取り巻いてきた多くの不合理な観念に関して大衆を教化し、精神科の患者が見当外れの儀式ではなく適切な治療を受けられるようにすることである。独断的な物質主義者と過激だが経験の乏しい宗教関係者はいずれも、その限定された知識によって被害者に実害を及ぼしかねない。それが霊的なものであれ、あるいは医学的・精神医学的なものであれ(後者の方が遥かに多いが)、被害者が必要な援助を受けることを遅らせることになりがちなのである。

医師はこの種の症例に関わることを拒絶すべきではない、と私は兼々信じてきた。既に述べたように、私は単に助けを求める依頼に応えただけである。科学の人であれ信仰の人であれ、悩める人々に背を向けることはできない。ありがたいことに、本書はこれらの人々の一部の認可を得て、彼らと私の話を紹介している。本書は彼ら全員に捧げられるものである。あまりにも多くの人々が、これらの被害者たちの深い苦悩の真実性と重要性に対して慎重さを求め、あるいは軽視し、あるいは嘲笑しているにもかかわらず、彼らが自らの物語を共有してくれたことに感謝する。

最後に、私は本書においてこれらの被害者の苦悩に意味を与える根源的な霊的現実性を立証する。悪魔祓いは健全な宗教儀礼の最も重要な側面ではない。健全な霊的伝統とは、他の人間に対する愛と奉仕、共感を——そして神の愛を強調するものだ。「神は我らの愛を必要としない」と近年、とある優秀な思想家は指摘した。「だが、われらが互いに愛し合うことを望むように、それを望んでいる」。

＊　＊　＊

この世には霊的な事柄に関する混乱が常にある。「信仰」と「理性」を分断する現代人はあまりに多い。その誤解が本書の主題に関する議論を歪めている。だがこの二分法は伝統的な見方ではない。われわれが探究する頭脳を持っていることには理由がある。社会科学者は人がどのように育てられたかを強調するし、それ以外の社会的要素もまた人の宗教的・霊的観念と姿勢の発達に強く影響する。だがこれらの要素は決定的なものではない。成人してもそれらに疑問を抱かない、あるいは逆に、その合理性と実証的根拠を学ぼうとしないのは未熟である。

そして間違いなく人は、歴史が提供する証拠を査定すること無しに「不合理な」もしくは盲信的な信仰を表明することはできないし、すべきでない。本書は、しばしば誤解あるいは黙殺されている主題領域に関するこの種の膨大な証拠から精選した事例を提供する。

人生における実質的価値のあるほとんどの事柄がそうであるように、人は真実の探求において不屈かつ真正でなければならない。自分の生育環境や文化的偏見、体制派が信ずるべきであると主張する事柄から自由でなくてはならない。多くの人が聖なるものや超自然の感覚を失った時、宗教的権威が疑問の目で見られる時、その必要性はこれまで以上に個人的挑戦となる。この粛然たる主題の真実性を認定し注視することの価値はその努力に値するし、それが意味するところは熟考に値すると信ずるものである。

第1部　懐疑者から観察者へ

ホレイショ、この天地のあいだには、人智の思いも及ばぬことが幾らもあるのだ。

——シェイクスピア『ハムレット』

第1章　最初の旅

興味を抱いた学生

ニューヨーク・シティ郊外のベビーブーマー世代として生まれた私は、根深いヤンキー流の懐疑主義を叩き込まれていた。悪魔などという観念についてはほとんど考えたこともなかった。ましてや悪魔の憑依などという奇妙な概念については、なおさらである。悪魔の襲撃だの超常現象だのについての報告は、異星人やビッグフットなどと同様にタブロイド紙の話題だと信じていた。ハロウィンというのは魔女や小鬼や黒魔術や邪眼などといったナンセンスを笑い物にする時季だった。隣人の母親が「カワイイ小悪魔」と称して黒と赤の衣装に身を包んだ息子を見てくすくす笑っていたのを思い出す。

私の世代は合理主義への信仰が定着した歴史時代に教育を受けた。合衆国の中産階級の一員であった私とその同世代の人々は、われわれの時代とわれわれの国の際立った特徴――民主主義、物質的進歩、近代科学の偉大なる成果、迷信的思考の打破に対する信仰――を当然のものと見做していた。学校でアメリカの誇りと愛国主義を学び、後には「旧世界」の習慣と民間信仰を安易に棄却する風潮に染まった。

このような奇妙で非正統的な観念に興味を持つようになったのは、後にプリンストン大学で古典を専攻して歴史と宗教を真面目に学ぶようになった時だ。悪霊や超自然的な出来事に関する普遍的な観念が古代および中世の世界を覆っていたこと、教育を受けた人々でさえ霊だの神々だの死霊だのと交信する超越的状態を強烈に信じていたことを知って衝撃を受けた。私はこのような観念の魅力を楽しむようになりつつあったが、さらに興味を抱いたのは人間の心である。私は言語学、文学、哲学の学習にどっぷりと浸かり、精神分析の概念にも目を向けるようになった。そして本気でこれに取り組みたいと願った。

大学を卒業後、私は一年間フランスに暮らし、その間高校で教えながら地元のセミプロのバスケットボール・ティームでプレイした。われわれのティームは優秀で、そして合衆国よりも小さな池の大きな魚として私は一試合あたり平均して三〇点は取っていた。私はフランスの地元の熱狂的なファンを愛した。彼らの応援は、ヴィジターであるライヴァル・ティームに対して、初めから一五点のアドヴァンテイジを貰っているようなものだった!

コートに立っていない時の私は、外国で冒険しているごく普通の独身男として振舞っていた。素晴らしきワインを楽しみ、美味なるフランス料理を堪能し、近隣のアンジェで作られたクワントローを鯨飲した。祖国で興味を持っていた、いわゆる超常現象だとか悪魔崇拝だとかの世界は思考の彼方へと消え去った。

兄のジョンが地元の魔女と出逢うまでは。

ジョンはスポーツが盛んなことで知られる地域に住んでいて、そこのティームに属していた。ある日彼は、自ら「善い魔女」を名乗る老婆と出会ったという話をした。彼女との会話の中で兄は、ティーンエイジャーの頃から両手にある疣《いぼ》に言及した。すると彼女は、それを治してやろうと言った。

私が頭から疑って馬鹿にしたにもかかわらず、兄はその考えを振り払うことができなかった。その女は「一種の民間療法」と称するものを奨めた。街の外れの橋の上で真夜中に儀式をやれというのだ。短い呪文を唱えながら、三つの豆を肩越しに川へ投げ込むのである。そして兄に対して「信じることが大切だよ」と強調した。

その指導に従った翌朝、ジョンが目を覚すと、まだ疣は両手にあった。その日の午後、女の許に戻った彼に対して彼女は、儀式が効かなかったのは彼が「本心から信じてなかった」からだと言った。今度は本気でやるよ、と兄は約束した。

その翌朝、兄が私のところに飛んできた。声が興奮に満ち満ちている。何と疣が消滅したのだ。たいていの弟がそうするように、私は兄に、ちょっと頭が足りないんじゃない？　と言った。単なる思い込みの結果だよと斬って捨てたのだ。暗示の力ってやつさ、軽い病気が思い込みだけで治ってしまうことなんていくらでもあるさと。

「何だって良いさ」とジョンは言った。「長年の間、クリームだの冷凍法だのでも治らなかったものが、突然これで治っちまったんだからね」。

　私は依然として懐疑的だったが、この出来事をきっかけとして伝統的な療法を巡るさまざまな理論への興味が深まり、心身医学だの複雑な免疫系の気まぐれだの、生理機能に影響を及ぼす脳の膨大な力だのに魅了されるようになった。帰国後は医学校へ行くことを計画していたので、この出来事については頭の隅に仕舞っておいた。この時点で私は既にジークムント・フロイトとその仲間たちが提唱した歴史的な学説を読んでいた[†5]。その主題は、精神の「ヒステリー」状態が肉体に及ぼす影響と称するものである。

　フロイトを初めとする初期の精神分析医は、抑圧された感情や衝動が直接的に明白な病的状態、例えば麻痺などを引き起こすと主張していた。後にこのような状態は「転換障害」と呼ばれるようになる――器質的な原因や明らかな身体的説明無しに、患者が特定の神経症状を訴える精神状態である。後にイェール大学の実習生となった私は、このような現象の優れた事例を直接目の当たりにすることとなった。例えば私が検査した若い女性の入院患者は、身体的・解剖学的には説明の付かない謎の片足麻痺を訴えていた。検査の最中、彼女は心の奥底で自分の「糞親父を思いっきり蹴飛ばしてやりたい」と願っていることを認めた。

　フロイトに影響を与えたジャン＝マルタン・シャルコーは一九世紀末の活発かつ著名なパリの医

師である。公然たる現世主義者であったシャルコーは宗教に対して敵対的であり、フロイトは自らのヒステリー理論を悪魔憑依のような宗教現象に当て嵌めた。フロイトによれば、一七世紀のとある画家の「悪魔憑依」は誤って悪魔の攻撃であると解釈された精神疾患の事例である。

後で判ったことだが、私がバスケットボールをプレイしていたのはルーダンという小さな街の直ぐ近くだった。実はこの街は一七世紀に修道院で多数の悪魔憑依の事例が発生した有名な場所だったのである。一六三〇年代、何人かのウルスラ会の修道女が悪魔に襲われていると訴えた。憑依中、尼僧らは何とも言えない叫び声を上げ、のたうち回り、習ったこともないいくつもの外国語を話したという。この事件はセンセーションを巻き起こし、今もフランスでは物議を醸している。当時、公開で何度かの悪魔祓いが行なわれ、物見高い見物人が集まった。オールダス・ハクスリーは一九五二年の著書『ルーダンの悪魔』においてこれらの出来事を詳述している。[†6] その通俗的な映画化であるヴァネッサ・レッドグレイヴ主演の『肉体の悪魔』は一九七一年に公開された。この映画の生々しい暴力と裸体は当時、抗議の嵐を巻き起こしたが、批評家の多くがこの主題を真剣に受け取っていたとは思えない。というか少なくとも私は間違いなくそうだった。ハクスリーは、どれほどの混乱と醜聞があるにせよルーダン事件はおそらく集団ヒステリーの事例であると主張している。そしてこの話は政治的に色づけられたもので、修道院に閉じ込められ性的に抑圧された少数のカトリック修道女の重度の情緒障害の結果であると結論づけた。

だが私にとってこの事例がさらに興味深いのは、ここに二人の悪名高い司祭が関係していることだ。この街の裕福な有力者であるユルバン・グランディエと、イエズス会士ジャン＝ジョゼフ・スュランである。鉄面皮と浮気性で知られていたグランディエは、尼僧を誘惑して魔術を掛けたとして政敵たちから非難された。彼らはグランディエがサタンと交したと称するラテン語の契約書まででっち上げた。凄まじい拷問を受けながら、グランディエは潔白を主張し続けた。審問官は彼を火刑に処した。

尼僧らの——そしてグランディエの——瀆神行為とされるものに対する贖《あがな》いとして、スュランは自ら悪魔を召喚して自分自身を攻撃させ、後には長年に及ぶ悪魔からの攻撃に関する魅力的で詳細な話を書いた。スュランが実際に憑依されたのか、あるいは単に発狂していたのかは、依然として歴史的な議論の的となっている。

遥か後に、著名なフランスの神経学者ジャン・レルミットはこの憑依現象が精神病の徴候を示していると結論した。一九五六年の著書『真実と偽りの憑依《ヴレ・エ・フォ・ポセデ》』は間違いなくハクスリーの見解の影響を受けている。[†7]

だが、とある宗教学者の指摘によれば、レルミットと同じ単純な結論に至るためには、同時代の大量の記録を無視する必要がある。尼僧たちが自発的に外国語を話した信ずべき証拠があると主張する大量の記録が存在しているのだ。また現存する記録にある解剖学的に説明の付かない尼僧らの旋転や、あり得ない捻転などの現象にも目を瞑らなくてはならない。後にとあるフランス人教授に訊ねられたことがある。「たくさんの尼僧たちが暴れ狂った時、高度の身体能力を発揮したことをご存じでしたか?」」。この学識深い人物は、たぶん尼僧全員が憑依されていたわけではないにせよ、その村で何らかの悪魔的現象が起っていたのは明らかだと結論した。おそらく尼僧らは悪魔による軽度の攻撃、すなわち「苛虐《かぎゃく》 oppression」とか「障礙《しょうげ》 vexation」とか呼ばれるものを受けていたというのである。

＊　＊　＊

医学校での多忙な年月、それに内科のインターンシップの後のイェールでの精神科の研修の間、この興味はお預けになっていた。医学の訓練を受けている間に、私は人間の精神の不可解な捻れや裏道に精通するようになった。実際、本物の科学的探査によって、新たな扉、新たな疑問、新たな可能性が開いた。特に顕著だったのは人間の意識、精神、心の謎についてである。私は実験室実験や厳密な科学的検査によって定量化しうるか否かに拠らずしてものごとを知る方法があるという結論に達した。歴史上に繰り返し現れる奇妙な心霊現象——特にあらゆる文化圏に見られる、説明は付かないが詳細に記録された霊的体験——の証拠もまた厳密な「科学的」探査の価値があると感じるようになった。

心を許せる少数の人を除いて、私がこの興味を同僚に打ち明けることはほとんどなかった——今もない。ほとんどの場合、訊ねられるまでは。今にして思えば、彼らのほとんどはこの主題に対して無関心だと思い込んでいたのだ。さもなければ私の興味に対して批判的で、この分野を真面目に受け取っている駆け出しの精神科医に疑いの眼差しを向けるだろうと。同時に今だから言えることだが、この分野の研究について過剰な敵意を向けられたことは一度もなかったし、今もない。

イェール大学精神医学プログラムの研修員および博士研究員を卒業する頃、現代における憑依に関する、どこか理解しがたい文学がメインストリームに登場した。ピーター・ブラッティの一九七一年の小説『エクソシスト』、およびその後の映画に影響を受けたさまざまな研究者が、その小説の元ネタとなった出来事に関する知られざる事実を掘り返し始めたのだ。[†8]

私はあのセンセーショナルな物語のモデルとなった実話の詳細に魅了された。ブラッティはそれこそルーダンの件を含むさまざまな歴史上の悪魔祓いの話の特徴を借用しているに違いないと私は確信していたが、あの映画が基本的に現代の実話に基づいているという事実にとりわけ衝撃を受けた。

ブラッティの小説のモデルとなったのは一九四九年にメリーランド州で始まった幼い少年の実際の憑依事例であると言われている。一次資料はこの少年を匿名で「ローランド・ドウ」と呼んでいたが、探究心旺盛な時代のこと、後にこの少年はロビー・マンハイムとして知られるようになった。ルター派として育てられたロビーの世話に当たったのは担当牧師ルーサー・マイルズ・シュルツェ師。彼は病院に相談したが、医師たちはその症状を説明できず、精神科の治療に効果は無かった。ロビーは長期にわたって憑依状態にあった。

やがて、映画に描かれているようなポルターガイスト的現象も起こり始めた——不可解な音や「ひっかき傷」が生じ、ベッドは振動し、物品は辺りを飛び回り、椅子はひっくり返った。最大四八名の人がこれらの異常な出来事を目撃した。その一人であるシュルツェ師は、ロビーを観察するために自宅に住まわせていた時にこれらの出来事が生じたと証言した。最終的にロビーの状況は、より典型的な憑依の様相を呈するようになった。不随意的なトランス状態、悪魔のような声によるキリスト教への辛辣な憎悪の表明、その他の超常的な能力の発揮。例えば幼いロビーが知る由もないラテン語での会話などである。ある時にはロビーの部屋の温度が極端に下がったという証言もある。後で判ったことだが、これは祓魔式の最中に時折起る現象だった。

さまざまな聖職者が何度も何度も祓魔式を行なった。まずはルター派、次に聖公会、最後にカトリックの手続きで。遂に数年後、セントルイス病院のイエズス会士が一連の祓魔式を成功させた。司祭によれば、ロビーを救済するまさにその瞬間、大音量が鳴り響いたという。イエズス会士はその音を「雷鳴」に喩えた。悪魔祓いに成功した後、ロビーは結婚し、子供をもうけ、幸福な人生を歩んだ。

二〇一七年に死去する前にブラッティは、自分の小説のほとんどはマンハイム憑依事件に基づいているものの、さまざまな要素が混合されていると認めた。例えば小説と映画に登場する司祭兼精神科医は部分的にスュラン神父をモデルとしている。かの神父もまた被憑依者を救うために自らの身を身代わりとして悪魔に捧げたのだ。

同時にまたブラッティは、小説に登場する二人の司祭――ダミアン・カラス神父とランカスター・メリン神父――に対立する二つの見方を代表させている。深い皺の刻まれた顔に白髪のメリン神父は保守的なカトリック教会と文字通り悪霊の実在を信ずる信仰を象徴している。最終的に自らの命を落とすことになる祓魔式を挙行している最中も、その信仰は揺るがない。一方のカラス神父は当初、憑依を示す証拠があるにも関わらず、幼い少女リーガン・マクニールは未知の精神病の徴候を示していると確信していた。可能な限りの身体的・心理的検査を経て漸くカラス神父は考えを改め、ついに何らかの不可解な、何らかの悪魔的なことが起っていると認めるに至ったのである。

このカラス神父の心の変容は、私にとってとりわけ魅力的だった。それが私の遙か後の学問的探究と方向性について極めて重要なものであったと気づいたのは、遙か後のことである。つまり、その現象を分析的・科学的観点から調査し、しかる後に――その時初めて――悪魔憑依の真実性を確信するようになる熟練の精神科医という方向性である。

カラス神父同様、私はそれ以来、二つの世界を歩んできた――科学的・精神医学的調査の世界と、悪魔祓いの世界である。そして長年の間、その両方に関する理解を深めるために自分の時間のほとんどを費やしてきた。人は両者を両立し得ぬものと見るかもしれないが、私に言わせれば、全くそうではない。

研修医としての四年間を終えて、私はコーネル＝ニューヨーク病院ウェストチェスター分院の長期入院病棟に所属する精神科医という学術的地位を得た。重度の境界性人格障害と診断された患者用の特別病棟の中でも特に厄介な患者を担当するティームの一員となったのである。これらの患者は極めて不安定で、症状は重篤、しばしば虐待を受けてきた既往歴があった。このような困難な患者を相手にすることは、研修医を終えたばかりの私にとっては刺激的な体験だった。

治療「環境《ミリュー》」すなわちプログラムは、世界一の精神科医であり当病院の院長であるオットー・カーンバーグ博士が定めた臨床原理に基づいていた。[†9] コーネルでは、入院患者の背景におけるトラウマ的体験の度合いを測るための厳密な面談手法および評定尺度の開発に役立つ研究にも従事した。われわれの研究成果は、症例における重度の虐待を確認する早期所見を発表する幾つかの研究グループの一つとして、最終的には〈ザ・ジャーナル・オヴ・パーソナリティ・ディソーダーズ〉に私を主執筆者とする論文として収録された。[†10] ウェストチェスターにおける臨床環境と学術作業はいずれも興味深いものではあったが、ともかく時間を取られるものでもあった。ゆえにここでもまた私は憑依などの主題に対する興味を頭の中から締め出す必要があった。私はそれらの主題を「宗教現象学」と一括するようになったが、今なおこれを私の副業と考えている。

ニューヘイヴン〔訳注：イェール大学がある都市〕を去る前のほんの一時、研修を終えたらイェールの正式な卒業研究として宗教史の学術研究をやってみようと真剣に考えていた。だが暫くコーネルで働いた後、その考えは棄てたのだと思い込むようになった、たぶん、永遠に。私はコロンビア大学心理分析訓練研究センターに入所することに決め、カーンバーグ博士と共に必要な教育分析に入った。それからすぐ後、コーネル医学カレッジでフロイトの生涯と業績について講義するよう求められた。ゆっくりとだが確実に、私は精神薬理学の分野でその名を知られる存在となり、研究助成金を申し込もうと考え始めた。精神医学研究者としての紋切り型のキャリアが形を為そうとしていた。

だが一九九〇年代初頭のある朝、全く予期せぬ訪問者――老齢のカトリックの司祭――が私のオフィスのドアを叩き、とある女性の診断を手伝って欲しいと請うた。司祭は、合衆国における数少ない公認祓魔師と名乗ったのだ。

第2章　司祭来る

外的苛虐の観察

　その司祭は祭服に身を包んでいた。頭の天辺から爪先まで、その職業を表すローマン・カラーの白を除いて、全身黒ずくめ。やや猫背で如何にも調子が悪そうで、キャンパスを横断する僅かの距離を歩いただけで息を切らしている。草臥《くたび》れた学者のような雰囲気だが、たぶんそれはズボンが絶望的なほどしわくちゃになっているからだろう。

　ジェイクス神父と呼ぶことにするが、彼はとある州立精神病院の礼拝堂付き司祭で、時折、かなり離れた教区の補助司祭を務めている。

「申し訳ありません、先生」と彼は言った。「ちょっと奇妙な状況で、助けを必要としています。とある女性の病状を診察していただきたいのです」。それからこう付け加えた、「生憎《あいにく》私は先生の御専門の分野については何の知識も持ち合わせてはおりませんが」。とはいえ、彼は精神疾患を持つ患者についてはかなりの知識があるように見受けられた。

彼によれば、問題の女性というのは彼に会うために遥々《はるばる》二〇〇〇マイルも旅してきた患者で、見たところ「悪魔による苛虐」の徴候を示している。彼によれば「苛虐」とは、完全な憑依には至らぬ程度の悪魔の攻撃を称してそう呼んでいるという。つまりこの霊はこの女性に対する攻撃を続けてはおりますが、その肉体の乗っ取り――悪魔憑依の定義――には至っていないのです、とジェイクス神父は言った。しかし念のため、彼はまず医師に相談して血液検査をさせ、内科的疾患が彼女の奇妙な症状の原因ではないことを確認した上で、精神科医の見解を求めに来たのだという。

職業上、私はそれまで悪魔の攻撃を受けていると思い込んでいる精神病患者は数多く見てきた。私はそのことをジェイクス神父に告げ、虚心坦懐に言って悪魔憑依については深い疑念を抱いています、と言った。

「だからこそ、先生にお願いしたいのです」と彼は笑いながら言った。

今考えても、何故ジェイクス神父が私を選んだのか、その真相は解らない。たぶん、私と話したことのある宗教学者の一人が私の名前を彼に教えたのだろう。それに地元の司祭たちは、私がカトリックであることを知っていた。

躊躇しながらも、私は好奇心を抑えきれなかった。医師として、少なくとも理論上のレベルで私を魅了していた種類の症例から何かを学べるかもしれない。この理路整然たる男が、実際に悪魔によるものと判明するかもしれない現代の実際の症例を私に紹介したがっているという事実に感銘を受けた。だが私は、果たして自分が職業的に彼と関わりたいのかどうか確信が持てなかった。何しろ彼がどの程度信頼でき、どの程度迷信深いのかすら、私には判らなかったのである。

＊　＊　＊

数日後、ジェイクス神父は私のオフィスに陽気なメキシコ女性を連れて来た。マリアと呼んでおこう。信心深い女性で、子供たちの世話と慈善事業に身を捧げている。マリアには如何なる精神病の徴候もなく、また過去に精神病の治療を受けたこともなかった。幸福な結婚をして、人生を謳歌している。体調も申し分無い——とある顕著な愁訴を除いて。実は、目に見えない霊に殴打されるのです、と彼女は訴えた。「ベッドで寝ている時に、それは起るのです」と彼女は少し恥ずかしそうに言った。「目には見えないのです」。

夫のアレハンドロは、彼女の話が事実であると証言した。マリアが何度も殴打されている間、彼は何もできずに傍に立ち尽くすしかないのだと。

「いきなり突然、こいつの全身に打撲傷が現れるんです」と彼は言った。

カトリックであるマリアとアレハンドロは悪魔が彼女に狙いを付けていると信じていた。たぶん、彼女の敬虔な信仰と「善行」の故だと。もしかしたら、とマリアは付け加えた、邪悪な呪術師《ブルホ》に呪《のろ》いを掛けられたのかもしれません、私もアレハンドロも何故私が狙われたのか判らないんですけれど、と。

私の仕事は、マリアの打撲傷の背後に何らかの診断可能な精神的・身体的疾病があるかどうかを査定することだ。今も両腕に打撲傷の跡が見えた。彼女とアレハンドロは二人して妄想に苛《さいな》まれているのか？　二人精神病《フォリ・ア・ドゥ》と呼ばれる感応性精神病は確かに存在する。だがこの夫婦はどちらもどう見ても妄想や障害を抱えているようには見えない。アレハンドロがマリアを殴り、その虐待を誤魔化すために嘘話をでっち上げているのか？　だが彼はどう見ても優男で、妻を心から愛している。それに何より、一体何の目的があって遥々旅をしてまで、ジェイクス神父と私を騙そうというのか？

この奇妙な症状を説明できるような標準的な病理は見出せなかった。また、夫婦の言う「呪われている」という話も信じられなかったが、この女性の優しい性質と夫婦の真面目さ、善良さには感銘を受けた。けれども、この件に関しては慎重でありたかった。私は一連の検査を命じた。健康診断、さらなる血液検査（特に凝固異常）、ＥＥＧ、ＣＴスキャンなどである。全て陰性であった。唯一の身体疾患は、全身の打撲傷のみ。精神状態の検査――認知能力と情動状態に関する一連の問診――もまた正常であった。

彼女の打撲傷は心因性紫斑病のような幾つかの疾患に表面上は類似していたが、彼女の証言は従来の器質性病理とは全く異なっていた。心因性紫斑病はガードナー゠ダイアモンド症候群とも呼ばれ、一過性の皮膚腫脹の後、複数の斑状出血、すなわち皮下出血が見られる。心理的ストレスや心的外傷がこの稀少な状態の原因とされる。だがマリアにはそのような皮膚腫脹は認められなかった。また精神的にも健康であり、重大なストレスもなく、彼女が紛れもない殴打と表現したような物理的な殴打もない。面談中もマリアの証言はずっと首尾一貫していた。

結局私は、診断可能な精神病的・医学的症状は何も見出せなかった、とジェイクス神父に告げた。

「私もそう思っていました」と彼は言った。

後にジェイクス神父から聞いた話によれば、彼と教区司祭の悪魔祓いの祈り、それにマリア自身の倍旧の霊的努力の結果、攻撃は徐々に止み、最終的には消えてしまったという。

＊　＊　＊

長年の間に、私は彼女と同様、霊に殴打されたと訴える多くの人々と出会った。中には首を絞められたとか、引っ掻かれたという人もいて、傷痕の写真もあった。そしてたいていの場合、自分なりにその原因を説明する――それらしい場合もあれば、全くそうでない場合もある。他の医師や聖職者に相談した後、ほとんどの者は悪霊に狙われていると信ずるようになる。専門家の見地から言えば、これらはいずれも精神病や過度の被暗示性の証拠とは言えない。

「常に、何らかの原因があるのです」とジェイクス神父は常に言っていた。「このようなことは、何もないところからいきなり生じるということはないのです。そしてこのような人は精神病ではないのです」。

　マリアの件からすぐ後、ジェイクス神父は私を、憑依を受けた若いアフリカ人の女性に引き合わせた。これが私が実見した悪魔憑依の初の事例である。私はとある華美な司祭館の地下で彼らと会った。そこで私は、彼ともう一人の司祭が「大祓魔式」を行なうのを観察した。これは公式のローマ典礼儀式書に記された正式な祈りである。儀式の後、私はこの女性が長期にわたる憑依状態から実際に解放されたと確信した。

　おそらくジェイクス神父は、この奇妙な新分野に足を踏み入れたばかりの私にさまざまな憑依や苛虐の事例、そのさまざまな顕れを見せたかったのだろう。私は既に、コーネルでは虐待を受けた患者の恐るべき事例を、そしてイェール大学精神医学研究所では社会病質者たちを見てきた。それでもなお私は、完全な憑依を受けた患者と部屋の中で一対一で対峙した時、果たして自分がどう反応するかは判らなかった。いずれそういう場面が来るとは解っていたが。

　苛虐に関する経験を積むと共に解ってきたのは、私がまず求められるのはいわゆる外的苛虐、すなわち身体症状を呈する事例に関する所見であるということだ。このような症例は、霊的指導者にとって最も厄介なものである。彼らはこのような身体的症状と器質性の疾病を見分けることがほとんどできない。特に他の症状を伴っている場合はそうなのだが、そういう場合はしばしばあるのだ。ジェイクス神父を捜し求めた司祭や聖職者や牧師のほとんどは、これらの症状が単に彼らの素人目には馴染のない奇妙な医学的疾病に過ぎないのか否かをはっきり知ることができないのである。

このような攻撃の原因もまた、その正当性の重要な指標であることが明らかになった。私が常に念頭に置いていたのは、外的苛虐の診断においては最も「特徴的である」——医学用語で言えば「pathognomonic」——と思われる悪魔の攻撃のさまざまな要素の全体性を考慮すべきであるという点である。当然、これらの攻撃を出鱈目に診断してはならない。そこには医学的診断と同等の眼識が求められるのである。憑依や苛虐のさまざまな特徴が、伝統的な悪魔の攻撃として特徴付けるに十分なほど典型的かつ特異なものであって初めて、正確な識別が行なわれていると心から確信することができるのである。この診断上の確信は、個別の特徴に「超自然的」要素が含まれる場合、より容易に獲得できる。

ほとんどの（全てではない）憑依とは異なり、苛虐を受けた人はその間ずっと意識を保ったままで、自分の行動に関する完全な統制を失うことはない。被憑依者は一般に聖品を嫌悪するが、被苛虐者は通常はその限りではない。というのも憑依においては実際に悪魔が被憑依者を単に苦しめるのみならず、支配するからである。悪霊は聖品や信仰を嫌うが、被憑依者はそうではない。だがその識別は、特に患者が攻撃の理由となる明確な既往歴を示している場合、教会の求める「蓋然的確実性」のレベルに達する。

憑依と苛虐は専門家の目から見れば精神的および身体的疾患とは劃然《かくぜん》と区別しうるものであると思料する。だがそのためには豊富な経験が必要である。特に、精神的・身体的疾患についてはほとんど知識のない霊的指導者が苛虐の事例を扱う際に、精神医療や通常医療の専門家と密接に協力する場合においては経験は何よりも重要である。また経験は、医学的／精神的疾患と典型的な苛虐の特徴の両方に関する十全な知識を獲得する上でも、妥当な原因を識別する上でも有益である。

＊　＊　＊

このような苛虐の原因究明が如何に困難なものであるかを示すもうひとつの好例を挙げよう。マリアの相談を受けてからしばらくした頃のこと。この人物を仮にスタンと呼ぶが、彼はジェイクス神父を介してとある聖職者から私に紹介された。

スタンは北米太平洋岸北西地区《パシフィック・ノースウェスト》出身、長身の中年男であった。高度な知性を持ち、技術畑の仕事をしていた。見たところ、とても落ち着いていて冷静な人物だったが、一緒に来た妻は昨今の状況に恐れ戦《おのの》いている、と私に訴えた。

マリアと同様このスタンもまた「何らかの霊的な力」（彼の表現）による攻撃を受けていると訴えていた。「何らかの奇妙な、目に見えない襲撃者」（これまた彼の表現）によって定期的に引っ掻かれ、時には首を絞められるというのである。彼に見せられた引っ掻き傷は主として首と顔面に集中していた。また、両脚と胴体に十字型に刻まれた過去の切り傷の写真も見せられた。精神病患者の中にはさまざまな理由、しばしばマゾヒスティックな理由によって自らの身体を切り刻む者がいるが、スタンと妻はその傷が自傷によるものではないと断言した。私のところに来る前に彼は既に多くの医師の診断を受けていた。医師たちはいずれも彼の陳述に戸惑ったが、彼が情動障害であるとか、精神病であるとか、虚言であると決め付けた者はいなかった。あらゆる医学的検査もまた陰性であった。スタンの陳述を裏付けるため、私は国の反対側にいる彼の主治医と専門医たちに話を聞いた。だが、この一見健康な男に何が起っているのか、解る者は誰一人いなかった。

更なる問診で、スタンはこれまでの人生でさまざまな霊的伝統を探究したことがあると認めた。長年に亘って、家庭の信仰であるキリスト教の信仰に疑問を抱き、成人後は一時的に東洋の宗教を探究した。ある時にはムスリムの同僚の指導の下でイスラムを「真剣に研究」した。彼は霊的な真実を真摯に探究する者だったのだ。だが私の許に来る頃には自らのルーツであるキリスト教に回帰していた。スタンは、これまでに公然と「オカルト」活動を探究したことはないと断言した。それはしばしば悪魔関連の事例の原因とされるものである。

私は困惑した。ジェイクス神父のお陰で、私は本物の苛虐というものが闇雲に起るものではないということを知っていた。スタンを問い詰めたが、彼は自分の既往歴には重大な問題となりうるような疑わしい要素はないと頑なに否定した。

スタンと会った後、ジェイクス神父から電話を受けた。「あれは絶対に苛虐だ」と彼は言った。「だが、彼は未だそれらしき原因を白状しない。今後も何度か会って、この男について何か摑んでくれないか?」。

私はジェイクス神父の用心深さが気に入った。

スタンは既に少なからぬ旅費を費やしてここまで来ていたので、私は彼の滞在の延長に同意した。この種の面談では毎度のことだが、私はスタンに対して自分はあくまでも司祭への助言者であって、如何なる意味においても彼の担当医ではないということを明言した。私は精神科医であり、スタンの求めているのは霊的な洞察なのだから、最終的な公式の霊的診断を下すのはあくまでもジェイクス神父なのだと強調した。

スタンは聡明で博識で、宗教史に造詣が深いということが明らかとなった。旧約聖書すなわち「タナハ」のニュアンスを理解するためにヘブライ語まで学んでいたのだ。だが何度か面談を重ねても、依然として彼が何かを隠している疑いは去らなかった。

五回目の面談で彼は遂に自供した。「先生はこれまでにも、何故この奇妙な症状がこの私に起っているのか、その理由について私に問い詰めてきましたね。お許しください、先生の寛大さに付け込むつもりはなかったのです。けれど、白状しなければなりません」。

彼は躊躇していた。面談を通じて、スタンは常に緊張しつつも愛想良い態度を維持していた。だがこの突然の危惧に私は注目した。これから何を言うつもりにせよ、それが彼の心に重くのしかかっていたものだということは明らかだ。たぶん、長年に亘って。

言うべきことは一つだった。「続けてください」。

すると彼は、若い頃一時的に悪魔崇拝《サタニズム》――「の、ようなもの」（と弁解的に付け加えた）――に帰《き》依《え》していたことを自供した。数週間に亘ってサタンを崇拝して過し、見返りとして彼の好意と体験を得られるなら「魂を捧げる」とまで約束したと認めた。愚かな出来心であり、一時的な気の迷いであったことは間違いないが、彼が召喚した霊的存在は彼の言葉を額面通りに受け止め、今もその対価を要求しているのだという。

「本当に、他愛もないことだと思っていたのです」とスタンは言った。「あの〈お巫山戯《ふざけ》〉は本当に一時的なもので、せいぜい数週間かそこらのものなのです」。

彼の妻は頷いた。

「それと、同じ頃にマリファナもかなりやっていましたが、最近は全くやっていません。けれどあのクサが私の判断力に影響していたのかもしれません。もうお解りでしょう、ギャラガー先生。私は真摯に真理を探究する者ですが、同時にまた、たぶん、常に〈霊的体験〉に飢えていた者でもあるのです。それが一番的確な答えだと思います」。

これで合点がいった。一種の「ニューエイジ」探究者として、スタンは常に自らの霊的思慕を満足させる確固たる体験を求めて来たのだ。多くの西洋人が、霊的な領域とのより「直接的」な繋がりを求めて東洋の宗教に目を向けている。だがその中には、不幸にも、オカルティズムや悪魔崇拝に手を出す者もいるのだ。

ここに至り、私は被害者の既往歴のさまざまな要素がこれらの奇妙な苛虐現象の発生にどのように関係しているのか、深く理解し始めていた。

例えばマリアの事例では、彼女がオカルトに与したためではなく、敬虔かつ慈悲深い人間であったが故に悪魔的勢力の標的とされたことは明らかと思われる。この頃には既に理解していたが、殴打等の物理的攻撃を伴う苛虐の現象は歴史を通じて驚くほど信憑性の高い記録に報告されているのだ。そしてこれらの歴史上の記録によれば、マリアが受けたような苛虐攻撃はしばしば聖人のような人間に対して、神への献身とサタンやその王国の拒絶への報復として加えられる。

これに対してスタンの場合は自身が完全なる悪魔崇拝に傾倒しており、それが外的苛虐を招いた。彼は迂闊にも計算外の力との交渉に「囚われた」。この一時的な気の迷いをどれほど正当化しようと、その罰金を支払うこととなったのだ。

マリアが言っていたブルホが彼女の苦境と関係しているのかどうかは判らない。スピリチュアルの専門家の中には彼女の事例をスタンのそれとは全く別の角度から捉え、彼女の苦境を「苛虐」と呼ぶことを拒否する者もいる。彼らの好む言い回しは悪魔による「聖人への攻撃」である。だが私に言わせれば、悪魔が悪さをする際にいちいち言葉遣いについてあれこれ言うことはないと思う。

当時の私は依然としてヤンキー流の合理主義者であり、訓練を受けた医師として、よほどの証拠がない限りオカルト的仮説に飛び付くことはなかった。だから呪術師に呪いを掛けられたというマリアの説は当時の私にはあまりにも幼稚すぎる迷信としか思えなかった。だが後になって呪いだの妖術だのが重要な要素として話に絡んでくる事例を多く目の当たりにした私は、ちょっと待てよと思うようになった。患者の病状、あるいは治癒の中のオカルト的要素は、多くの人が考えるような馬鹿げたものでもあり得ないものでもないという事実を私は直接目撃していたのだ。私は兄のジョンがフランスで「善い魔女」に疣を治してもらったことを思い出した。そして彼の体験を真剣に考えるようになった。

スタンの事例が物語っているように、一旦はサタンを信奉したが後に足を洗おうとしている人間は特に悪霊に狙われやすい――言い換えれば、真剣にオカルトに手を出して「扉を開いた」が、後に行ないを改めて真剣な信仰に戻ろうとしている人物である。こういうものは犯罪組織と一緒で、一旦組織に加入してその内実を知ってしまうと、その組織は何らかの制裁無しにその人物に足を洗わせることはない。つまり彼らは「知りすぎた」のだ。

＊　＊　＊

後に私はもう一人、無邪気だが真剣にオカルトの探究に転じた人物と出会った。知り合いの臨床心理士が五〇前後の女性を診察したのだが、彼女は深刻な苛虐の徴候を示していた。ジェイクス神父によれば、問題の女は過去にオカルトに嵌まっていたらしい。インド出身の彼女は移民として合衆国にやって来て市民権を獲得、事業で成功を収めていた。だがその後、ありとあらゆる奇妙で苦痛に満ちた超常現象を体験するようになった。

ヒンドゥー教はインドのほとんどで主要な宗教であり、多くのヒンドゥー教徒は悪神や善神を信じている。この女性はいわゆる「クンダリニー覚醒」を学んでいた。これは背骨の基部に「冷たい風」や熱、あるいは痙攣《けいれん》を感じるというものから、幻覚、変性意識状態、さらには「悟り」に至るさまざまな体験が得られるという。

ジェイクス神父に紹介される患者を理解して最高の結果を出すためには、各自の信仰について完全に理解しておく必要がある。このインド女性と面談する前に私はクンダリニー覚醒の現象についてできうる限りの文献を漁った。驚いたことに、この題目に関してはかなり怪しいものも含めて大量の研究資料が存在していた。サンスクリット語の「クンダリニー」とは「蜷局《とぐろ》を巻いた蛇」という意味で、人間の背骨の基部にあるとされる神聖なエネルギー（サンスクリット語でシャクティ）を指している。その概念は「蛇の女神」と同一視され、カール・ユングやジョセフ・キャンベルのような学徒はそのシンボリズムと独自の霊的意義に興味を抱いた。

ヨーガの四つの主要な流派の中でもクンダリニー・ヨーガは世界中にセンターを開いていて、ニューヨーク・シティにもかなりの数がある。これらのセンターの多くは中立的な身体的訓練――呼吸、エクササイズ、瞑想――を強調していて、その基盤にあるヒンドゥー教の信仰には何も触れない。これらの概念をどのように理解するにせよ、悪霊に関する伝統的な観念を持つ西洋の宗教の信徒は、これらの覚醒の体験者が主張する明白な「超自然的」要素の根源は悪魔であると考えてきた。予想される通り、世俗の批評家の一部はこれらの覚醒を単なるナンセンスもしくは欺瞞と見なしている。伝統的なヒンドゥー教徒は烈火の如く否定するが。

何にせよこの女性は近年ではカトリックに改宗しており、クンダリニーの修業をしていた頃の自分は悪魔的な諸力に身を曝していたと確信して、苦痛に満ちた体験からの解放を求めていた。悪霊の攻撃と信じるものからの解放を願っていたのだ。

数多くの奇妙な「内的」体験を伴ってはいたものの、彼女の愁訴の核は肉体的苦痛であった。実際に甚だしい苦痛を体験していたにも関わらず、医師たちはその医学的な原因を特定できなかった。さらに彼女はスタンと同様、時に「霊」の見えない拳に殴られたり首を締められたりすることもあるという。これは過去の悪霊との交流に対する罰であると彼女は感じている。興味深いことに、ミサに出るとその苦痛は徐々に甚だしくなり、聖体に近づくともはや耐えがたいものになるという（それ以来、苛虐を受けた男女の中で、教会に行った時、特に既聖ホスチアに近づいた時に苦痛が増すという数多くの愁訴を聴いた）。

この女性の治療中、ジェイクス神父は彼女の相談を受けていたもう一人の司祭であるマラカイ・マーティン神父を紹介してくれた。このマーティンは、旧弊なカトリシズムとヴァティカン内部の陰謀的な動きに対するラディカルな姿勢によって宗教界では著名だが物議を醸している人物である。両司祭ともこの女性が実際に悪魔の攻撃を受けていると信じていて、心理士も既に彼女の心理状態はこれ以外の点では正常であると診断していた。ジェイクス神父は私が彼女のクンダリニー体験を聴き出すこと、そして年輩のマーティン神父に会うことを望んでいた。マーティンは何年も前にイエズス会を辞めたにも関わらず、依然として「神父」を名乗っていた。

調査を拡充するために私は憑依患者に関するマーティン神父の体験を聴いた。彼は依然として酷いアイルランド訛《なまり》で、何というか「キャラ」が立っていた——快活でチャーミングな男だが、当時既に余命幾許も無かった（彼は一九九九年に死んだ）。彼との仲は最後まで昵懇《じっこん》だったが、正直、彼とその著作については複雑な感情を抱いていた。当時、憑依を主題とする彼の一九七六年の著作『悪魔の人質』はベストセラーとなって久しく、この分野ではブラッティを凌ぐ人気を博していた。[†11]

だが彼は憑依の報告にかなりの詩的許容を加えているとして批判を受けていた。アイルランド的茶目っ気なのか？ 私には解らない。だが私は、マーティンは実際には悪魔祓いに関しては個人的な経験はほとんど無いという話を確かな筋から聴かされていた。彼自身、自らを「アシスタント」と呼び、「正規のルート」を辿ることを避けていた。ある批評家によれば、おそらく彼の話は多くの実話の伝聞に基づくもので、これをそれぞれが現代世界に対する一般的なイデオロギー的論点を示す五つの「ステレオタイプ的」主題に仕立て上げたのだという。

また、彼は祓魔師が受ける被害を誇張し過ぎているという指摘もあった。悪魔祓いとは悪魔対司祭の個人的な決闘であるという概念を過度に強調し、神の執り成しを願う祈りとしての側面を軽んじているというのである。たぶん、ドラマティックな効果を狙ってそうしたのだろう。

マーティンはまた、精神病院に入院している患者の半数以上は悪魔の攻撃を受けていると主張したとも言われている——本気で言っているとしたら賢明な判断とは言えない。私は、彼が本当にそんな立場を取っていたのか、ジェイクス神父にとっても私にとっても戯言としか思えないそんな統計について実際に口にしたのか、彼に問い詰めておかなかったことを後悔している。マーティンの報告書にどれほど恣意的な点があるとしても、彼が実際に数多くの歴史上の悪魔祓いの記録と、劇的な憑依・苛虐に関するカトリックの長い経験に通じていたことは明らかで、だから彼もまた、ひょっこの私がこの奇妙な分野を理解するのに貢献してくれたことは間違いない。

＊　＊　＊

かくして、これらの問題の蘊奥《うんおう》についての専門教育が開始された。

合衆国のカトリック界における最も学識深い祓魔師の一人であるジェイクス神父は、悪魔による攻撃を疑われる全国の無数の人々から相談を受けていた。彼との繋がり、そしてこの分野における彼の名声のお陰で、すぐに私は異常なほど多くの驚くべき事例と遭遇することとなった。医師として学者としての責任を果たしながらの仕事だから、その責務はしばしば過労に陥ることとなったが。

共同作業と友情が深まると共に、私は定期的にジェイクス神父と旅を共にすることとなった。長いドライヴの間に、彼は司祭としてのこれまでについて、憑依を初めとする悪魔の攻撃に関する膨大な体験について語ってくれた。合衆国のカトリック司教は定期的にジェイクス神父に悪魔祓いを依頼する。つまり彼らは明らかに我が友人の判断と裁量を尊重していたのだ。以後、合衆国カトリック教会はより多くの祓魔師を指名するようになった。故にこの世代の祓魔師が悪魔と遭遇する場数は、ジェイクス神父の、ひいては私のそれに遠く及ばない。

当時の私はこの分野におけるジェイクスの傑出ぶりも、彼が全国の事例に対処している事実も理解していなかった。またジェイクスがどれほどの頻度で私の見解を求めて連絡してくるかも解っていなかった。だから間もなく私は困難な選択を迫られることとなった。ともかく私はジェイクス神父と、彼が送り込んでくる人々を助けたかった。彼らは困惑し、しばしば苦しめられている。時には単なる精神病と判明することもあるが、何にせよ彼らの苦痛を無視したくはなかった。少なくとも私はたいていの場合、彼らの悩みの性質をより正確に見分ける手伝いができる。それが精神／病的なものなのか、あるいは悪魔によるものなのか。そして彼らに必要な援助がどのようなものなのか。

それに正直、この分野に対する興味もある。医学校では耳にしたことのない症例であることは間違いない。私はこの奇妙で新たな冒険に関与しようとしているのか？　基本的に私は、助けを求められればいつでも最善を尽すことにしている。この分野の探究の道から外れなかったということは、その事象が私の参加を必要としていると信じていたのであり、それはつまり、私の参加は半ば摂理であると考えていたということになる。

だが私は、ジェイクス神父が文字通り我が家のドアの前に連れてきた次の患者に対する心の準備はまだできていなかったのだ。

第3章　ジュリア、サタンの女王

その憑依と、驚くべき能力

ジュリアに会う日の前夜、不穏な出来事があった。私の家族は動物好きで、当時は一匹のフレンチ・ブルドッグと二匹の猫が古い親戚のように家の中を彷徨《うろつ》いていた。三匹はずっと仲が良かった。猫たちはしばしば夜になると私たちのベッドで丸くなっていた。

だが夜中の三時頃、鋭い金切り声のような音に私と妻は飛び起きた。いつもなら大人しい二匹の猫が、チャンピオンの座を懸けたボクサーのように大喧嘩していたのだ。本気で相手を負傷させに掛かっている。両者をそれぞれ別の部屋に退避させている間も、毛を逆立てて唸っていた。妻と私はベッドに戻った。訳が解らなかったが、たぶんキャットフードに中《あた》ったか、木天蓼《またたび》でもやり過ぎたんだろうと片付けた。

翌朝、ジェイクス神父がドアベルを鳴らした。彼は「ジュリア」と共に我が家の玄関に立っていた。黒いパンツを履き、痩せた身体に黒紫のブラウスをだらしなく纏っていた。たぶん三〇代後半から四〇代前半。短い髪をジェットブラックに染め、黒いアイライナーはこめかみまで伸びている――後で知ったが、彼女のカルト仲間が好むスタイルらしい。

例によって祭服に身を包んだジェイクス神父はポケットに手を突っ込み、目を逸らしている。

「ジュリアだ」と彼は言った。「言いたいことがあるそうだ」。

にやにやしながらジュリアは私を見詰めた。

「昨夜の猫ちゃん、気に入った？」と彼女は訊ねた。

私はまじまじと彼女を見詰めた。その態度にも、驚くべき問いかけにも度肝を抜かれた。人を見下すような笑みを浮かべている。心底楽しそうだ。

「何がそんなに嬉しいんですか？」と私は思わず口にした。

彼女はにんまりしてドアフレームに凭《もた》れ掛った。

「いいですか」と漸く私は言った。「私はジェイクス神父を尊敬しています。その彼が私に、あなたに会うように言ったのです。もう昨夜のようなことは止めましょう。解りましたか？」。

思考が駆け巡った。一体私は何を言ってるんだ？　本当に彼女がうちの猫に何かしたとでも？

ジュリアは平然とそこに突っ立っている。名誉ある客みたいな態度で、弁解一つしない。

その日は一日中、考えを纏めようと努めた。一体全体、私は何に巻き込まれたんだ？　ジェイクス神父に与することに疑念を、あるいは疑問を抱いたのはこれが初めてだ。胸の支《つか》えを下ろすために私は彼に電話した。いつもの礼節はかなぐり捨てて訊ねる。「一体何を考えてるんです、いきなり家に連れてくるなんて？」。

彼は深く陳謝して、彼女が予想よりも早く到着したのだと言い訳した。なるべく早く彼女を私に会わせるために私の在宅を確認したかったのだという。ジェイクスは私の見解を知りたくてうずうずしていた。だが、彼自身は憑依であると確信していることは明らかだ。

「鉄は熱い内に打てだよ」と彼は言った。助けを求めようとする彼女の動機が長続きするとは考えていないようだ。さらに驚いたことに、ジュリアと面談した別の心理士にも同じようなことが起ったという。その男の猫が狂乱して居間のソファを切り裂くに及んで、彼の妻は「あの恐ろしい女」とこれ以上関わることを禁じたのだ。

「今頃言いますか」と私は言った。心底うんざりする。侵略されている気分だ。

ジェイクス神父は続けた。「彼女は挑発的かもしれんが、本当に助けを求めている。少なくとも今はな。われわれの助けが必要なんだ。早ければ早いほど良いと思う。彼女のカルトは彼女を手放したがらない。われわれの悪魔祓いを止めるために手段は選ばんだろう」。

ジェイクス神父によればジュリアは全く例外的な症例で、完全憑依の中でも他に類を見ないものだという。稀少なサタニストでありサタン崇拝カルトの「女司祭長」であるジュリアにはある種の「特殊能力」があると彼は言った。そのカルトから直接脅迫を受けたことから、ジェイクス神父は彼女の話の信憑性を確信したという。

私は翌日オフィスで彼女を診ることに同意した。

ほとんどの完全憑依の祓魔式の最中、悪霊は自ら（あるいは強制されて）姿を現し、その驚くべき超自然の力を示す。祓魔式の場以外でも、そしてこれは診断プロセスにとって極めて重要なことだが、被憑依者はその周期的な憑依トランス状態においてしばしば、少なくともその状態の古典的な徴候の幾つかを示す。悪霊は異国語を話したり異常な怪力を発揮したり、あるいは「隠された知識」すなわち通常の方法では知り得ない事柄に関する知識を明かしたりするのである――しばしば霊能者が誇示する能力に似ている。無論、このような能力を持っているのは悪魔であって被憑依者ではない。憑依においてこのような超常能力が示されると、明確に異国の悪霊がそこにいてその者を支配していることの証明となる。いわゆる超心理学者や心霊主義者の主張に反して、人間が自らこのような能力を持つことはない。

だがジェイクス神父によれば、ジュリアのような強力な悪魔主義者で、明らかにサタンと関係を持ち、これを崇拝している者は「自ら」この種の「特権」を許される場合があるという。すなわちサタンは自らの崇拝者に対して、明らかな憑依状態でない場合はもちろん、通常の意識状態においてもこれらの超能力を駆使する許可を与えるというのだ。サタンの力の下に彼らは自らの固有の能力に依らず、奇妙な方法で悪魔的な力の根源を利用することができるのである。

ここまでのレベルの「厚遇」を得た症例というのは、私の経験でも極めて稀であり、典型的な憑依の事例よりも遙かに珍しい。だがこのジュリアは、すぐに解ったことだが全く典型的ではなかった。彼女は公然とこれらの能力を行使し、その「厚遇」を大いに気に入っていたのだ。

＊　＊　＊

翌日、ジェイクスとジュリアがやって来たので、私は彼女をオフィスに導き入れた。挨拶も無しに彼女は大きな窓枠にぶらりと近づいた。そこにはたくさんの連翹《れんぎょう》の籠が置いてあったのだが、彼女は無言のまま私の植物たちに水を遣り始めた。またしても私は彼女の厚かましさ、形式だの礼儀だのをほぼ完璧に無視する姿勢に驚愕した。

「植物の命に嵌まってるの。あたしらは植物や動物が大好き。まあ動物なら何でもってわけじゃないけどさ、たぶん」。そして自分のジョークにからからと笑った。「でもあたしらはお馬鹿なキリスト教徒とは違う。あいつら自然を憎んでるでしょ、知ってた？」。

数ヶ月に及ぶ遣り取りの中でジュリアは常に「自然界」と調和したい、そのためにサタニストになったと主張していた。彼女に言わせれば、伝統的な宗教は不自然で抑圧的だというのだ。「あたしの哲学はね、センセ」と彼女は言った。「節制より放縦。抹香臭い絵空事より活き活きした生活。右の頬を打たれたら左の頬、じゃなくて、やり返すのさ」。それは彼女のカルトの規範のようだった。ある時などは、私のためにわざわざ書き出してくれた。

彼女は私のことを「センセ」と呼ぶことを好んだ。良い徴候だ。司祭よりも医師を信頼しているようだ。司祭に対する口の利きようを聴いていたので、私に対しても同じような態度だろうと思っていた。だが私は、彼女が無礼な態度を採れば厳しく叱責することを知っていたと思っている。やがて解ったことだが、彼女は司祭たちの善意の訓戒よりも医師である私の見解を尊重し、気に懸けていたのだった。彼女はこの「憑依のこと」に関する私の見解を欲していた。

「憑依されてるのは解ってる」と彼女は言った。「頭がぼんやりして、その間のことは憶えてないし。あたしから声が出てたって言うんだ。知らんけど。何も憶えてないし。まあ悪魔だね、間違いなく。サタンじゃないけど。彼はそんなみみっちいことには関わらない。でも、大本は彼。彼は全てを支配してる。あたしは何年も前からマスターに従って、彼の望みのままにして来た」。

ジュリアが自分の状態について語る際の、穏やかかつ理路整然とした口ぶりに驚愕した。全く予想外だ。オフィスの窓の前に立って、近隣の建物や周囲の木立を見詰めている。私がこのオフィスを選んだのはこの眺めが気に入ったからで、私もちょうどジュリアと同じように定期的に窓外を眺めていた。もしも彼女が精神に抱えているものを知らなければ、ごく普通の患者だと思い込んでいただろう。その知性と、感情を完全にコントロールしていることに感銘を受けた。もっとバランスを失った頭の弱い人物を予想していたのだ。

もう少し深掘りすることにした。話の死活的に重要な細部を明かしてくれるかもしれない、そうすれば彼女の状況と精神状態をより良く理解できるだろうと思ってのことだ。

「どうして憑依されたのだと思いますか？」と私は訊ねた。

見当も付かない、と彼女は言った。妙だ。「まあ、サタンが関与してるのは間違いないけれど、彼には彼の理由があるのよ。あたしには解らないけど。でもね、それが嫌で。悪魔に逆らうなんて賢明じゃないけれど、でも助けを求めることにしたの。カルトは嫌がるでしょうけど。だからあたしは、教会に侵入して司祭を困らせてやるんだって言ったの。信じて貰えるとは思ってたけれど、裏切りと思われるかも、って恐れはあった。だけど、この憑依だけは何とかしなきゃと感じた。助けになるのは司祭か牧師しかないって聞いてて。精神科医？　無理でしょうね。キチガイってわけじゃないんだから。それは確実」。司祭に関する見解を含め、彼女の率直さに感銘を受けた。

遂に彼女はデスクに差し向かいに座ってくれたので、会話が楽になった。自由に話をさせることにした。そう願っているようだったので。私が何も口を挟まず黙って聞いているという事実を彼女が気に入っていることがすぐに判った。その点では、彼女は私の精神科医としての長年の経験から感得した傾向から外れているわけではない。つまりこちらがほとんど何も言わなければ、人はしばしば全てを語ってくれるのだ。それに私は彼女の話を真剣に聴いているし、金銭も要求しないし、自動的に精神病だと決め付けて入院させるようなこともしない、ということを彼女は解っていた。

彼女はまずジェイクス神父に二人の心理士のところに連れて行かれたと言った。そしてジェイクスは、彼女の奇妙な状態を心理学的に説明することはできないという彼らの見解を彼女に伝えていた。いずれも肯定派であった彼らは、確かに彼女が憑依されていると認定したというのだ。だがジェイクスは、その次に医師の見解を求めたという。そして先の「キチガイ医者《シュリンクス》」はあたしのことちょっと怖がってたよ、と嬉しそうに言った。

「それから、ジェイクスの知り合いのイエズス会の司祭と電話で話したんだ。彼、顔が広いみたいね。大物にね。この司祭も精神科医でさ。こいつには参ったよ。思い上がった野郎でさ。電話じゃ詳しくは言えないって言っときながら、あたしの考えは〈イカレてる〉なんてわざわざ言うんだ。どーゆう神経よ？　あたしに会ったこともないくせに、実際には何も知らんくせにさ、すっとろい意見だけ言うの。馬鹿みたいな分厚い赤いカーテンの前でさ」。

「何故赤いカーテンのことが解ったんですか？」と私は訊ねた。「電話で話してたんですよね」。

ジュリアは顔を輝かせて笑った。目に見えて興奮している。目をきらきらさせながら、彼女は自分にはいくつかの「力」がある、と言った。その一つは、超常現象研究者の言う「遠隔視」であると。

「それに、いつでも好きな時に滅茶苦茶にしてやれるし」。

私はめきめきと学習していた。生来の疑り深さは、ジュリアが新たな情報の欠片を提供してくれる度に、瞬く間に薄れた。

「でも今はやりたくないんだ」と彼女は言った。「すぐ解るでしょうけど」。彼女は真実を話すと約束したが、まだサタンへの献身について、あるいはカルトやその指導者や信者について何もかも話す心の準備はできていないと言った。「どっちにしても、知らなくて良いことよ。あたしの言いたいことが解るならね、センセ」。

以前ジェイクス神父と話した時、彼はジュリアが公然たる悪魔崇拝の熱心な集団に属していることは間違いないと断言した。また私は、彼女が悪魔を崇拝する魔女を自称していることも知っている――依然として私には荒唐無稽に見える主張だが、彼女の誠実さは間違いのないところだ。そんな訳で私は、彼女の話を信じつつあった。というか、この会話を踏まえて、その真正性を度外視することはなかった。少なくとも彼女が妄想を抱いているとか、煽情的な物語で唆そうとしているような様子は感じられなかった。

彼女は、自分はあのイエズス会士の言うような哀れな「イカレポンチ」ではないと言った。「あいつはジェイクス神父に言ったのよ、あたしを病院に入れるべきだって」。ここで初めてジュリアはうんざりした様子を見せた。「あたしはこれまで、一度だって精神科医に診て貰わなきゃなんて思ったことないのにさ」。

彼女はますます腹を立てたが、その語る内容は依然として首尾一貫して合理的であり、私は改めて驚かされた。

「センセはそんなことしないよね？　あたしの意志に反して入院させるとかさ？　神父によると、センセは並のシュリンクスよりオープンだし、あたしみたいな人を相手にしてきた経験もあるって」。

私は、誰であれ当人や他人に危害を及ぼす恐れがない限り強制的に入院させたりすることはないと言った。ジュリアは目に見えて安心した。

「たぶんセンセのこと信じてる。正直っぽいしさ、解るよ。ジェイクス神父も信じてる。実際カワイイしね。弱虫だけど優しいよね。まあしっかりやってくれりゃあそれでいいよ。司祭連中は虫が好かないけどさ。馬鹿ばっかだし。最悪なのもいる。言ってること解るよね」。

話は十分だ、ここで一旦打ち切ろうと決めた。私としてはジェイクス神父が彼女に、私は彼女の担当医ではないこと、無償で彼に助言しているだけだということ、だから守秘義務などもないということをきちんと話していることが確認できれば良かったのだ。それでも良いかと確認すると、良いということだった。

それと、彼女が私に話すのはあくまで自発的なものであり、私は伝統的な治療や投薬をするつもりもないということもはっきりさせた。むしろ私がやろうとしているのは彼女の信仰と、悪魔祓いを求めるに至ったアンビヴァレンスの探求だ。彼女は時々私を訪ねて来ても良いし、訪ねなくてもいい、それは彼女が自分で決めても良いしジェイクス神父が助言しても良い、但し、何であれ私や家族におかしな真似はしないでくれと念を押した。猫の件を思い出して「もう二度と」と付け加えたい衝動に駆られた。それと、彼女が普通の療法家に掛かったり薬が欲しいなら、その手配もしてあげようと言った。

またしても彼女は笑った。どっちも必要ないよ、あたしキチガイじゃないしと繰り返した。もっと悪魔祓いを受けたい、先に進むのは恐いんだけど、それについてセンセと話し合うように、ってのがジェイクス神父の本音だよねと言った。

こんな不気味なカルトなんぞに入るような人間なんだからと予想していた人物像よりも、彼女は遥かに思慮深く聡明だった。後で思ったことだが、知的であったからこそ彼女は後にグループ内でいわゆる「女司祭長」というリーダー的な立場に立つことになったのだろう。まるで異教の王族のように。

それから彼女は唇を噛んだ。何やら混乱している様子だ。外面の厚かましさ、強靭さの下に脆弱な部分が隠されている。「人間って、本当にこういう状態から回復するの？」と彼女は訊ねた。「するさ。人間はというか、君もね」と私は断言した。確かにこれほど劇的ではないが、これまでいくつもの憑依を相手にしてきた経験からくる自信だ。「けれど、手っ取り早い治療法なんてない。本気で取り組まねばならない。回復を望まねばならない」。

ジュリアが去った後で、ジェイクス神父が彼女の状況を詳細に語った。彼は、彼女が憑依されたのはサタニストとなって邪悪な生活様式に転じたからだと信じていたが、その信者たちの中で何故彼女だけが憑依されたのかまでは解らなかった。「同じような背景を持つ者の中でも、憑依される者とそうでない者がいる理由は常に謎だ。たぶん彼女は他の者よりもより劇的かつ明白にサタンに仕えることに同意したのだろう。サタンから特権を授かり、カルト内で高い地位を得るために何を約束したのかは解らない」。

ジェイクス神父はこのグループについてはあまり知らなかったが、ジュリアが時々何人かのメンバーと暮らしていたことは知っていた。既に何度か悪魔祓いを受けてはいるが、ほとんど効果は見られない。だがジェイクスは楽観的だった。とはいえ私は、彼女がカルトと完全に手を切ることを拒絶していることからして、ジェイクスの期待は「ポリアンナ的」〔訳注：盲目的で極端に楽天的の意。米国の少女小説作家エレノア・ポーター（一九二〇年没）の小説の女主人公の名から〕と称するべきものではないかと思った。

私はますます、またしても、彼が私に求めているのは診断ではないことを理解した。むしろ彼が望んでいたのは悪魔祓いの継続に関するジュリアの、一見するとアンビヴァレントな態度を理解することだった。彼は私に、私が彼女の動機を暴く一助となることを期待していたのだ。

ジェイクス神父はジュリアがこれまでに二人の心理士と会っていることを認めた。診断の一環として私はジェイクス神父の印象を確認するために彼らに電話した。その一人目は、私もよく知っていて信頼もしていた人物であった。彼は数ヶ月前にジュリアと面談して彼女が精神病ではないと結論していた。二人目の心理士もそれに同意した。「彼女には妄想の徴候は全く見られず、また作り話をする理由もありませんでした」と彼は言った。「自分の話で人を怖がらせるのが好きなようですが、何かを誇張しているとは思いません。その話は非常に詳細でしたし。自発的に悪魔祓いを求めているのに、嘘なんてついているとしたら、その動機を訊ねていたはずです。まだカルトにいることを認めながら教会に助けを求めるなんておかしな話ですし」。

二人ともジュリアは明らかに精神病ではないと判断した。だが私同様、明瞭な「人格障害」の徴候を見て取っていた。すなわち生得の、適応力に乏しい人格上の特徴である——彼女の場合は、長年に及ぶ芳しくない性質だ。両者とも、ジュリアが惹き起こしているらしい超常現象に対して臨床上の、もしくは伝統的な説明は付かないし、彼女のストーリー全般は信憑性があるようだと結論した。

ジェイクス神父は何の疑いも持っていなかった。

＊　＊　＊

ジュリアと初めてオフィスで面談した直後、ジェイクス神父とジュリア、そして私は司祭の古いシヴォレーでハイウェイを飛ばしていた。次の祓魔式に適した場所を探していたのだ――というか、少なくともジェイクス神父はそう言っていた。後で気づいたが、彼は私が気楽な状態でジュリアを観察できるよう、三人だけの時間を作りたかったのだ。私は助手席、ジュリアは後部座席で一人考えごとをしていた。私は彼女に話しかけたかったが、ジェイクス神父のふらふらした運転の所為《せい》でそれどころではなかった。

「私は祓魔師の補助をする」とジェイクス神父は言った。車線の間を右に左にシヴォレーを駆り、足はずっとブレーキペダルに載せている。「祓魔師長は面白い人物だ。すぐに会える」。

いきなり後部座席から低く耳障りな声が聞えた。「こいつに手を出すんじゃねえ。このファックな猿坊主奴《め》」。驚いて振り向くと、ジュリアがわれわれを睨み付けている。拳を握りしめて。「こいつは俺らのもんだ。絶対に放さないよ。お生憎だな、マヌケの猿坊主」。「猿」という言い方は、悪霊がわれわれ人間をどのように見ているかを端的に表していると私は常に感じていた。

その声はジュリアの口から発せられているが、実際にはジュリアではなかった。彼女の顔はぼんやりして、むしろ虚ろだ。一〇分ほどの間、それが続いた。

突然声が止み、ともかく私がたった今目撃した状態からジュリアが出て来た。今起きたことは何も解っていない。司祭に何か言ったことを憶えているかと訊ねた。彼女は憶えておらず、何て言ったの、ここどこよ、どの辺まで来たのと訊ねた。

このドライヴの後、彼女の状況に関して僅かに残っていた私の疑念は雲散霧消した。だがまだ訊いてみたいことはあった。特に、彼女が悪魔教の魔女であると嘯《うそぶ》いている点についてである。依然としてそれは私には荒唐無稽に思えた。

数日後、私は再び彼女と会った。今回はジェイクス神父のオフィスである。何の躊躇《ためら》いもなく、私は単刀直入に彼女が自分自身とカルト内での自分の地位についてどう思っているのかと訊ねた。彼女は自分の力を楽しんでいると答えた。それを大いに誇りにしているという。妙な誇りだと私は思った、その力の源を考慮するなら。彼女は微笑みながら、すぐに見せてあげると約束した。私は続けたまえと言った。

「いいこと、あたしはあのカルトの女司祭長なのよ」と彼女は言った。「彼らの女王、サタンの女王なの。あたしが信じてるのは彼ただ一人」。

彼女はさらに畳み掛けた。「なぜ人はサタンを崇拝すると思う？　みんなあたしらのこと、単に迷信深いだけとか、キチガイだとか、妄想だとか、法螺《ほら》吹きだとか思ってる。けどね、あたしはバカタレじゃないし、だから頭の医者に掛ったり必要になったことはないよ。あたしらは馬鹿だからサタニストになったと思ってる？　ほんとはすごく見返りが多いからよ。あたしらがサタンを崇拝するのは、彼があたしらの面倒見てくれて、すごい恩恵くれるから」。

ジュリアは事もなげに、自分の心霊「能力」は高位の悪魔崇拝者に与えられる伝統的な特権だと言った。「貰って当然のものよ」と彼女は言った。「魔女」という言葉は洒落でも何でもなく、本心から自分がほとんどの魔女よりも高い地位にあると信じていた。自らの役割を享受し、自分の個人的な能力は「一山いくらの魔女じゃなくて、強力な魔女」だけに許される類いのものだと言い張った。

彼女がこの「贈物」を現実的に評価しているという事実に興味を抱いた。精神科医および精神分析家として長年を過した私だが、ジュリアのような人間には会ったことがない。明らかな遠隔視能力の他に、ジュリアは直接会ったことのない人間を正確に知ることもできた。ある時など、私の母の死因が卵巣癌だったと言い当てた。特殊な情報源でもない限り、彼女には知りようのない事実である。しかも私の母だけではない。このような感知の中には「秘められた知識」の範疇に属するものもある。異国語を話すのと同様、これまた憑依の古典的な徴候である。

その後、私はジェイクス神父に電話してジュリアの次の祓魔式の日取りを話し合った。突然、電話での会話を別の声が遮った。曰く、「**手を出すな**と言ったろうが。**このファッキン坊主が**。あいつはお前らのじゃない、**俺ら**のだ。**お気の毒様**」。

その声はジェイクス神父のシヴォレーで聞いたのと同じ、不穏で不気味なものだった。陳腐な言い方だが、項《うなじ》の毛が逆立ったような気がして、反射的に電話を切りそうになった。

私はジェイクス神父に、今の声を聴きましたかと訊ねた。「こんな風に電話で悪魔の声が聞えたことは何度もあるよ」と彼は言った。「いつもはもっと酷いがね」。

私はまたしても侵略されているように感じた。例の猫の件の時以上にだ。奴らは私の電話にまで侵入できるのだと私は考えていた。一体この不愉快な連中は、われわれの環境を、われわれのものを、どの程度まで操れるのだ？　戦線は明白に引かれていると私は想像した。私自身が標的にされている。少なくともある程度までは。ジュリアを助けようとしているが故に、悪魔なる仇敵は今やこの私をも問題の一部と考えているのだ。いったいこれから何が起ろうとしているのか？

私は常にこういう調査はまずは疑ってかかるべきだと信じている。だがこんな圧倒的な証拠を前にして、依然として不信を貫くのは困難だし愚かでもある。ドライヴ中のジュリアの様子、我が家の猫の一件、そして今回の電話の怪しい声を聞くに至って、彼女の状況に関するあらゆる疑念は霧消した。ここでは明らかに内科的疾患以上の何かが起っている。それもこれまでの症例で私が観察して来たことを遥かに凌駕する形で。

これらの出来事を説明できる精神的・身体的理由を見出すことは私にはできなかった。ジュリアの状態を何らかの精神疾患と見做すことは困難だった。特に多くの不可解かつ異常な出来事が同時に起っている状況においては。入院病棟で働いていた時、私はいわゆる多重人格障害の患者を数多く見てきた。今では「解離性同一性障害」という病名の方が一般的だが。だが本件はほぼこれではない。確かにこれらの患者は「解離」を起す。だがこの遣り取りや、私がジュリアに関して身を以て体験した超常的な特徴の数々から、私は本件には精神病患者が示すものを遥かに超越する現象が包含されていると確信した。私はまたしても、自分は一体何に足を踏み入れてしまったのかと訝《いぶか》しんだ。

次に予定されていた祓魔式の前に、私はもう一度ジュリアと長時間語り合った。私は単刀直入に訊ねた。「何故悪魔祓いを進めることを躊躇するの？　君が自分でそれを求めたのに」。

長い間、彼女は沈黙していた。私は彼女の感情の状態を想像しようとした。反抗心と偏屈？　狡猾に他人を操作しようとしている？　恐怖？　これらはいずれも可能性があると私は感じた。

遂に、目を伏せたまま彼女は言った。「恐いの。苦しいのよ。これをなんとかしなきゃなの」。

「もっと詳しく聞かせてください」と私は言った。

彼女は溜息を吐《つ》き、そしてとうとう彼女の言う「長い物語」を語り始めた。彼女の半生は生易しいものではなかった。カトリックとして洗礼を受け、カトリックの学校に通ったが、真面目に信仰したことはない。家庭生活は「そんなに良くはなかった」。予想していたことだが。だが彼女は両親について詳しく話したり批判したりするのを躊躇していた。

ティーンエイジャーの頃、とある司祭が彼女に興味を持った。「それがどういうことか、すぐに解った」と彼女は言った。ジュリアは、その男に性的虐待を受けたと言った。奇妙なことに、彼女はそのことから何か影響を受けたとは思っていなかったが、自分が教会を去ったのは間違いなくそれが原因だと認めた。当時は性的にナイーヴだった彼女はセックスに興味津々であり、セックスとは何かを完全に理解する前に肉体的な接触を楽しんでいたのだ。

彼女はそれを「おふざけ」と一蹴したが、その虐待のお陰で教会にはすっかり幻滅したと彼女は認めた。その所為で、最終的には地元のサタニストのグループに惹かれるようになったのだという。ある日、知り合いにその司祭のことを愚痴ったところ、そのグループを教えられたのだ。

私はこれらの性的虐待、特に信頼すべき権威者から加えられるそれがもたらす被害をよく知っていた。私にはジュリアが自分のトラウマと、それ以外の青年期と家庭生活におけるストレス要因を過小評価しているように感じられた。また同時に、彼女はこれまでの誰よりも私に対して心を開いているとも思えた。それを私は彼女が助けを受け入れる徴候と解釈した。

だが私は、自分が彼女のセラピストではないことを思い起こさねばならなかった。それと、私は彼女が自分の強力な記憶に圧倒されることを望んではいないということを。当初はこのようなトラウマ的問題について普通に語っていたのに、面談を重ねる内に精神的に崩壊してしまった患者はこれまでにもさんざん見てきた。それでもジュリアはこれらの痛ましい記憶について極めて客観的に話していたし、それに圧倒されている様子はなかった。経験上、彼女が多くの細部を省略していることは解っていたが、私は何ら強いることなく彼女に続けさせた。彼女が何ゆえにこれほど自信満々にことの経緯を語れるのか解らない。私が興味を惹かれたのは、例えば彼女の幼い頃の家庭生活や、彼女のカルトがどのようなものなのかということだ。だが私は明白に彼女のセラピストではないのだから、彼女自身のペースと言葉の選択に任せることにした。彼女の話には鍵となる細部が欠けていたが、この奇妙なカルトへの改宗は彼女にとっては代替家族を求めることだったのかもしれないという気がした。

「そのリーダーに恋したのよ。強い男。ダニエル」と彼女は認めた。「初めて出逢った、というか関係した、本当に強い男。とてもハンサムで横柄で、ちょっと浅黒くてさ――ずっと図書館で過してた青っちろい司祭なんかとは大違い。ダニエルは危険な香りがした。世の中には〈ワル〉を求める女ってのがいるのよ。たぶんあたしもそれ」。

快楽――生の目的――の追求こそ自らの存在の核であると彼女は考えていた。これこそ、本物のサタニズムの典型的な考え方なのよ。ジュリアはこのカルトが最終的に彼女を女王に就けた顚末を語った。彼女は伝説の悪魔の女王の名を採って〈クイーン・リリス〉と名乗った。このカルトはまた「淫欲の悪魔」アスモデウスを崇拝していたと彼女は付け加えた。だが彼女が本当に好んだ自称は「官能の悦びの女王」だった。後で見せて貰ったが、彼女はジェイクス神父に送った手紙にそう署名していた。

これら全てにおいて、明らかにセックスは大きな部分を占めていた。セックスは何らかの形で多くの奇妙なカルトの一部となっているらしい。女性は、特により若くて魅力的な女性は彼らの「特権」として求められる――そうでなくなるまで。リーダーの男性はしばしば、女性を自らの快楽目的に縛り付け、「下位の」男性信者にはそのような悦びを禁ずる。

ジュリアは変態的なセックスの味を憶えた。「あたし、かなり変態だったわ」と彼女はにやにやしながら言った。「今もだけど」。

彼女は賢明かつ学識深い男である司祭が自分の魅力に溺れたことを喜んでいたようだが、特に彼に執着していたようには見えない。これは境界性傾向を示す多くの患者に共通する特徴である。彼の性的技量については全く冷淡で、「優しくて紳士的な男」だけれど未熟で不器用だったと酷評した。そして何の感慨もなく、結局あいつ教会から蹴り出されたわと言った。その後、自殺したんじゃないの。

それとは対照的に、「ダニエルとのセックスは夢みたいだった、時々乱暴だったけど、興奮したわ、果てしなく」。他のカルト・メンバーとの乱交もしばしば行なわれたが、それもまたジュリアを興奮させた。ダニエルが他の女性としているのを見て嫉妬はしたが、これこそ自分の選んだ人生なのだと感じた。

彼女は乱交を愉しみ、「パーティ」と呼んでいた。だがセックスはしばしば、より手の込んだ儀式の一部でもあった。この定期的な儀式について語るのを彼女は躊躇した。彼女が〈黒ミサ〉と呼ぶそれは、伝統的なカトリックのミサのパロディである。学者によれば、このような儀式は少なくとも中世にまで遡るもので、より古い例もあるという。これらの儀式は何世紀もの間に多様化したが、セックスと体液はしばしばその重要な要素となった。ジュリアが語ったのは、その儀式では法衣を着て、盗んできた聖餅を使ったということだけだ。

ダニエル――全身悪魔の衣装を着て儀式を主宰した男――はグループの中で最もパワフルなメンバーだった。彼はサタンに身を捧げ、常にサタンに祈っていた。だからこそ、とジュリアは言った、彼もまたその報償として多くの特権を得ていたの。彼の能力はジュリアを遥かに凌いでいた。何らかの知的職業に就いていたとジュリアは言ったが、見せて貰った手紙から判断するに、彼は下劣漢で、特に聡明なところはない――明らかなナルシシストである。

ジュリアは当初、彼が自分を特別扱いしていると思っていたが、その内、心変わりしたのかしらと考えるようになった。年を取り、もう妊娠できないかもと彼女は言った。

「どういう意味？」と私は訊ねた。

ジュリアは躊躇していた。どこまで話すか考え倦《あぐ》ねているようだった。言葉を慎重に選びながら、おずおずと話した。

「あたし、カルト一のブリーダーだったんだ」と彼女は言った。「すぐに妊娠するから。だからグループ内で特別の地位に就けた。うちには堕胎をやれる奴がいて、医者の助手、だと思うけど、ムカつく奴だった。胎児を儀式に使うんだ。ダニエルに言われてさ。ダニエルとサタンは、この〈サービス〉をするあたしに凄い名誉と褒美をくれるって言うんだ。あたしの役割に永遠に感謝すると。「あたしは確かに、サタンと上手くやっていきたかったからさ。何でもくれる。みんなは、サタンの王国を永遠の拷問だなんて言うけど、それは違う。それは一種の社会、つーの？　確かに罰とかもあるけど。この世界にもあるでしょそんなの。そこではあたし、高い地位に就けるって約束されたよ。だから、ちょっと変ったことだけど、ダニエルのためにしてあげるのにワクワクした。それに、ダニエルも喜んでくれたし」。

ダニエル曰く、人々はこの種の〈サービス〉を何世紀にも亘ってサタンに献げてきたのだという。このグループは自称異教徒《ペイガン》で、彼曰く、多くのペイガン文化は基本的に悪魔崇拝だが、アステカ人は遙かに悪質で、生きた人間を生贄にしていた――主として女や子供を。

私はぞっとしたが、何も言わなかった。後になって、他の人々からも似たような話を聞いたが、その信憑性は甚だ疑問だ。基本的にその真実性は疑わしいのだが、中には少数ながら細部からして信じるに足ると思えるものもある。ジュリアの話がそれだ。私はかつて、とある地方検事補に胎児の死体を悪魔的な儀式に用いるようなことは違法かどうか訪ねたことがある。「そうですね、理論的にはそうなりますね」と彼は言った。「とはいえ、それで誰かを起訴しようという人は誰もいないでしょう。それに、どうやって証拠を摑みますか？」。彼は、現行の事例があるのかと訊ねた。私は、ジュリアの言う「献げ物」について語る人は誰もが、もはやそんな行為からは足を洗ったと言いますと答えた。

これらの悪魔的儀式での役割を語る時、ジュリアは自らの過去の行為に悩んでいる様子はなかった。彼女にとっての最大の悩みは、ダニエルがもはや彼女を愛していないという恐れのようだった。

「人生で初めて、特別だと感じたの」と彼女は言った。「ダニエルはあたしを選んでくれた。あたしがキュートなティーンエイジャーだった頃のことよ。本当にうっとりしたわ。でも今は解らない。年も取ったし、ダニエルが今もあたしを好きかどうか、解らない。司祭の助言を乞うふりをして悪戯《いたずら》してやりたいの、できたらあいつら熱湯にぶち込んでやるって言っても、『オーケー』だって。確かにね、ダニエルはそれを気に入ったし、サタンだってそう。だけど今もあたしのこと気にしてくれてるかは解らない。もう妊娠もできないだろうし、あたしはもう、ほら、『消耗品』なんじゃないかって」。

私は彼女の明け透けさに心を打たれ、また彼女の目下の恐怖に気づいた。だが彼女の話の全てが本当かどうかは解らなかった。話の内容——そして話し方自体が不快だった。面談を重ねる内に、助けを求める彼女の態度は劇的に変った。当初は純然たる絶望、神と許しへの曖昧な希望であったものが、キリスト教への率直な拒絶と憎悪へと変っていくのだ。束の間必死になる時を除いて、私は内心、彼女は本当に助けを望んでいるのかどうか疑問になった。

ジュリアが何かを隠している様子なのには閉口したが、その躊躇を理解するために、彼女の人格に好感を持とうと努めた。この頃には、彼女には人格障害の特徴が見られることを確信していた。その所為で安定して本気を維持することができないのだ。境界性人格障害の患者は意図や態度が首尾一貫しないことがしばしばある。多くの患者と同様、ジュリアは脆弱な人間には見えなかったが、彼女にはそれ以外にも人格上の欠陥が多々あり、一見したところでは明け透けではあるものの、ますます彼女の動機が疑わしくなった。彼女はやや尊大で、かなり批判的かつ侮蔑的になることもあった——自己愛的傾向を示す行動である。自暴自棄のあまり、ジェイクス神父に態《わざ》と迷惑を掛けようとしているのではないかと思った。たぶんダニエルのご機嫌を取るためにだ。思うに、おそらく二兎を得ようとしているのだろう——カルトからは脱却せぬまま、憑依からは解放されたいと。

この頃にはよく解っていたことだが、このような悪魔の攻撃を受けた者は、自らの霊的解放に取り組むと共に霊的健全性を強く維持しようとする必要性を理解しなくてはならない。私は彼女に、祓魔式は呪術医の呪文のような魔術儀式ではない、と言い聞かせた。だが彼女は私の助言を受け入れられそうになかった。たぶん恐れが強すぎて、ものごとを十全に考え抜くことができなかったのだろう。

＊　＊　＊

ジュリアが悪魔祓いの継続に同意する頃までには、私は祓魔師の「長」にも会っていた。隣州のしっかりとした教区司祭である。彼は「A神父」と名乗った。雅号のようなものだろう。

A神父は豊富な実践的知識を持ち、自分の立ち位置や、解放に必要なことを患者に知られるのを恐れない。彼はこれまで見てきた多くの症例について語ってくれたが、そのほとんどは成功裏に終っていた。誰もが彼を好いているわけではない。中には彼を専制的と見做す司祭もいた。だが私は、ジェイクス神父同様、彼が常に患者のことを最大限に気に掛けているということを知っていた。

ジュリアは先ず地元の司祭を訪ね、その司祭が彼女をジェイクス神父とA神父の許へ送った。自らの仕事については慎み深いが、A神父はおそらく合衆国史上、最も経験に富む祓魔師である。私が知っているだけでも、彼が公に口を開いたのは一度しかない。とあるラジオの番組で、ジュリアの症例と祓魔式、その結果を語ったのだ。その際、彼は私には気まずくてとても口にできないような特定の詳細まで暴露した。その時にそう指摘すると彼は謝ったが、担当祓魔師としてある種の公的発言を残しておくことは、歴史の記録として重要だと感じているようだった。

彼とジェイクス神父は常にジュリアに対する処方の最新情報をくれた。私はまた彼女の過去の祓魔式の参加者たち——全員、正直で神を畏れる者たちであり、私の役割も承知している——とも話をした。彼らは過去および将来のジュリアの祓魔式に関して、厳正な精確さを以て証言することを約束してくれた。

ジュリアの話によれば、彼女のカルト、特にダニエルはA神父を酷く嫌悪していて、第一のターゲットとしていた。「ほんとに嫌われてたわあの人」と彼女は言った。「特別な司祭なのよ。ああ、もうすごく、やっちまいたがってた」。

私はジュリアがA神父に夢中になっているのかどうか考えた。たぶん彼もまた、彼女が惹かれる強い男性像なのだ。

ある日、全く唐突に、ジュリアはA神父が「見える」と言った。ちょうど彼女が馬鹿にしていたイエズス会士の精神科医のオフィスを遠隔で「見た」のと同様にだ。察するに、それは文字通り彼女が見ているというよりもむしろ、彼女の頭の中に明瞭かつ極めて力強いイメージがあるということなのだろう。

今回は好きにさせておくつもりはなかった。すかさず質問する。「まあ、あり得ないと思うが」と私は言った。「一体全体、何の話かね?」。

彼女は静かに言った、「青いウィンドブレーカーにカーキ色のズボン」のA神父が自宅近くの海岸を歩いているのが「見える」と。彼女は彼の家を訪ねたことはないし、そもそもどこに住んでいるのかも知らない。彼女はこの能力を「投影《プロジェクション》」と呼んでいた。これは彼女独自の風変わりな用語で、心理学用語とは関係無い。

私はすぐにA神父の携帯に電話して、今どこにいますか、どんな服装ですかと訊ねた。「普段ならこの時間には司祭館にいますが、今夜は散歩することにしたんです」と彼は言った。「お祈りしながら海岸沿いを歩いています。カーキ色のズボンにウィンドブレーカーです」。

「何色のウィンドブレーカーですか?」と私は畳み掛けた。

「ジュリアと話しているんですね。彼女は只者じゃない、でしょう?」。

ジュリアはまた、A神父が肉体的苦痛を感じている時を告げることもできた。私はむしろ、彼女が何らかの手段でその苦痛を惹き起こしているのではないかと思った。彼女とA神父の認識では、それを惹き起こしているのは間違いなくサタンだった。

＊　＊　＊

ジェイクス神父が祓魔式の再開を提案するまでに、私はさらに数回ジュリアに会っていた。実際の儀式に参列できるとは思っていなかったが、依然として彼女の動機と、過去との訣別が本心なのかどうか探りを入れていた。彼女は相変わらず私に対しては驚くほど明け透けだったが、その態度は苛立たしいほど曖昧なままだった。遂に彼女はもう一度助けを受けることを承諾したが、サタニストとしての人生と訣別する固い決意はないままだったので、私は結果については悲観的だった。

祓魔式の再開を期して、A神父は私に最新情報をくれた。彼はこれまで見たこと無いほど気を昂ぶらせていた。

「彼女はこの前の儀式で怖じ気づいたようだ」と彼は言った。「祓魔式を試してみることについて一時間以上も話し合ったが、彼女は躊躇《ためら》っていた。これまで見たことがないほど怯えていた」。

A神父は深呼吸して言った、「だがその後の出来事はさらに恐ろしいものだった」。ジュリアが滞在先に戻るにはクルマが必要で、時間も遅いのでジェイクス神父が送ると約束した。

「もうジェイクスのことはよくご存じでしょう」とA神父は続けた。「彼はとても善良だから、人にノーと言えないのです。愚かにも、私は彼女を送ることに同意した。こんなに遅くなっているのに、それ以外にどうすればよかったのでしょう？　大きなミスでした」。

三人はA神父のシヴォレーに乗った。またしてもジュリアは後部座席。直ぐさま彼らは、彼女が憑依状態に戻ったのに気づいた。A神父はうんざりしたかのように、彼女の状態は「いつもどおりのあれ」だったと言った。つまり悪魔の悪態、彼女はサタンに身を捧げているという宣明、それに悪魔は決して彼女を手放さないという挑発である。

それから、幽かに微笑みながらA神父は言った、「お楽しみはここからですよ」。

私は眉を上げげた。次に何が起ったのか、興味津々である。私はこれまでに悪魔なる仇敵の奇妙な策略や戦略についてはいろいろ学んで来たつもりだった。だがA神父の次の台詞には心底驚かされた。「悪霊が出たのですよ！」。

既にジェイクス神父から聞いていたことだが、悪霊はわれわれの感覚や物理的現実に影響を及ぼすことができる。だから時には、現実とそうでないこととの識別が、不可能ではないにしても、困難になる場合があるのだ。彼とジェイクス神父が二人して同じものを見たという事実から、悪霊がその時点で物理的現実を変容させ、さまざまな姿形を採って人間の前に姿を現す能力を発現させたのだとA神父は信じている。

「彼らは、見たところ、フロントガラスの前に現れました――ふらふらと浮遊する、黒い何かです」と彼は言った。

A神父が路肩に寄せようとすると、シヴォレーのヘッドライトと、ダッシュボードのあらゆる照明が消えた。暗闇の中の運転を強いられたA神父は小さな溝に嵌まり込んだ。当然揺れたが、怪我はなかった。かくして彼らは暗い田舎道で立ち往生することとなった。どこへ向かっているのかも――何なら、助けを求められるのかどうかも解らない。

その事態にジュリアはどんな反応を見せたのですかとA神父に訊ねた。彼は鼻を鳴らして、平然としていましたよと言った。それまでさんざん見てきた、あの苛立たしい笑みを浮かべていたという。彼女がいつ憑依状態を脱したのかははっきりしない。だから彼女は実際に起ったことを知らなかったのかもしれない。「彼女はわれわれに感謝などしませんでしたよ、当然ながら」とA神父は締め括った。

そりゃあ感謝なんてされるはずはないだろうし、命があっただけでも幸運ですよと思ったのを憶えている。何にせよ、憑依された女を真夜中にクルマで送るなんて馬鹿な決断をしてしまったのだから。

＊　＊　＊

二週間後、ジュリアの次の祓魔式の後で、またしてもA神父から電話があった。ジュリアがもう二度と儀式を受けることを承諾しないのではないかと心配しているという。

儀式は晩秋の寒い夜、裕福な郊外の街にあるジェイクス神父の教会で始まった。「ティーム」は八名。祓魔師長のA神父。A神父を補佐するジェイクス神父。二人の尼僧、その内の一人は看護師。

それから手伝いに呼ばれた四人の平信徒、女性一人に屈強な男が三人。

全員が、ジェイクス神父が住んでいる小さな館の礼拝堂に集結した。ジュリアは一時間半も遅れてきて、着いたら着いたで苛々しながら尻込みしていた——たぶん、既に何らかの「影響力」の下にあったのだろう。にも関わらず、彼女は手続き書類に署名した。

ジェイクス神父は公式礼拝から開始した。用いたのはローマ典礼《リトゥアレ・ロマヌム》の旧ラテン語版で、そこには一六一四年の古典的な祓魔式のテキストが含まれている。[†12] 彼のお好みの祈禱《きとう》文である。連禱が始まると、ジュリアは直ちに完全なトランスに入った。「すぐに『声』が出て来ました。あのいつもの、傲慢な調子です」と電話の向こうのA神父は言った。「何ぴとたりともこの女を解放する権利はない、何故なら彼女は自由意志でサタンに身を捧げたのだと。典型的な悪霊の宣言です。そいつ、もしくはそいつらは、全員を脅そうとして、いつもの苦情、冒瀆、自慢話を披露しました。『われわれは決して立ち去らない。**止めろ。帰れ**』と」。

A神父によれば、その儀式は少なくとも二時間に亘って続き、祓魔式の間中、悪霊は同じ台詞を繰り返した。悪霊は全般的にその悪意をA神父に向けていたが、定期的に二人の尼僧を愚弄し、彼女らを「娼婦」「淫売」と呼んだ。

私は頭の中でその場面を空想した。参加者たちがジュリアを取り囲み、彼女を抑えつけるべき時に備えている。全員が予めA神父から指図を受けている。A神父は全員を指導し、彼の手法に必要なことを命じている。過去の体験から、私もよく知っている。

憑依対象が女性である場合、A神父が患者を押えるように命ずるのは常に女性たちだが、その後で手が付けられなくなると男と交替する。この夜は招かれた二人の尼僧と平信徒の女がジュリアの肩と腕に手を置き、彼女が突然暴れ出した時にはすぐに押え付けられるようにしていた。今回はそれが必要となった。A神父によれば、祓魔式が始まるや否やジュリアは物凄い力で抵抗し始めた。彼女はA神父の首に巻かれた頸垂帯《ストラ》に摑みかかろうとした。幸いにも、その手と腕は押え付けられた。皆驚いたことに、ジュリアはこれをまるまる二時間に亘って続けることができた。だが彼らは、自分たちが抗っているのは悪霊の超自然的な力なのだと気づかされることになった。これまた、本物の憑依の古典的な徴候である。

「それから」とA神父が続けた。「あれが起ったのです」。

「何が？」と私は訊ねた。

「ジュリアが椅子から空中に浮揚したのです。半時間にも亘って」。

参加者全員が、後にこの話を立証した。ジュリアは明らかに椅子から一フィートほど浮き上がり、そして参加者全員の明らかな印象として、男性を含む参加者たちが力の限り押えつけていなければもっと高くまで浮いていたと感じられた。後に証人の一人が私に言った、「私たちが止めなければ、天井まで浮いていたでしょう。あれは逃げようとしたんでしょうか、それとも参加者を怖がらせようとしたんでしょうか？　解りませんが、みんな慄え上がっていました」。

空中浮揚は稀だが、過去および現在の悪魔祓いを含む、教会の記録文書で十分に立証されている。

私は彼らの驚きと恐怖を想像しようと努めた。

A神父は話を止めた。疲労困憊してやる気をなくしているかのようだ。こんな風に会話が途絶えるのは初めてのことだ。

「神父」と私は迫った。「まだそこにいますか?」。

「すまない、リッチ。話をしているうちに、ちょっと悲観的になってしまった。悪霊どもは――何せ、複数いると感じられたんですが――一瞬たりとも攻撃を止めず、こちらが疲れるほどに力が強まるようだったのです。奴らによれば、ジュリアは自ら彼らを招き入れ、多くの見返りを得た。だから彼らから解放される権利はないのだと」。彼はまたしても口ごもった。「たぶん彼らは、われわれの誰よりも彼女の本心を知っていたのです。彼女は本当に彼らを断つ気があるのか、正直疑問に思っています」。

それからA神父は、その長い儀式の間に起ったもっと劇的な現象の数々を並べ立てた。悪霊もしくは悪霊どもは、彼がジュリアに聖水を掛けると苦痛に身悶えた。「止めろ! 熱い!」。一方、ジュリアは普通の水に対しては何も反応しなかった。彼女に取り憑いた悪霊は、言うまでもなく、どの水が聖水かなど教えられていない。

A神父によれば、今回を含む儀式の間、悪霊はしばしばジュリアが知らない幾つかの外国語を話した。その言語に堪能なジェイクスによれば悪霊は流暢なラテン語を操ったという。

今回の儀式のある時点で、室内が突然極寒となり、それから急激に温度が上昇して息が詰まるほど暑くなった。「まるでわれわれはボイラーの真横に立っていて、何者かがその出力を最大にしたかのようでした」とA神父は言った。また、大きな叫びや唸り声やしわがれ声、動物の鳴声などがA神父の祈りを妨げ、彼は「危険なジャングルのど真ん中」にいるように感じたと言う。「リッチ、まるで地獄の門にいるようでした」。

長年の間、他の祓魔師たちも私に同様の出来事を報告してきた。そして私は歴史上の記録にも同様の事例を多く見出している。だが、ジュリアの事例における異常な証言を再調査して、参加者全員の精確な詳細を確認しても尚、私は彼女の憑依の空前とも言うべき力に慄然としている。これらの特徴を総合すると、それは私には、自らをサタンに献げた女性を何としてでも支配し続けようとする強力な敵の反応を明瞭に示しているとしか思えないのだ。

ジュリアの祓魔式の激烈さは、A神父とジェイクス神父をも驚かせた。その光景は彼らを怖じ気づかせるため、あるいはジュリアがカルトを辞めたり、これ以上その悪辣な行為を他者に開示したりすることを止めさせるためのように思われた。他の熟練の祓魔師によれば、A神父とジェイクス神父は悪魔もしくは悪魔どもに対してこのような騒ぎを起さぬよう命じることで、このような「劇場型の」顕現を防止すべきであったという。だが、わが友人たる二人の祓魔師の豊富な体験からして、今回の件で彼らが遭遇した悪霊もしくは悪霊どもは、あまりにも強力すぎてそこまで統制することができなかったのだと思う。

儀式が終ると、ジュリアは速やかにトランス状態を脱した。ほとんどの（全部ではないにしても）

被憑依者と同様、彼女は何も憶えていなかったが、儀式自体は二時間以上に亘って続いたのだ。

＊　＊　＊

この物語の悲しい結末は、結局ジュリアが悪魔的存在から解放されることはなかったということだ。この自称サタニストは、カルトから足を洗って悪魔崇拝を辞めることができなかった。そのためには心をすっかり入れ替えて専心することが必要だっただろう。この壮観な儀式の後、ジュリアは悪魔祓いの継続を断念した。希望があれば再開するとの提案を拒絶したのだ。

ジュリアはたぶん、カルトを——とりわけダニエルを死ぬほど恐れており、霊的援助を得ることに本気になっていなかったのだと思う。あるいは、まだ気持ち的にグループを去る準備ができていなかったのか。いずれにせよ、彼女は本気で祓魔師の助けを得ようとはしていないと判断した。

私もまた彼女の動機に疑いを抱くようになっていた。と言うのもその後の面談で、彼女はジェイクス神父やA神父を含めてこれまでの人生で出逢った司祭たちの多くの信頼を毀損するような話をし始めたからだ。

彼女のアンビヴァレンスは、私と彼女の最後の会話によく現れていると思う。私は既に彼女がカルト内部での高い地位を謳歌しつつ、自らがダニエルにとって魅力的でなくなっていくのを恐れているということを知っている。彼女はまたしても自分がもはや妊娠できないという恐れに取り憑かれているようで、そのことを今の地位への「大打撃」と称した。また彼女は、カルトから足を洗おうとしたメンバーが酷い目に遭わされたことも話した。「ダニエルと関わっちゃ駄目」と彼女は言った。「もの凄くサタンに近しいの。あたしは少なくとも、憑依だけは何とかしたかったんだけど、でも今は解らない、どうしたらいいのか」。

私は耳を欹《そばだ》てた。彼女の諦観的な調子と過去形の使用はこれまでなかったことで、それで私はA神父同様、彼女が去りつつあると感じた。

「イエスとか神とか、何でも良いけど。あたしはそうゆうの何も知らない。あたしが助けて欲しかった時、そいつらいったいどこにいたわけ？　でもジェイクス神父は言い続けたわ、あたしはそいつらに立ち返らなきゃって。知らんけど。それとサタンを拒絶しろって。サタンを拒絶しろ！　あほか？　どうしろと？　そんなことしたらどうなると思う？　絶対敵に回したくない。ほんとよ。絶対。もう既に罰せられてるんだ」。

それからジュリアは、驚くほど内省的な調子で話し始めた。

「みんな、業火《ごうか》は神から来るって思ってる。でもそうじゃない。サタンから来るのよ。そうやって自分の手下たちを躾けるの。サタンには人を罰する手段があるに違いない、少なくとも時々はね。あたしがやられたのはそれ」。

ジュリアは悪魔に苦しめられた際の灼けるような感覚を訴えた。

「どんな感じなの？」と私は訊ねた。

「普通の火じゃないの。霊的な火ってゆうか、言葉じゃ説明難しくて。別に火傷はしてないの。でもほんとに熱い——滅茶苦茶に／地獄みたいに《ライク・ヘル》。ああそうまさにそれ！」。

彼女は少し笑った。冷笑。

このような言説は身の毛のよだつものと取られるかもしれないが、悪魔に苦しめられて灼けるような感覚を体験したと私に訴えたのはジュリアだけではない。またその苦痛の種類も実に多様である。

ジュリアによれば、サタンは今も彼女の主で、彼女は依然として気違いじみた希望を彼に頼んでいる。依然として彼を崇拝し、このサタンへの献身は全ての人間への、そして「キリスト教徒が神と呼んでるもの」への挑戦なのだという。

これらの宣言は私にとっては特に驚くべきものではなかったが、これまで長い期間を共に過してきただけに、失望を感じた。私は改めて、自分の目的は可能なら彼女を援助することだけだということを思い起こした。彼女は私に何らかの借りがあるわけではない。

「あのカルトからも罰を受けた」と彼女は言った。「あいつらはサディスティックにもなる。『懲罰』だって。何時間も箱に閉じ込められたりだとかさ。これについては話したくないのよほんとは。もう既にいろいろ話しすぎちゃってるしさ。たぶんその分の罰も受けることになるわ」。

私は反論した。君はもう既に諦めているかも知れないが、心を改めるのに遅すぎるということはないと。確かに二兎を得ることはできないが、そんな生活と金輪際《こんりんざい》訣別するためには、カルトから足を洗ってサタン崇拝を辞めねばならない、どれほど恐ろしくてもね、と。彼女が近々そうするだろうという気配を感じ取って、私はさらに、ジェイクス神父は誰も見棄てないよ、と言った。

彼女は、彼の言うことを聞こうとしたと言った。ダニエルに対しては、自分の狙いは最終的にジェイクスとA神父を「獲る」ことだと説明はしたが。彼女は、われわれ三人が本心から彼女を案じていることに気づいた。それは少なくとも、とりあえずはポジティヴなことだと私は考えた。私は自分が藁をも摑む思いであること、にも関わらず彼女がダニエルの反応の方を気にしていることに気づいていた。

「たぶん彼との関係は滅茶滅茶になった」と彼女は言った。「彼はいつだって知りすぎている。少なくとも憑依だけは取ってもらえると思ってたけど、たぶん無理だと思ってる」。

彼女は躊躇していたが、気丈に話し始めた。漸く、間もなくやって来るものに対する覚悟ができたかのように。彼女はそれを「休暇」と呼んだ。

それから驚いたことに、彼女は私が彼女の物語をいつの日か公開することを許可、というかほとんど奨励してくれた。もちろん実名や住所や関係者の個人情報を明かすことは望まなかったが。「オーケー？　あんた教授だし。それがあたしにできる最低限のこと。他の弱い人たちに警告するためにね」と彼女は言った。

彼女は私に最後の贈物がしたかったのか、あるいは自らの良心を宥めたかったのだろう。私は改めて気づいた、精一杯の虚勢とは裏腹に、彼女もまた苦悩と葛藤を抱えた人間なのだ――それも、たぶん、これまでの人生の大部分で。私は「罠に落ちた」という言葉について考え続けた。その時の彼女はまさにそう見えたのだ。彼女はたぶん、混乱と恐怖のあまり理性的な判断ができないのだと私は結論した。

そしてここで、終焉の兆しを予感しながら、私は彼女が何故そう感じたのかを完全に理解したと思った。彼女は常に何らかの形で脅かされていると感じていた——カルトによって、あるいは生活様式改善のために祓魔師が課した要求によって、あるいはダニエルの愛と関心の喪失によって。たぶんその時まで、彼女は自分が支払わねばならない真の代価を完全には理解していなかったのだ。それは彼女のメンタリティの大きな部分を占めるようになった「魔術」ではなく、現実の生活が要求するものなのだ。

＊　＊　＊

ジュリアの最後の祓魔式から数ヶ月後、ジェイクス神父の強い要請で、われわれは南部の故郷にいる彼女を訪ねた。彼女は依然として再開には消極的だった。

この面談の帰りに飛行機に乗っていた時、私の妻と秘書が、私の「友人である司祭」を名乗る男から電話を受けた。その男は、ジェイクス神父と私が酷い交通事故に遭って瀕死の重体だと告げた。それ以上の質問に何も答えることなく男は電話を切った。最悪を恐れた妻は狂乱して、私が担ぎ込まれた病院を突き止めようとした。数時間後、ニューヨークのラガーディア空港の電話からいつも通り到着の報告をして、漸く彼らは私の無事を知った。

数週間後、ニューヨーク・シティの東二九番街を歩いていた時、三〇代の二人の女が数ブロックに亘って私を尾行しているのに気づいた。ジュリアと同じような、特徴的な黒のアイライナーのメイクに、あのカルト特有の奇妙な出立《いでたち》をしている。尾行に気づかれたと悟ると、二人は角を曲ってマディソン・スクエアに入った。それ以来、二度と見ていない。

その後、一度だけジュリアと話した。ジュリアの最後の祓魔式から一年後、彼女にもう一度電話して健康状態をチェックするようジェイクス神父に言われたのだ。ジュリアは末期癌と診断されたことを打ち明けたが、死ぬ前に悪魔の影響から解放されたいと言った。

私には、ジュリアは依然としてアンビヴァレントに思えた。彼女は、私が癌専門医からの報告書を受け取る許可を得られるように「考えてみる」と言った。その後彼女は二度と私にもジェイクス神父にも連絡を取ることはなかった。ジェイクスは数年後に自らが世を去るまで、数度に亘って彼女に手を差し伸べようとしていたが。彼女は死んだのか、死んだとしたらいつなのかを確認することはできなかった。難しいとは思うが、当然ながら私は彼女がまだ生きていることを望んでいる。そしてわれわれがまだ彼女を気に懸けていることを確認するために、彼女が連絡をくれることを。[†13]

第2部　研究者にして診断医

……美しさとは神秘的で恐ろしいものでもある。神と悪魔が戦っているその戦場とは、そう、人間の心だ。

——フョードル・ドストエフスキー『カラマーゾフの兄弟』

第4章　霊による障害

憑依のスペクトラム診断

私はこの奇妙な戦場について、恐ろしい速さで学んでいた。しばしば、男女の心と魂に対することの容赦無き攻撃は、混乱と人間の無知と多くの者にとっての苦痛を示唆していた。そして、そう、そこには悪意ある敵との実際の戦いも含まれていた。奇妙なことに、この敵は被害者を物理的に襲撃することもできるのだ。そのような事例は稀だが、この頃になると既に私も何度も目撃していた。そして何度も見てきたように一度襲撃を受けると、その魔手から逃れることは容易ではない。

このような幅広い状況に関する相談に乗り、適切な助言を与えようとするなら、他の有能な医師と同様、この新たな領域について学び続け、そのあらゆる側面を研究し続けなければならないと私は気づいた。

これまでに述べた初期の事例の後、それからの数年間を費やして、歴史上および現在の悪魔の活動と悪魔祓いについて徹底的に研究した。この主題に関する入手可能な文献は全て読破した——賛成派も反対派も、宗教本も世俗本も——中には数世紀も前のものもあり、言語も多岐に亘った。ラテン語と古代ギリシア語の知識は、古典および中世の憑依と悪魔祓いの事例を読むのに特に有益だった。

同時に、私はより広い祓魔師コミュニティと繋がりを持った。私が相談を受けたり教えたりするカトリックの公認祓魔師の数は急速に増えた。また合衆国および全世界の「救済の聖務」の著名な実践者たちとも知り合った。これは主としてプロテスタントだが、またカトリックの「カリスマ運動」の人もいた。ジェイクス神父およびA神父との仕事に加えて、私は非カトリックおよび非キリスト教の患者からの求めにも応じるようになっていた。

この過程で、私は厳密な診断基準を会得した。これにより、多くの人を混乱させてきたさまざまな悪魔の攻撃と精神病の症状とを理解できるようになった。私は精神科医の看板と、科学を固く信ずる姿勢を堅持する必要があった。だが同時にまた何ごとに対しても常に虚心坦懐であることが必須となり、かつ多大な苦痛を強いられている患者たちに対しては共感的でいることが求められた。明々白々、かつ不明瞭な悪魔の世界を私は見出した。それとも向こうが私を見出したのか。

＊　＊　＊

この初期の段階において私は、祓魔師と協同する医師の主要な責務は霊による障害と精神の障害とを区別することであると見做すようになった。前者はまた悪霊の「異常攻撃」とも呼ばれ、憑依や苛虐がこれに当たる。これらの症状は連続体上にあり、悪魔の侵入のスペクトラムを示している。次にこれらの症状はいわゆる悪霊の「通常の」影響、すなわち単なる誘惑と区別しなければならない。当然ながら人間はまた罪深い、あるいは邪悪な行為に完全に自らの意志で手を染めることもある。だが自分の悪行を悪魔の所為にしたがる人もたくさんいる。

ジュリアと出逢う前に私は既に完全な憑依事例を八例もしくは九例観察していた。これらは悪霊が人を完全に支配した事例であり、患者本人が症状の出現を全く憶えていないということがある。以来、私はこうした憑依事例を何十例、そして憑依よりも遥かに一般的な苛虐に至ってはさらに多くを目撃した。国際祓魔師協会にも加入しているので、それぞれの類型に何百という報告を聞いている。だがだからといって、それらが稀な事例ではないということではない。それは私自身がよく知る通りだ。

＊　＊　＊

ジュリアに取り組んでから四年後、私はまたしても重度の憑依患者と出逢った――シカゴの男性で、ジュアンと呼んでおこう。彼の事例は遥かに良好な結果を迎えた。一般に患者自身が解放のための作業に熱心に取り組んだ際に得られる結果である。

ジュアンは五一歳で、大柄で筋肉質、両腕にびっしりタトゥを入れている。初回の面談で、彼は認めたがらなかったが私は彼の苦悩と無力感を感じ取った。妻のステラも同様に切羽詰まっているようだった。ティーンエイジャーの頃にジュアンは近所のギャング団に入り、犯罪と暴力の人生に転じた。「『オーケー』な生活だったけど、危険ではあった。それに俺はもっと、もっともっと欲しかったんだ」と彼は言った。ギャング仲間は、サタンに改宗して「ダークサイド」に落ちればサタンの庇護を得てもっとのし上がれるぜ、と言った。「そんで悪魔崇拝者になったんだと思う。それで、欲しいものは何でもサタンに祈るようになったんだ」。

数年間、ジュアンは望むものは何でも手に入れていた――女、高級車、カネ。「実に愉快だったな」と彼は言った。「まさに勝ち組さ」。彼は他のギャング仲間をオカルトに誘い始めた。そうすることでさらに運気が上がると思ったのだ。

特にジュアンが信心していたのがサンタ・ムエルテ（死の聖母）だった。これはメキシコの民間信仰の聖人の偶像で、ヒスパニック系のオカルト信者たちの多くが自らの悪魔的な目的のために信仰してきた。悪名高いMS－13の団員の中にはサンタ・ムエルテへの信仰を誓っている者もおり、警察の報告書や新聞記事によれば彼らはサンタ・ムエルテの御利益《ごりやく》を受けるために、聖人への執り成しの祈りを逆転させた邪悪な祈りを行なうという。

MS－13は「マラ・サルバトルチャ」とも呼ばれ、当初は一九八〇年代の内戦から逃れてロサンゼルスに流入してきたエルサルバドル人の愚連隊だった。最終的に、MS－13はノーザン・ヴァージニアやロング・アイランドなど、合衆国の他の大都市にも広がっていく。そこで彼らは麻薬売買、未成年売春、強盗、そして暴行から刺殺にまで至るさまざまな犯罪行為によって急速に悪名を高めた。多くの元団員が悪魔崇拝を公然と証言している。「チクリ野郎がいるかどうか知りたい時に、悪魔を呼び出すんだ」と語るのは、「スピーディ」と名乗る元団員。二〇一七年六月の「ニューヨーク・ポスト」でこう述べている。「悪魔との交信にはウィジャ盤を使うよ[†14]」。

スピーディらMS－13の元団員は、一種の「変異型」憑依体験についても述べている。これは明らかに自発的かつ一時的な憑依状態である。短時間だけ典型的なトランス状態に入るのだが、この時には力が強くなり、全く知らない他人について隠された情報を詳細に知る能力を得る——その全てはいわゆる憑依状態の特徴である。「一度、悪魔に身体を乗っ取られた」とスピーディは「ポスト」に語った。「その時のことは何も知らないけど、俺を押え付けるのに仲間一〇人が必要だった。ギャング仲間の何人かがトランス状態になって、狙うべき奴の名を告げるんだ。忠誠審査みたいなもので、俺らは『魂取り』って言ってた。悪魔が名前を告げると、直ぐさまそいつをブチのめしに行く。そいつの魂を取るんだ」。

だがジュアンの場合、その憑依は一時的でも自発的でもなかった。警察が遂に彼の麻薬売買の現場を取り押えると、彼は有罪判決を受けて長期服役となった。だが獄中、彼は憑依状態を発症し始め、持続的かつ長時間のトランス状態に陥るようになった。その間、悪魔の声がジュアンの知らない外国語で秘密を暴露するのである。

刑務所付き司祭はジュアンの話を信じ、獄中の彼に祓魔式を施した。これらの獄中儀式の最中、悪魔は凄まじい怪力を発揮し、ジュアンを押え付けようとする多数の屈強な男たちを跳ね飛ばした。「悪魔祓いは助かったよ、正直」とジュアンは言った。「けど、悪霊は戻って来たんだ。それか、たぶん完全には去らなかったんだ」。

私が彼と会った時点で、ジュアンとステラは既に定期的に教会に通おうとしていた。だが悪魔は最悪の攻撃を再開し、礼拝への出席を邪魔するのだった。「ジュアンがトランス状態に入ると、ありとあらゆる恐ろしい、神を憎む言葉を吐くの」とステラは言った。ジュリア同様、彼もまたしばしば教会への立入を妨害され、彼にも曰く言いがたい何らかの力によって引き戻されるのだった。「あれはジュアンじゃない」とステラは言った。「それに、そういう状態を脱してしまうと、何一つ憶えていないの。トランス状態では今もラテン語を話すわ。子供の頃、日曜のミサに行ってたから、あたしには幾つかの単語がわかる」。

ステラの証言によれば、とある夜、トランス状態に陥ったジュアンはベッドから浮揚したという。「空中にいたのよ。神掛けて誓うわ！」。

ジュアンは困難な症例であったが、ジュリアとは違って本気で助けを得ようとしていた。既に一連の祓魔式を受け、その内の幾つかには私も参列した。彼の悪魔は絶対に去らない、と宣言した。憑依では共通して見られる特徴だ。呪詛、攻撃性、強情、自慢——いずれも歴然としている。だが間もなくジュアンに対する悪霊の力が弱まりつつあることが明らかとなった。結果的に、彼とジュリアの違いは、ジュアンが本気で彼自身の霊的症状に取り組み、悪魔を撃退しようとしていたことだ。ジュリアはそうではなかった。

時折、彼とステラは意気消沈することもあり、ジュアンは薬物濫用のような悪習に立ち戻ることもあった。だが彼の名誉のために言っておくと、彼はその度に立ち直り、自らの霊的成長に本気になるのだった。完全に解放される頃には、彼は日々祈りを捧げ、ミサにも定期的に参列するようになっていた。この苦闘する謙虚な男は、今も時折私に電話をくれ、健全にやっていると報せてくれる。

＊　＊　＊

ジュリアやスピーディのように、オカルティストは数千年にも亘って霊を召喚して願い事を叶えたり、彼らを通じて交信したりしてきた。時にニューエイジ運動の父と称されるエドガー・ケイシーは二〇世紀の前半、まさにこれを定期的に行なって大きな賞賛を得た。同じ行為はこの分野に属する人々によって今も続けられている。ジョージ・ガーシュウィンやウッドロウ・ウィルソンなどの著名人を初め、何千人という人々がケイシーの許を訪れ、助言を乞うた。

さまざまな（しばしば金銭上の）動機で、超能力者や心霊主義者や降霊術師を自称する人々は霊を召喚してこれを支配し、これを通じて語っていると主張する。また、善なる霊界（あるいは死者の霊）と称するものから他人に関する厳重な秘密や、治癒力を引き出してくるとも主張する。無論、彼らは詐欺師かも知れないが、実際に被憑依者に見られるような正確な情報や隠された知識を伝える者は驚くほど多い。時には警察までもが超能力者に頼り、有力な情報を得たと主張する。だがたいていの場合、その情報は曖昧もしくは不正確なものである。

何にせよ、さまざまな集団が悪魔的な情報源に身を曝しているし、過去においてもそうしてきた。だが一般に、彼らはその情報源が悪魔であることを必死に否定する。私の知っているとある著名な心霊主義者は、トランス状態に入って定期的にこのような有益な情報を得ていると称しているのだが、彼はある意味例外的で、心霊主義者の中には実際にはそれと知らぬまま悪魔と交信している者もいることを認めている。とはいえ彼は、そのような心霊主義者は少数派であるとも述べているが。

このような霊媒とは異なり、ジュアンは自らの霊との交信は一時的でも自発的でもないし、善なるものでもないと認識していた。幸いなことに、彼は悪魔の助けを借りることで自らが危険な状態に嵌まり込んでいることを理解するようになり、最終的には正道に立ち返ったのだった。

＊　＊　＊

ジュリアとジュアンの双方と頻繁に面談し、祓魔式後の異なる結果を見届ける頃には、私は既に多数の本物の憑依や苛虐の事例と遭遇しており、憑依や苛虐の患者と、医学的・精神医学的患者を見分けるのに十分な自信を付けていた。初めの頃にA神父やジェイクス神父の薫陶を受けたという優位もあったが、同時に自らこの主題について慎重に学び、知識を身につけていた。

二〇〇五年の著書 *Glimpses of the Devil: A Psychiatrist's Personal Accounts of Possession, Exorcism, and Redemption*〔訳注：未邦訳。試訳邦題「悪魔の一瞥　憑依、悪魔祓い、贖罪に関する精神科医の個人的な話」〕において、著者である精神科医のM・スコット・ペックは、彼の見た二つの事例が悪魔による攻撃であったと結論している。†15 常々思っていたことだが、ペックは斯界における勇猛果敢で虚心坦懐な探求者ではあるが、もっぱら彼自身の観測のみに基づいて、何もかも一から創り上げている。彼はかつて、自らの直観とごく少数の本物の患者との臨床体験のみを根拠に、悪魔の攻撃を稀少な精神的症状と断じたことがある。これには全く同意できない。確かに精神的な側面はあるものの、悪魔の攻撃は霊的障害である。ペック博士は、これまでに神学者や思想家たちがさまざまな悪魔の攻撃を決定的に分類する特定のベンチマークを創り上げてきたということを全くご存じないようだ。さらにその上、祓魔師たちはこれらの事柄に習熟しているのが当然で、その上で医師たちの自然主義的な専門知識を用いることが強く推奨されており、ペックのように単に「推論」のみに頼っているわけではない。むしろ祓魔師こそ「蓋然的確実性」を以て結論に到達せねばならないのである。

かつてA神父はペック博士に、祓魔式を見学するか否かと問うたことがある。ペックは直ぐさま承諾したが、高額の報酬を要求した。A神父は招待を撤回した。「私は優秀な医師に良かれと思って誘ったのです」と後に彼は言った。「彼にはまだまだ学ぶべきことがあったから」。ペック博士はまた、自ら祓魔式を執り行なったことすらある――医師としては、賢明な決断ではない。

私はペック博士と同じ過ちを犯さないように気を付けた。私は既に祓魔師などの霊的権威者が、何世紀にも亘ってさまざまな悪魔憑きについて、その弁別について、およびその霊的治療について書き留めてきたことをよく知っている。彼らは、医学的もしくは精神医学的治療が何の役にも立たないことを知っている。

二つの主要な症状――憑依と苛虐――は、比較的軽微なものから重篤で耐えがたいものに至るまでの連続体上に存在している。その各々において識別しうるパターンが現れる。他の障害と同様、正確な診断には特定の症候を構成する徴候や症状を分類することが必要である。医学用語でいう症候群である。この分野の半可通な研究者がしばしば決め付けることに反して、霊的障害もまた同様である。その診断もまた同様に厳密なものなのである（あるいは、そうあるべきである）。

＊　＊　＊

憑依の診断は（繰り返しになるかもしれないが）複雑なプロセスである。複雑なものがおしなべてそうであるように、万人が厳密な定義に賛同するわけではない。「憑依」という用語を広い意味で採るか狭い意味で採るかは何世紀もの間、各思想家の裁量に任されてきた。

憑依の要諦は、一体もしくは複数の悪霊が人間の肉体（決して「魂」や意志ではない）を実際に支配することにある。それが十全に現れた場合、患者はもはや自らの意志に従って動くことができなくなる。悪魔はその体機能を、そして少なくとも定期的にその意識を簒奪する。悪霊が公然と顕れるのはたいていの場合は間歇的であるが、顕れていない時にも実際に「去っている」わけではない。このような「完全型」の憑依の場合、患者は悪霊に完全に「乗っ取られていた」時の記憶が全く無い。それは彼らの知覚外にあり、悪魔の行動を後から思い出すことはできない（だが後に示すように、ここにも――例によって――例外はある）。

また「一時的」かつ「自発的」な憑依というものもあるとされる。前出のスピーディがそれであるし、またケイシーもそれであると私は考えている。この場合もまた被憑依者はしばしば、変性意識状態で生じたことを何も憶えていない。

重篤な精神病――この場合の基準は一般的にかなり長期に亘って継続的に障害が起り、時折悪化すること――とは対照的に、重度の憑依の場合、悪魔は「勝手気まま」であり、出て来る時以外は普通は身を潜めている。自発的な症例の場合には、決定的に「去る」ことすらある。患者の通常の意識が長期に亘って悪魔の行動に「覆い隠され」る場合もあるが、これは極めて稀であり、例外的であって、一般的なものではない。

重篤な憑依（そして少なくとも特に自発的でないタイプ、つまり本書で主として取り上げるもの）においては霊はあからさまに好戦的な態度を採る。特に聖品や宗教用具を攻撃する場合はそうである。霊は患者の肉体を去ることを拒絶し、典型的な祓魔式においては患者に他者を攻撃させようとしたり、少なくとも捕縛から逃れようとする。極端な瀆聖《とくせい》――しばしば最初に現れる徴候――はこのような憑依に必ずある特徴である。悪魔の声は、それが名乗った場合、あからさまに傲慢な態度で冒瀆的な言葉を吐く。

それに伴う徴候は極めて多岐に亘るが、最悪の事例においては一般に複数が一度に表れる。既に述べたように、何世紀にも亘り、祓魔師のための公式マニュアルは以下の三つの徴候を強調している――未知の言語を話す能力、隠された情報に関する知識、およびさまざまな肉体的徴候。これは一般には異常な怪力であるが、時には人間の肉体には不可能な「運動」、極端な捻転、さらに稀には空中浮揚などもある。これらの古典的な特徴の全てが常に揃うというわけではないが、重篤な憑依においてはしばしば現れるので、有力な診断の指標となる。それらが完全な形で顕れるのはしばしば祓魔式の最中で、それ自体が人間を超越した何らかの存在が間違いなく作用していることを示す証拠となる。

患者内に異質のもの、霊が存在していることは、まさにこれらの古典的な徴候に明瞭に示されている。何故なら人間はそのような能力を持ち得ないということが常識的な結論だからである。これらの特徴の奇妙な性質はかつては supernatural とか preternatural〔訳注：いずれも「超自然的」と訳されていた。前世紀においては paranormal（超常的）という用語が用いられた例が多い。これは現代的かつ準科学的な用語で、前述のように中立的な記述を狙ったものだが、偽科学的ニュアンスも強くある。

他の特徴的な徴候を探すこともまた重要である。これもまたしばしば祓魔式の最中に顕れる。例えば、悪霊はしばしば聖別されたものと普通のものとを見分けることができる。例えば聖水は霊を怯ませることもある（ハリウッドは特にこの反応を描くことを好んでいるようである）。だが悪霊は常に狡猾で二枚舌なので、私は時折、悪魔が聖品や儀式に対する反応を抑制することができるという事例を目撃している。それにはそれなりの努力が必要なのだろうが、それによって目撃者を欺くわけである――彼らの主要な目的の一つだ。一度、被憑依者の中の悪霊が聖別されたメダイ〔訳注：金属製のキリスト教のお守り〕に対して極端な嫌悪を示したとき、その男はそのメダイを引っ摑んで部屋の隅へブチ投げた。それから彼は落ち着き払って嘘をついた。「ああ、あの馬鹿げたものなんて全然何でもないね！」。

頻度は少ないが、伝統的な悪魔憑依の特徴の一つは、特に祓魔式中に被憑依者が周囲の物理的環境に影響を及ぼすという驚くべき能力である。例えば強烈かつ耳障りなさまざまな音を発したり、極端なまでに室内を高温もしくは低温にしたり、時には硫黄のような臭いを漂わせたりする。ジュリアの祓魔式の証人全員が、これらの現象の全てが周期的に生じたと証言している。

それ以外にも、一見したところでは全く超常的には見えないものの、よく生じる徴候がある。一般にそれらは無頓着な見物人を誤解させ、何も異常なことは起きていないと結論させる。例えばジユリアの教会に対する敵愾心《てきがいしん》は、単に宗教に対する嫌悪の反映に過ぎないと信ずる証人もいたかも知れない。だが他の徴候とのコンテクストで見ると、聖なる空間に対する彼女の身体的不快感もまた、霊が確実に存在し、それが聖なるものに耐えられないということを示している。

これら憑依の事例を数多く目撃すれば、その出現を、人間である被憑依者とは完全に別個のアイデンティティを持つ独立した存在、人間を超越した霊的能力を持つ現実の存在以外のものに帰すことは不可能である。時には彼らに名乗りを強制することすらある。これらの霊は明らかに独立した不愉快な個性を示し、意図的にその超自然的な能力を邪悪な形で用いる。彼らは被憑依者の人間を憎んでおり、これを苦しめることを喜ぶ。

稀な事例においては、サタンがその信者に対して心霊能力を行使する許可を与える場合もある。ちょうどジュリアのように、これは明らかに憑依状態のみならず、日常意識の状態においてもそれを駆使できる。そうは言っても、彼らはこれらの超常的な力を自らの固有の能力として行使しているわけではない。むしろ彼らは、ほとんどの被憑依者よりも自由に悪魔的な源泉に頼ることができるのである。既に見たように、ジェイクス神父の説明によればジュリアのように明白にサタンの使徒となっている強力な悪魔崇拝者は、この種の「特権」を与えられているらしい。

精神病患者はこれらの超常的な特徴を示さないことは言うまでもないが、精神障害に関する知識のない人の中には両者を混同する者もいる。ジュリアやジュアン（あるいは私が個人的に実見した、あるいは十分に証明された他の一五例、また多くの歴史記録にある事例、例えば「ロビー・マンハイム」）

とは異なり、普通の精神病患者は当然ながら空中に浮揚したりすることはない。同様に、精神病患者が隠された情報に関する正確な知識を持っているということもない。しばしば霊から驚くべき情報を提供される人は、良く言われるように「コールド・リーディング」を行なっているわけでもない。また精神病患者やそれ以外の人が、学習もしていない外国語を流暢に話し始めるということもない。だが被憑依者はしばしばそれを行なうのである。最後に、一部の躁病患者や極度の興奮状態にある患者はしばしば、強烈な暴言を発したり普段以上の活力や馬鹿力を発揮したりするが、かと言ってそれが超自然的なまでの怪力に及ぶことはないし、被憑依者に見られるようなあり得ない捻転を起したりすることもない。躁病患者や精神病患者の場合、周期的に激しい活力や筋力の爆発を見せることがあるにしても、その強度のレベルは遙かに小さなものであり、そこには明らかに程度および種類の差が見られる。

注意深く調査すれば、両者の違いは簡単に解る。精神病患者もまた幻覚を見たり、あるいはオカルト的な交信をしたり他者の「思考を読んでいる」と主張するが、精神病患者におけるそのような妄想状態は、被憑依者におけるあり得ないほどの頻度や隠された情報に関する不気味なまでの精確さとは到底比較できない。真の被憑依者は他者の「思考を読む」ことはない。彼らは単に、霊からの情報提供を受けているに過ぎない。

被憑依者と精神病の症状との表面上の類似はこれだけではない——たとえば極度の興奮状態がある。これもまた悪霊が真実を隠し目撃者を欺こうとする手段のひとつである。だが、強烈な悪意などの表面的な共通事項を除くと、これらの類似点は特にその強烈さにおいて極めて不完全である――そのことは、真の熟練者なら、全ての事実を知ればこれらの症例と私の言う「紛い物」（医学もしくは精神医学的なもの）とを比較的容易に識別できる理由の一つである。

批判者の出す説明は、事実よりも信じがたい。例えばいわゆる潜在記憶説。人は若い頃に接したことのある言語を話したり、少なくともその音を真似ることはできるとの記録がある。だがこれらの事例は被憑依者の示す流暢さとは全く程遠いものである。私の出逢った患者の一人は、生まれてから一度もその言語に接したことがないにもかかわらず、完璧なブルガリア語を話した。この霊の攻撃対象にされたブルガリア人の末裔であるアメリカの司祭が証人である。私が出逢った何人かの被憑依者が、何の知識もなく自力でラテン語かギリシア語を話した。典型的な事例としては、多くの悪魔がカトリックの祓魔師のラテン語の祈りを容易に聞き取って、ラテン語か英語かのどちらかであれこれ言ってくる。極めて高い知性を持ち、何千年にも亘って人間を観察してきたがゆえに、この能力は悪霊の特徴と思える。だがこれもまた迂闊な見物人を欺き、出現しているのは死者の霊だと思い込ませることになる。

憑霊の介在を示すより強い徴候は、あからさまな超常現象である空中浮揚である――『エクソシスト』でも最も劇的な見物であった。だが、ほとんどの人にとっては意外であるが、空中浮揚と人体の極度の捻転は必ずしも憑依のみの特徴というわけではない。多くの歴史上の記録に登場するさまざまな聖人や導師、また近代の心霊主義者たちの多くも同様に空中浮揚している。後者の事例は

悪魔の影響によるものという説もあるが、必ずしも憑依状態であるわけではない。[†16]
悪名高い一九世紀の霊媒デイヴィッド・ダングラス・ヒューム〔訳注：「ダニエル・ダングラス・ヒューム」の誤記？〕は、何十人もの目撃者の前で何度も空中浮揚したとされているし、ヨーロッパでも数多くの報道が為されている。一七世紀のフランチェスコ会士クパティーノのヨセフは聖人であって明らかに憑依されていたわけではないが、やはり空中浮揚している。このヨセフについては、キリスト教嫌いのコリン・ウィルソンが、一九七一年の古典的な著作『オカルト』において次のように述べている。「証拠の重みで言えば、クパティーノのヨセフが恍惚状態で空を飛ぶことができたという事実をわれわれが知っているというのは、ナポレオンがセント・ヘレナで死んだという事実をわれわれが知っているのと同様である」。[†17] 想像力の乏しい人は、重力の法則がある以上、空中浮揚など不可能だと主張するが、それに対する自然な回答は、霊的存在は物理原則に従わないというものだ。天なる——そして「堕天した」——天使たちが、空を飛べないなんてあり得るだろうか？

これらの特徴の一部もしくは全てを説明しようとする数多くの説がある。だが最も重要な点は、私が常に強調しているように疑わしい事例のただ一つの要素——空中浮揚ですら——だけで憑依と判断できるわけではないということだ。むしろ、憑依の決定的な証拠を構成するのは総合的なパッケージであり、それもカトリック当局やその他の分別ある宗教家が要求する厳密な基準を満たすものでなければならない。このような症状発生に対し確実性を以て正式な祓魔式を施す許可を与えるためには、他の典型的な顕現のコンテクストにおける超自然的活動の明瞭な徴候が存在し、十分に記録されていなければならない。症例診断のための厳密な基準に従って確実な証拠を綿密に集めることこそ、適正な判断の鍵である。

強調のために繰り返し述べよう。最終分析においては、複雑な事象に関する科学的結論がそうであるように、決定的要因となるものはその結論を肯定または否定するための確実な証拠の総計である。

最後に、コンテクストもまた重要である。憑依は前触れなく起るものではない。憑依の原因となった当人の過去の状況や背景もまた考慮すべき必須事項である。この事実は憑依にも苛虐にも当て嵌まり、過去に関する十分な聴き取り調査によって導出される。憑依を受ける典型的な人物の主要な動機は、何らかの見返りを期待した悪への転向である。ジュリアもジュアンも特別の御利益を得るために悪魔の世界に転向し、そして復帰は困難と判明した。もう一人の若い男性被憑依者は一七歳くらいの時、人生に絶望してサタンに魂を捧げることをきっぱりと「約束」したという。彼は他者に復讐し女たちにもてることを望んだのだ。彼は私が遭遇した中でも最も重篤な憑依に苦しむこととなった。

悪魔を招き入れれば、彼は家の乗っ取りを謀るのだ。

とはいえ、さまざまな悪魔崇拝やそれよりも軽めのオカルト行為を行なったり、あるいはサタンとは関わりなく悪行を行なったりしたとしても、ほとんどの者は、たとえ悪魔の苛虐などの軽めの嫌がらせに苦しむ程度のことはあるにしても、一般には悪魔に苦しめられたりすることは全くない。例によってその理由は謎である――また、どのような厳重な規則をも無効化する稀な例外もある。時には悪やオカルトに転向していなくても憑依される場合もあるのだ。「マニー」の奇妙な事例がそれである。

マニーは生まれ故郷のフィリピンから家族と共に合衆国に移民し、オハイオ州で育った。学業優秀、学校では常に人気者で、人に好かれていた。数年間デートを重ねた恋人と結婚寸前まで行ったという。だが最後の最後で彼は心変わりを起し、婚約を解消した。修道会に入りたくなったのだ。マニーによれば、相手の女性の両親であるフィリピン人は彼の心変わりに激怒し、彼に「強力な呪いを掛けた」。彼女の親友たちと母親は民間伝承に従って悪霊を召喚し、マニーを襲撃させたという。この「妖術」が原因に違いないとマニーは言った。彼の症例は本物の憑依と判明したが、私が見てきた他の例と比べれば明らかに軽微であった。私も参列したその後の祓魔式で、悪魔は典型的な皮肉かつ好戦的な口調で語った。

マニーの憑依は一年ほど続いたが、その間、彼は修道会への入会を延期してカトリックの高校で代用教員をしていた。何人かの教区司祭が儀式を行ない、それが大いに助けになった。祓魔式の最中に、彼は隠された情報を暴露した。例えばマニーはそれまで私に会ったことはなかったが、悪魔は皮肉な口調で私の知り合いに関する論評を述べ、そして私が依頼を受けていた悪魔憑依に関する近々の講義は「何の役にも立たないだろう」と言ったのだ。この激烈さと祓魔式の際に何時間も続いた肉体的抵抗が悪魔によって惹き起こされたものであることは疑問の余地がない。

ジュアン同様、マニーもまた霊性向上に取り組んだ。一連の祓魔式の間、悪霊が出現している時の症状は次第に短時間となり、最終的には消滅した。

合衆国のほとんどの人は呪詛や呪術など信じていないし、迷信だと思っているが、マニーやその家族のように、このような妖術を信じ、その結果として悪魔による苛虐、稀には憑依に至ると信じている人も増えつつある。このような一般人の懐疑主義は悪いことではない。一部の社会は、このような信用に値しない誇張された見方の増殖によって機能不全に陥っているからである。思い出したが、マリアもまた地元の呪術師が憑依の原因だと考えていた〔訳注：第2章参照〕。これらの伝統的な「黒魔術」が、先に定義した完全憑依を惹き起こすか否かは今も議論が為されている。一部の宗教家は、それ以外の要素も作用しているに違いないと主張している――一般に、何らかの脆弱性があるに違いないと。だがこのような妖術や黒魔術の標的となったと主張する人は世界中に何千何万といる。人類学者は、これらの観念が現在においても世界中で広く受け入れられていると証言している。

ここ数十年の間に「先祖に関係する」要素――過去の呪詛や呪術、あるいは邪悪な先祖の「悪影響」――がその子孫にも影響を及ぼすと信ずる者も増加している。私見では、そうしたことを信じている人は少なくないようだ。私が話をしたとある女性は、遠い祖先が自分の息子に呪いを掛けて憑依が起きたと主張していた。本人からこっそり聞いたことだが、今は若者となっている彼女の息子は数年間、真剣にオカルトの実践に明け暮れていて、彼女はそれを知らないのだった。理由は明らかだが、彼はこのような長期に亘る活動について親に明かしたことはなかった。

私の経験上、悪魔による特定の攻撃の原因は時間の経過と共に自ずと明らかとなる。それを暴き出すのにシャーロック・ホームズを演じる必要はないのだ。このような観念を激烈に否定する者もいるが、特定の状況においては遠い過去の過ちが関係してくると信ずる者もいる。私見では、明らかに最近の出来事が関係している場合、このような遠い過去の原因が最も重要な要素となることはあり得ない。さらに悪霊というものは可能な限りわれわれを混乱させようとしてくるものである。

今日における悪魔祓いの純然たる大衆化を批判する者にとっては、このような研究はしばしば不毛と感じられる。中には、このような趨勢はほとんどの場合、新たな悪魔の策略であって、ひとつまみの真実という煙幕を張ることで軽信者の被暗示性を弄び、迷信的恐怖を刺激するものであると信ずる者もいる。このような見方には聖書の裏付けがあると主張する者に対して、他の学者は彼らの聖書引用はコンテクストを無視して切り取ってきたものであり、そのような主張には根拠がないと一蹴する。こうした論争は今も続いている。被憑依者やその家族を誑かすことに加えて、悪霊のもう一つの動機は単に人を脅しつけ、より遠い要素に目を向けさせて時間を浪費させることにある。

何にせよ、このような論争においてはバランスの取れた意見を保つことが重要である。文化はこのような観念の先入主となり得るし（なって来たし）、因果関係に関する人間の健全な見方に対する進歩を遅らせかねない。何にせよ明白な悪魔の攻撃というものは極めて稀であり、通常は異常かつ極めて稀少な背景を持つものなので、普通の人が「訳もなく」悪魔に攻撃されるのではないかとか、何らかの先祖の呪いが自分や子供たちに掛かるのではないかなどと恐れる必要はない。だがこのような恐れは、特にこの問題に関する素人臭い考え方に詳しくない者の間では根強く存在している。

たいていの憑依、特に完全憑依において、悪魔は被憑依者がトランス状態にある間に独立した悪意ある力として顕現するが、宿主はそれに気づかないし後の記憶もないというのが一般的である。だが特定の特殊な状況においては、被憑依者が悪魔が出現して自分の身体（の全部もしくはほとんど）を乗っ取っていることに気づいていながら、自分ではどうすることもできないという場合もある。証言によれば、このような精神状態は自分自身が映っている映画を見ているようだという。

このような事例は、私が目撃したものも含めてマニーの顕現と祓魔式の全てで起っていた。後で聞いたところによると、彼は儀式の初めから終りまでの出来事を逐一認識していたという。恐ろしいことに、彼は自らの憑依を身動きひとつできない受動的な観察者として体験していたのだ。その間、彼は自らに憑依した霊に対して全く何もできなかった。

マニーはこの特殊な事例の存在を証明した。彼は自分に掛けられた呪術に対して無力である、もしくはそう信じているようだったが、一方でおそらく熱心な信仰のゆえに、悪魔の攻撃に抵抗するだけの霊的覚悟ができているようだった。確かに悪魔は僅かな足掛かりを得たが、マニーの意識を完全に乗っ取るには至っていなかったのだ。比較的少ない回数の祓魔式で悪魔は退去させられた。

これらの全ては、我らが悪魔なる仇敵が惹き起こす奇妙な憑依状態のスペクトラムと多様性を

——および限界を——示している。マニーの事例が示すのは、伝統的な用語を使えば霊的に「武装」した人を悪霊が完全に乗っ取ることは不可能であることが多いという事実である。またこれは、賢明にも救いを求めた人に対して祓魔師などが提供する霊的助力を悪魔が打ち負かせなかった事例である。

詮ずるに、結局のところ救いを求める賢明さこそが強力な力となるのである。その過程において真摯に悪魔に抵抗する人は最終的に勝利する。これらの宇宙的局地戦は究極的な善と悪の闘争の先触れであり、いずれわれわれは誰もが、意識するしないに関わらずそれに参加することになるのだ。

第5章　苛虐の種類の診断

憑依にさまざまな種類があるのと同様、苛虐にもまた実にさまざまな種類がある。苛虐の幅広い多様性もまた悪霊が混乱と不和をもたらす方法の一つである。ジェイクス神父が常に「苛虐《オプレッション》」と呼んでいたものに関する用語は歴史的にも多様で、終わりなき論争を引き起こしてもいる。昔ながらの分類の一つは（極端に単純化しすぎであるが）このような攻撃を「内的」と「外的」に分けるものだ。

第2章で論じたマリアとスタンは、外的苛虐の典型的な事例である――すなわち両者とも「外的な力」によって肉体的な打撃を加えられていた。私がサラと呼ぶ女性の事例は「内的」なそれの典型的な事例である。これらの事例では感覚と精神プロセスが直接攻撃を受けるので、懐疑派の間に困惑と終わりなき論争を呼び起こすことになる。

家族に献身する善きキリスト教徒であったサラは、とある午後、大きな動揺を抱えて私の許を訪れて長い話を語った。彼女は健全な精神に健全な肉体を持っていた。精神病の既往症もない。抑鬱でもなく、精神的には健康に見えた。彼女が語る話も首尾一貫していた。典型的な情緒障害や精神病の徴候は見出せなかった。

だが、気違いじみているのは承知の上で、彼女は「天使」から「メッセージ」を受け取っていると述べたのだ。その「交信《コミュニケーション》」（本人談）はどのようなものですかと私はサラに訊ねた。声を聞いているのだとしたら精神病の徴候だが、もっと理路整然とした「思考」であったり、「耳には聞えない」が一貫した言明であったりすることもある。

サラは「音声」はない、「絶対に」声を聞いているわけではない、だが自分の「思考」でもないと答えた。曰く、この交信は「聞いている」わけでもなければ考えているのでもありません、そのことは確実ですと。

「本当に私に『話しかけている』わけではないのです」と彼女は言った。「耳には何も聞えないのです。ただ、『メッセージ』だというとても強い感覚があるのです。それはとても明瞭で、はっきりしています。これについては間違いありません。どこからともなく、完全に直接的な長いメッセージが届くのです。変なことを言うようですが」。

「どんなメッセージですか？」と私は訊ねた。

彼女は戸惑っているようだった。「その、いろんな意味でとても知的なものなのですが、私には良く意味が解らないのです。私には重要な使命があると言うのです。神様から特別の観念を預かって、まだ明らかにされていないものについて世に伝えよと。その重要な使命を引き受ける準備はできているかと言うのです」。

これまで私は「特別の感覚」を持つと称する病人や、注目を集めたがっている患者をたくさん見てきた。彼らの言う「外的存在」との交信はサラのそれに似ていないこともない。だが前者は短く奇天烈で支離滅裂であることが多い。このような患者はこれらのメッセージに抗うのではなく、喜んで受けている。ほとんど不可避的に、それが起るのは精神病の既往症、例えば分裂症や双極性障害などのある者である。

だがサラはほとんどの精神病患者とは異なっていた。その心身は極めて健全で、近しい人間関係を持ち、他の患者のような自己没入や大言壮語の傾向も窺えなかった。サラは嫌々ながら既に医者に掛っていたが、彼女も医者も治療が全く効かないという結論に達していた。控えめで愛情深く利他的な人柄、落ち着いた物腰からは、精神病に関する如何なる徴候も窺うことはできなかった。

「その、私は何も特別な人間ではないのです」と彼女は言った。「聖人でも何でもありません。私をよく知る人が、私を預言者なんかに選ぶなんて絶対にありません。だから訳が解らないのです、さっきから言ってるように」。

軽々しい判断は控えて、私はこの女性に対して何を言ってやれば良いだろうと考えた。自分がこのような事柄については偏見のない人間であることを解らせたかったのだが、決定的な所見はまだ出せない。

「困惑されていることはお察しします」と私は言った。それから、通っている教会の聖職者に相談してその「交信」が精神病ではなく霊的なものであることを確認して貰いなさいと促した。

サラは微笑んで言った、「でも、牧師さんにここへ行くように言われたんです！」。

私は今後の経過を見たいと思った。彼女の体験の本質については既に強い疑念を抱いていたが、このような愁訴に対するいつもの高水準の警告を述べた。そして普段通りの宗教活動を続け、連絡を絶やさないようにと促した。

「もしもあなたの難儀が霊的なものなら」と私は言った、「医学で何とかなるものではありません。一ヶ月ほどしたらまた来てください、サラ。その後の経過についてお話しましょう」。

彼女はそれからぴったり三週半後にやって来た。そして暫く前からメッセージに変化が起きたと声を弾ませた。

「この前お話をしてから数日ほどして、変ったんです。今では彼らは死者の霊だと言っています。たくさんの情報をくれるわけではありませんが、あれこれ指導を受けています」。

「その変化についてどう思いますか？」と私は訊ねた。特に驚きも無い。

「胡散臭いと思います。最初は天使だと言っていたのに、何故変えますか？　私を馬鹿だと思っているのでしょうか？　死霊がこんな風に交信できるとも思いませんし。聖書はこれ以上無く強い言葉でそういうことを禁じています。こんな体験を求めたわけでありませんし、霊媒のところへ行って死んだ人と交信するつもりもありません。そんなことは聖書で禁じられています。だから、絶対に他の説明があるはずです」。

私はまたしても彼女の真面《まとも》な判断力に感嘆した。内心では彼女に同意していたが、誘導的なことはしたくなかった。私は再び連絡を絶やさないようにと告げて、これまでの経験上またすぐに連絡があるだろうと期待した。

期待は裏切られなかった。一週間ほど後、またしても彼女はやって来た。何やら自信のある様子だ。「あの、ギャラガー先生、もう解りました。彼らは遂に正体を明かしたのです。悪魔であると認めたのです。ですから、嘘をついていたことになります。私に嘘をついて、長い間悩ませていたこともこれで説明が付きます」。

この飛躍にもかかわらず、問題解決は程遠かった。明らかな超常現象は依然として続いており、私は彼女の事例が議論の余地なく悪魔によるものであることを確信した。

こうした分野に不慣れな精神科医なら、ここで躊躇なく自動的に、甚だしい精神病だと診断していただろう。だがこれは普通の「幻覚」ではないし、サラは如何なる意味においても精神疾患ではない。これらは精神病患者が通常体験する断片的な「声」ではなく、首尾一貫した内容のあるメッセージなのだ。サラは――幻聴のある分裂症患者のように――耳で何かを「聞いている」のではない。むしろそれを「声」と分類することすらできない。もう一度訊ねると、彼女はそれを「心の中で体験している」と表現した（これまた彼女自身の言葉）。だが、それが想像の産物ではないということは確信できるという。その主張をどう解釈するにせよ、それは通常の幻聴とはあからさまに異なっている。

「精神病連続体仮説」によれば、これらの幻聴は全て「脳内事象」すなわち何らかの神経的問題に由来するが、必ずしも「病理的」なものとは限らない。だがその見方はここでは全く当たらない。というのもこのふたつの体験は質的に異なっており、「幻聴主」の性質もまるで異なるものだからだ（すなわち、超常的な特徴を示す者と典型的かつ明瞭に精神病の患者）。両者はまた、単に「想像力豊か」なだけの人とも区別できる。また、過活動思考の産物でもあり得ない。極めて異なる二種類の人間のどちらかとじっくり話せば、誰でも自信を持ってそう判断できるだろう。

憑依の場合と同様、サラの症状のコンテクストもまた死活的に重要な要素である。サラは既に医師の診断を受けたが全く改善しなかった。このことは少なくとも、典型的な精神病理ではないことを示している。さらに、サラの経歴上のコンテクストはまさに悪霊が嫌がらせの標的にしたがるような女性のそれである。マリアと同様、彼女はその善良さと信心深さの故に標的とされたのかもしれない。彼女は「攻撃」を受けた、あるいは少なくとも「嫌がらせ」をされたと確信しており、奇妙だが精神病とは異なる症状があり、それは明らかに超常的なものである。彼女の奇妙な症状は、彼女が悪魔的もしくは芳しくないオカルト的行為に転向したことによるのではないようだ。彼女は背景にそのような要素がないことを断言している。

マリアやマニーのように霊的に積極的な人を相手にしてきた経験上、私はサラの長期的な結果についても楽観していた。その確信はいずれ実現することになる。彼女は精神病の治療も投薬も受けることのないまま、今日では「交信」も完全に無くなった。最初から彼女はそれについてはあまり気に病む必要はないし、精神病の徴候でもないと解っていたのだが。

サラの体験で最も重要なのは、悪霊は自らの正体について習慣的に嘘をつくということを示したことかも知れない。悪魔の主要な目的の一つは人間を惑わすことであり、歴史を通じて彼らは繰り返し、死霊だの天使だの、あるいはおそらく異教の神だのと自称してきたのである。悪霊は自らの本質について迷信的かつ恐ろしい観念を人々に吹き込むことを好む。故に彼らは正体が悪魔であるということを誤魔化すのである。このような誤魔化しの目的はまたわれわれの信仰体系に混乱をもたらすことである。悪魔はいわゆる「私的啓示」（すなわち、稀ではあるが本物の聖人に生じるようなこと）であると偽って真の目的を誤魔化すこともある。そんな彼らの「メッセージ」はしばしばタブロイド紙や扇情的なソーシャル・メディアの埋め草となる。

サラに関して言えば悪魔は最終的に自らの正体を明かしたが、それは彼女が霊的な援助を受けると威嚇したからであるようだ。多くの祓魔式において悪霊が自らの正体を明かすのは極度の威嚇を受けた時のみである。二〇世紀半ばのアイオワにおける有名な事例では、憑依した悪霊はイスカリオテのユダの霊を自称した。司祭が十全な祓魔式によって悪霊の支配力を弱めて初めて、憑依霊は祓魔師に、大いに遺憾ながらもそれが大嘘であって実際には悪魔であると白状したのだった。

宗教の歴史を繙けばこのような事例はいくらでも出て来る——祓魔式によって悪霊が攻撃の際に

纏っていた偽りの仮面が剝がされ、最終的にはその正体が悪魔であることを告白させられるという事例である。まだこの仕事に着手したばかりの頃、とある傑出した祓魔師から聞いた話では、「悪霊がもはや仮面を被れなくなり、物凄い抵抗の末に、本当の名前を明かさざるを得なくなるところまで追い込み、実質的にその真の目的が誤魔化しと攻撃にあったことが明らかになれば、ゲームは半ば終っているのです」。

とある被憑依者によれば、意図的に誤解を招く「メッセージ」としては、世界の終末が迫っているとか、サタンの「真の」意図がどうとか、あるいは死後の世界についてのサディスティックで恐ろしい話などがあったという。サタンは今や神との停戦を望んでいる、この幸せなメッセージを受けた幸運な者は教会当局にそのことを教えねばならないと霊が語ったとの証言も複数人から得ている。

これらのメッセージは明晰かつ健常な人物の口から語られる。ただ彼らは信仰には疎い場合もある。歴史を通じて「偽預言者」や幻視者が奇妙で誤った言説を以て登場してきたのはまさにその所為である。悪魔なる我らが仇敵は、彼らの策略に対して無力な人々を惑わせることに注力しているのだ。

他の多くの人とは異なり、サラは初めから自分が受けている交信の背後にいる霊の正体を感じ取るだけの判断力を持っていた。他のことはともかく、善良かつ敬虔な人ですらこのように攻撃を受けるという事実は、敬虔な人が悪霊に襲われることはないという誤った主張への反証となる。

ジェイクス神父が認識していたように、精神病についての知識の乏しい霊的指導者は精神医学の専門家と緊密に連携すべきである。特に、サラのような内的苛虐においてはそれが必要だ。この必要性は外的苛虐における医師との連携のそれと同等である。後者の場合、マリアの事例のように身体的疾患を真似る傾向がある。

確かにここで用いている術語は複雑ではある。この分野のアメリカ人は今もA神父やジェイクス神父のように、oppressionという言葉を用いている。だが誰もが同じ術語を用いているわけではなく、代わりの術語としては一般にvexationが用いられる。例えば国際祓魔師協会は外的苛虐に関してはvexationを用いている。だが過去においてはこの用語は時には、特に「聖人に対する悪魔の攻撃」のみを表す言葉として用いられていた。他の著述家は後者を簡便に「聖人への攻撃」と呼んでいる。また専門家の中には「完全」憑依と「部分的」憑依とを厳密に区別する者もいる。合衆国ではたいていの場合、部分的な状態は簡便に「重度の」苛虐と呼ばれる。そんなわけでこれらの術語の用法の違いが一般人を混乱させているのも当然である。

私は、これらの状態の各種変数についてあまりにも厳密すぎるガイドラインを一般人に提供することに乗り気ではない。何にせよ、事例があまりにも多種多様であるということのみならず、これらの術語と現象の多くは時には専門家にとってすら微に入りすぎて訳の解らないものになっているからだ。私はしばしば、苛虐の症状に関わる議論に伴う白熱した論争を目撃してきた。劇的かつ明瞭な憑依の場合よりも遥かに微妙な症状についても、論争は起る。全ての苛虐症状は、軽い精神変調や素人目には奇妙な医学的症状として簡単に見做されてしまうこともある。

苛虐の診断の大きな流れは憑依の診断と全く変らない。苛虐であると判断するためには超常的な、あるいは少なくとも極めて異常な症状とそれらしい原因が必要である。そしてここでもまた苛虐の最も一般的な原因は憑依と同じである。患者が罪深い行為あるいはオカルト的行為に手を染めたことだ。憑依を受けた人と比べればその強度は低く、やり方は多種多様であるにしても。

外的・内的苛虐の区別もまた幾つかの理由により一般に想像されるよりも複雑である。第一に多くの患者は両方の要素を持ち、症状もまた完全憑依へと進行する可能性がある。第二に、人が「外から」悪霊の攻撃を受けているとか、自分の「内部」に悪霊が棲んでいる（憑依のように）などと言う場合、その語法は厳密ではない。悪霊は物質的存在ではないので、われわれに語りうるのは彼らがある人に対してどのように「作用」しているかということのみであるが、当人は間違いなくこれらの全ての攻撃において「侵入されている」と感じる。これもまた悪魔が物質界に対して——少なくとも限局的に——影響力を行使しうることを反映している。

それでもなお私はこれらの伝統的カテゴリの叡智を認識している。サラの内的苛虐の場合、想像力もしくは感覚に対して極めて強力な影響があり、故にその体験を悪霊による内的攻撃と判断せざるを得なかった。

私は長年の間に多くの苛虐の事例を見てきた。中には全く奇妙奇天烈なものもあったが、ほとんどのものはその顕現において限定的であり、内的であれ外的であれ症状もありきたりで無味乾燥なものであった。既に見たように、ジュリアを含む相当数の人が祈ったり教会に行こうとすると妨害されると語っている。苛虐を受けた人はまた教会に入ったり聖体拝領の列に並んでいるときに原因不明の痛みを感じる。

これらの患者は、初めて症状が生じたとき、しばしば医者の許に駆け込む（当然そうすべきなのだが！）。医師は幾つかの検査をするだろうが、陰性と判明する。そこで医師は深刻な機能障害はなさそうですと告げる。あるいはその苦痛は「頭の中」だけのものとして、精神医学の専門家に相談するよう忠告するかも知れない。無論、それこそが分別ある忠告である場合もあり、何らかの心理的説明――転換反応や心因性疼痛のような――が付けられるかも知れない。だが必ずしもそうなるわけではない。

しばしば外的苛虐を受けている患者は、引っ掻き傷や擦り傷のようなものが皮膚に生じると訴える。このような人の多くはその傷自体、もしくはその写真を私に見せた。ここでもまた、私がマリアと出会った当初からそうしていたように物理的要因を排除することが正しい。この種の症状に対して一般的な医学的説明が見つからない場合、超自然的な要素が関係しているかも知れないという可能性を考慮する。

本物の苛虐の場合、憑依の場合と同様ほとんど常に霊的な主要因のようなものがある。既に見たように、典型的な背景としては患者が過去においてオカルト行為に耽っていたことを認めることである。あるいは霊的に見て健全な行ないから離れて、後になって考えてみれば恥ずべき、罪深い、あるいは明白に邪悪な行為に手を染めたということもある。逆説的だが、明らかな症状が出るのはしばしば、彼らが本来の宗教に立ち返ったり、過去の行為を改めたりした時であったりする。すなわち悪霊を怒らせるような人生の転換をしたときである。

最終的に患者はその霊的努力を強め、祈りや特定の支援による霊的援助を求める。それから、時には急速に、たいていは長く努力を続けた後にこれらの人は最終的に解放される。精神医療に携わる人の多くは、私がこのような結果を報告すると彼らが見ていた奇妙な症状の全てが霊的支援の後に消滅しているのを見て驚愕することになる。

もっと派手な苛虐の事例もある。例えば遙々ロンドンから私の許に相談に訪れたとある男性は、サタンが彼と「建設的」な対話をしていると訴えた。話の骨子は、幾千年に及ぶ神との確執の末にサタンは遂に和解を決意し、この大ニュースを教会当局に知らしめたがっているというのである。サラと同様、この男性もまた耳でメッセージを「聞いている」のではなく精神的な手段（彼は「テレパシー的」という言葉を使った）で強く明瞭に体験していた。この主張以外の点では彼は完全に明晰で実生活も健全、精神病や妄想の既往症も無かった。

この男性はこのメッセージを世に知らしめたいのですと私を説得しようとした。私は、そのようなことはその体験の健全な解釈ではないし、ましてや適切な考えではないと彼に解らせた。最終的に彼はこの明らかな内的苛虐に対処するために祓魔師の助けを借りることに同意した。彼はサタンとの「通信経路」を失い、自分が誑かされていたことを認識した。その本質を認識するまで心ならずも引きずり込まれていた奇妙な内的ドラマが消失すると、彼の人生は遥かに幸福かつ満足できるものとなった。

デラウェアのとある主婦も「三位一体《さんみいったい》」から何度もヴィジョンと直接的メッセージを受けたと主張した。そして彼女の教会の壁に出現したものの写真を見せてくれた。それが聖人や神によるものだとは到底信じられなかったし、その頃にはそれが悪魔の策略であることは判るようになっていた。彼女は神自身からのメッセージを一語一句記したというタイプ記録を示した。私は論評した、この一語一句の記録とやらが本物なら、神は驚くほど文法に疎いのですね！

このような人の話を聞くと、当然ながらほとんどの人はこの種の人は皆単なる気違いか、あるいは単に想像力が豊かすぎるのだと考える。だが一人の医師として私は、彼らが自分の体験を全く同じように語りながら、サラと同様如何なる意味においても精神病ではないという点に興味を抱いていた。また適切な霊的援助を受けさえすれば、このような人のほとんどがこのような特異な体験に苦しめられることが無くなり、その後の人生で再発することもなくなるという事実もまた印象的であった。

このような人を単なる変人として片付けることもできたであろうが、最終的には全員が、彼らは悪魔なる仇敵に誑かされていたのだと信じるに至ったと考える。

第6章　心の問題

虚偽の事例およびその他の医学的課題

　悪霊に襲われ、入念な診断と霊的援助を必要としている人々は確かにいる。だが無論、自分が悪魔的勢力と対決しているという空想や妄想を抱いているだけという人はその何十、何百倍もいるのである。残念ながら、何らかの問題を抱えている人は、その複雑な問題には簡単な解決策があり、魔術による「救済」によって自分は救われると信じ込んでしまいがちである。

　二一世紀になったばかりの頃、ジェイクス神父はまたしても困惑する患者について私の助言を求めて来た。これまでとは違い、彼はまだこの若い女性と面談したことは無かったが、彼女の話の詳細には興味を抱き、また困惑していた。彼は私に、彼女とそのカルト宗教集団との最初の面談に同席するよう依頼したのだ。その集団の信者は特殊な「祈禱《きとう》伝道」のために国中を飛び回っているということ。

ジェイクス神父によれば、彼らは敬虔かつ善意の集団であり、信者は人畜無害、純粋に信徒と宗団に仕え祈っている人々であると一般に考えられている。さらに、信者は全員が自発的に入信したもので、その指導者は名望高き福音派の牧師であるという。ジェイクス神父の知識はその程度のものであったが、その面談が不健全もしくは危険なものになるかも知れないという心配は全くしていないようだった。

そこで私は彼と同席することに同意したが、何となくもやもやするものを感じていた。

とある暑い夏の朝、ジェイクス神父と私は街中の古い教会の駐車場に乗り付けた。境内の庭の向こうの方で少数の集団が聖歌を歌っている。一二人ほどの歌い手がいて、ほとんどは若い女性である。

その集団に近づくと、年上の男が走ってきた。頑丈そうな体軀のその男は、いきなり私の手を取ってぎりぎりと締め上げた。そして自己紹介もなしに、内密に話したいと言い出した。

彼の態度は、命令すれば聞き入れられて当たり前の鬼軍曹のようだった。声を潜めて彼は言った、「この娘だよ、うちの隊で一番若い。良い娘なんだがね、ちょっと心配でさ。悪霊に攻撃されているって。私はカトリックじゃないんだが、この娘と若い連中、それに仲間の牧師たちも、この娘自身の宗派の司祭に相談しろって煩《うるさ》いんだ。

「私は軍隊にいたんでね、うちの会のやり方も小隊式さ。だからこの娘も命令すれば何だって聞く。ジェイクス神父に祈って貰って、どうなるか見たいんだ」。

ここではウェインと呼ぶことにするこの牧師は言った、「サタン自らわれわれを滅ぼしに来てるんだ」。ウェインは会の新入りであるリリィが悪魔の攻撃を受けていると確信していた。それによって間接的に彼らの会の使命を妨害しようとしているというのである。

「うちに入る前には、誰でも健康診断を受けることになってる。だからこの娘は健康なんだ。だからこりゃあ、絶対に霊的な問題に違いないんだよ」とウェインは言った。

私はまだ一言たりとも発言していなかったが、もう既にこの牧師の独断ぶり、この若い女性の状態に関する自信満々さに辟易していた。

「これはうちの会に対するサタンの攻撃なんだ」とウェインは言った。「私はそう思ってる。うちの連中には精神科医なんて要らないんだ。フロイトの世迷い言なんて糞食らえだからな。でもこの神父がどうしてもあんたを連れてきて医者の見解とやらを聞けって言うから。だからあんたの考えは何でも聞くぜ」。

最後の言葉はまるで信用できない。

問題の若い女性はわれわれの話し合いを見ていた。二二歳、数ヶ月前に入会したばかり。背が高く細身だが、健康面では問題無さそうだ。

私はまず、牧師館の一室で彼女と二人きりで面談しようと考えていたのだが、ジェイクス神父には彼なりの作戦があった。彼はウェインの思惑を感じ取っていたのだ。「さて、ギャラガー先生」とジェイクス神父は皆の前で言った、「教会に入りましょうか。そこで少し祈りましょう」。

この頃には既に私はジェイクス神父の遣り口を熟知していた。悪霊が本当にそこに居るなら、何らかの反応を引き出そうとする試みである。

われわれ全員でビザンティン様式の大きな建物に入った。美しく修復されたステンドグラスに著名な聖人たちがいる。神父は内陣近くの会衆席の一番前までリリィとウェインを導いた。残りの信者は数列後に座らされた。彼はまず「主の祈り」のような伝統的な祈りから開始した。それから、これから神に特別の祈願をしますが、これは非公開の儀式になりますと穏やかに説明した。まずはその日の勤行が疚《やま》しいものではないということを若い人々に解らせてから、非公開の儀礼に進むつもりなのだ。

「ですから隊長とリリィ、それからそこの長身の紳士、彼は医者ですが、それと私だけがここに残ります」と彼は一同に言って、終る迄牧師館で待機するよう命じた。

その後、ほとんどの者はそのまま立ち去ろうとした。二名ほどだと思うが、演目を見られないのに失望している者がいた。たぶんこの若者たちの日常にはわくわくするようなことがあまりなくて、だから是が非でもリリィを待ち受ける儀式に参加したかったのだろう。

彼らが退出すると、ジェイクス神父はリリィに向き直った。落ち着いた声で彼は言った、「若い婦人よ。話は少しばかり聞いています。けれども、これまでのことをもう少し詳しく教えて下さい。全く新しい友人たちの輪に加わって、毎週のように見知らぬ場所を訪ねるのは楽ではなかった。そうですね？」。

リリィは頷いたが、最初は何も言わなかった。不安そうだ。孤独な若い女性と見受けられた、この小さな会の会員たちに囲まれていても。遂に、はっきりと明晰な口ぶりで話し始めた。それによって抑鬱なのではないかという私の懸念は払拭された。

促しを受けつつも、彼女は自分の身に起ったことを語り始めた。当初彼女はこの会に入ったことにわくわくしており、会員になれたことを名誉に感じていた。他の若者たち、年の近いスピリチュアルな人々と共に過すことを気に入っていた。これまでの学校生活では宗教は無視されるか、嘲《あざけ》られていたからだ。だが数週間ほど前、彼女は「奇妙な感覚」に気づき、悪霊の影響を受けているという強い感覚に襲われた。祈りの会に入ったことを悪魔が罰しようとしているんだわと漠然と思った。何度か自分を制御できなくなり「内なる声」の「指導」に勝手に従い始めた。それは幻覚ではなく「強い思考」ですと彼女は言った。それから奇矯な行動が始まった――床を転げ回ったり「そんな感じのこと」である。意識を失ったわけではないので何をやっているのか完全に理解していたが、それを制御できないのだ。だがわれわれが質問すると、彼女はそのような行動は「少しは制御できた」かも知れませんと認めた。

それでも何が起きているのかはさっぱり解らず、悪魔の命令を受けているみたいですと言うしかなかった。ジェイクス神父はこれまでに痛みを伴う攻撃やその他の超自然的な出来事はありましたか、と鋭く訊ねた。ありませんと彼女は言った。

「そうですか。リリィ、必ず解明します。信じてください」とジェイクスは言った。「ところで、これまで憑依や悪魔祓いについて読んだことがありますか?」。

私も同じ質問をしたかったのだが、我慢していたのだ。何故ならその日の午前のうちに一対一で面談をする予定だったからである。だがこの時点で既に私はこれが本物の悪魔による症状であることに疑念を抱いていた。

リリィはジェイクスの質問に顔を輝かせた。「はい、あ、あ、あります、神父様」。彼女は昔から宗教に関する本を読むのが好きで、特に悪魔が人を、聖人すらをも襲うという話の書かれた数冊の本は貪り読んだと述べた。何百人もの前で悪魔を祓うと称するTV伝道師の集会に参加してすっかり魅了されたこともあった。『エクソシスト』の映画は今も一番のお気に入りだが、むしろ本の方を気に入っていた。何か悪魔的なことが自分の身に起るのではないかと考えていた。何故ならそのような奇怪な行動をする衝動に駆られたからだ。

ジェイクスは訊ねた。「どんな風に?」。

「ええと、何て言うか、その変な感情をただ感じるんです。床に転がらなきゃとか、そんな感じの衝動です。宗教用具を見ると苛々したり、拒絶したりもします。そんな感じです。私の中に強い感情みたいなものがあって、私じゃないみたいなことをせざるを得なくなるんです」。

リリィはジェイクス神父が祓魔師であることも知っているし、彼が書いたものも幾つか読んでいると言った。とうとうお会いできてゾクゾクしていますと彼女は言った。ゾク、ゾク、しすぎ、だ、ろと私は思った。

それからジェイクスは、幾つかの短い祈りから始めますとリリィに告げた。これには正式な悪魔祓いの祈りは含まれていませんと彼ははっきり言った。これは「訴願provocation」の祈りであり、厳密なものではありませんと。

「ただ、何が起るかを見るためのものです」と彼は言った。「それでよろしいなら」。

私はジェイクス神父が時にこのような祈りを用いることを知っていた。はっきりとは解らないが、そこにいるかも知れない悪魔に向けての祈りである。彼は如何なる意味においても悪霊を「追い払って」いるのではない。彼の説明によれば、彼は「もしもそこにいるなら、その存在の証拠を示してくださいと神に祈っている」というのだ。祓魔師、特に外国の祓魔師の多くは、先ずローマ典礼の祈りの文句そのものを唱えることから始める。そして患者の反応を注意深く観察するのである。長年の間に、何人かの専門家から「訴願」の技術は賢明ではないと聞いた。何故ならそれは患者の被暗示性を刺激し、自分は悪魔の攻撃を受けているのだという思い込みを強化するからだという。

何にせよ、リリィの承認を得てジェイクス神父は訴願の祈りを開始した。それはわれわれの予想よりも遥かに速い反応を惹き起こした。直ちに彼女は床に頽《くずお》れたのだ。だが私の目には、怪我をしないように慎重に倒れたように見えた。

私は思った、動きに全く無駄が無いな？

彼女はしゅーっという音や唸り声を出した。身悶えし、それから立ち上がって、眩暈《めまい》でも起しているかのように内陣に向かって歩いて行った。それから再び倒れた。聖櫃《せいひつ》を睨み付けながら蛇のように「のたうって」いる。

それから、何ごともなかったかのように、彼女は元に戻った。

その行動はどこからどう見ても演技だとしか思えなかった。少なくとも私の目にはあからさまな「パフォーマンス」に見えた。リリィは本物のトランスに入っていたわけではなく、ずっと意図的に動いていたように見えたのである。超自然的な要素も、また想像上の苦悩を真似る者が容易に模倣できないようなものも何も無かった。彼女が気の毒になり「態《わざ》とらしすぎる」との印象を受けた。ジェイクス神父もたぶん同じ見解だった。というのもさっさと儀式を切り上げてしまったからだ。

その後リリィと単独で面談するまで自分の見解をジェイクスに告げるのは控えていた。司祭館の個室でもたった今見たことに対する論評は避けた。私の責務はいつもと同じ、リリィの感情史、家庭力学、背景をより深く探ることだ。

リリィは協力的で、やはり注目を受けることを楽しんでいるようだった。彼女によれば父親はアルコール依存症で、何年も前に母と妹たちを棄てたという。リリィは時に「ファーザー・ハンガー」と呼ばれる状態にあり、当然ながら自らをウェインの権威の下に置くことを欲していた。多くのきょうだいのいる大家族を抱えたシングルマザーの働き者の娘である彼女は、見たところ一度も親に反抗したことがなかった。私見では、彼女は「親代わり」の子供としての無意識の怒りを溜め込んでいるようだった。鬱病の母に代わって妹たちの面倒を見ることを余儀なくされたのだ。学生時代は不幸だった。というのも、性格が強烈で独善的で、年齢の割に未熟だったからである。男の子たちからは相手にされなかった。友達もほとんどいないと認めた。

リリィはウェインの中にそれまで体験したことのない強い父親像を見た。そしてまた自分を受け入れてくれる集団を熱心に欲していた。彼女は仲間たちに自分の敬虔さを賞賛してもらうのみならず、また自分の「特別さ」を受け入れて欲しかったのだと私は見て取った。自分では実際に悪霊の攻撃を受けているると信じ込んでいるようだったが、その「攻撃」を利用して「選ばれた霊的戦士」という自尊心を正当化していたのだ。彼女のお気に入りの聖人がジャンヌ・ダルクであるのも宜《むべ》なるかなである。

初めからリリィは構ってちゃんで被暗示性の高い人格構造を示していた。私はさらに気分の憂鬱や入院歴、過去の薬物濫用などについて質問した。彼女はそれらをいずれも否定した。おそらく彼女は自己愛的傾向を持つ極度の演技性人格障害でもあると結論した。彼女は精神病ではなく、不適切行動様式の徴候はあるものの、如何なる等級の分裂症でもないと思われた。

面談後、私は彼女の印象をジェイクスに伝えた。いつものように、彼の判断力に対する私の信頼は弥増《いやま》した。というのも彼もまた彼女の行動に関する同様の素人考えを持っていたのだ。私が幾つかの心理学用語を用いて説明すると、彼は私の専門家としての見解を受け入れた。

翌日にまたリリィと会ったとき、われわれ三人——私、ジェイクス神父、そして賞賛すべきことに、ウェインも——彼女は悪魔の攻撃を受けているわけではないと彼女に告げた。彼女はわれわれの話の骨子を摑んでいたようで、遂にウェインに対してかつての級友や家族との間の苦悩に満ちた人間関係を認めた。さらに不在の父親に対する失望も。リリィが最も恐れていたのは隊から蹴り出されることで、そうなればもう二度と伝道活動への参加を継続することはできないと心配していたのだ。あちこちを巡回する業務でありながら、隊は彼女にそれまでさんざん苦しめられてきた感情的に纏《もつ》れた世界から逃避する安住の地を提供していたのだ。

　幼い頃からリリィは自分を受け入れてくれるところなら見境なく宗教団体への入会申込みを繰り返していた。だがいずれの団体にも拒絶され、最終的に受け入れてくれたのがウェインの隊だったのである。この新たな祈禱隊が遂に機会を与えてくれたことにほっとしたに違いない。だがその救済も一時的なものに過ぎなかった。

　後に知ったことだが、悲しいことにリリィは依然としてこのような避難所を探し続けていた。他の宗教団体への入会申込みを続けたが、その度に当該団体の心理検査を受けて拒絶されていたのだ。私はウェインに、彼女に心理療法を受けさせ、宗教活動への参加は人生の苦悩からの逃避ではないということを認識させる必要があると示唆した。

　完全な精神病傾向や思考障害のように現実との接点を完全に絶たれるわけではないが、強い被暗示性を持つ人は自分の過剰な想像力のみに基づいて自分に関するあらゆることを信じ込んでしまう場合もある。これは特に誤解された、もしくはナイーヴな信念体系、極度に貧弱な自己洞察、促進的環境もしくはサブカルチュアのコンテクストで生じる。リリィはこの三つ全てに当て嵌まっている。彼女の行動は奇妙ではあるが、彼女の仲間たちが悪魔勢力を自分らの霊的使命の主敵であると強く認識している環境下においては全く予想できないものではない。この感覚は恐らくは若干偏執狂的なものであろうが、本来なら彼女を矯正して然るべきであったこの隊の唯一の権威者自身もまた共有していた。だが私はウェイン師は単に、恐らくは同じ理由によってリリィと同じ結論に飛び付いてしまっただけだと考える。この彼自身の傾向によって、彼女もまたこの小集団の内部で演じられるいわゆる霊的ドラマの中での自分の役割を引き受けざるを得なくなったのであろう。さらに本や映画で似たような概念に触れ、それが消化不良のまま訂正もされなかったことで、自らを霊的な被害者と心理的に同一視してしまったのだろう。

リリィの事例はある意味、一九世紀後半にシャルコーやフロイトを魅了した「集団ヒステリー」に似ている。シャルコーはある種の興行師で、自らのパリの病院において満員の聴衆を前に被暗示性の高い患者を用いた公開実験を行なったことで知られている。彼はそれを当時提唱されたばかりの広い意味でのヒステリーの古典的事例と診断し、フロイトもまたその診断を重視した。

リリィと同様、シャルコーの患者たちは自己顕示の徴候を示したが、それを心理的なものではなく神経医学的なものであると誤解した。自らの心理的動機から隔絶された患者たちは、自らの症状を身体的疾患と誤解したのである。一方リリィは、自らの訳の解らない苦痛の体験を霊的障害であると誤解したのだ。

より厳密に言うと、シャルコーの患者やリリィのような人が本物の精神病や妄想を患っていることはほとんど無い。彼らの最低限の洞察は連続体上にある。このような人はほとんどの場合、混乱に陥っている。自らの状況に関する自己認識が極めて少ないという場合もあれば、全く無いという場合もある。概して、彼らが自らの異常な障害において意図的に他者を欺いていることはほとんど無い。劇的な心理的・医学的症状を患っている振りをしている患者もいれば、歴史上、憑依を装った者もいた。だが、後者の事例は稀であると私は信じている。完全なるでっち上げの可能性はむしろ「詐病」と診断すべき症状であって、これはさまざまな動機、例えば注目を浴びたいなどの理由で患者が意識的に他者に誤解させようとするものである。リリィは嘘をついていたわけではないし、シャルコーの患者たちもまたそうであった。彼らは少なくとも一時的には自分の症状は本物であって、全く不随意的に患っているものだと確信していたのである。

一部の批評家は後に、シャルコーはそれと意図せぬままに患者たちを操っていたと非難した。おそらくは精神病理学に疎いウェイン師も、この極めて傷つきやすい新入りを惑わせたのだろう。だがもしそうであったとしても、その混乱が双方にとって意図的なものではなかったことは確実である。ウェインもリリィも単に「役割を演じていた」だけなのだ。確かにリリィは明らかに注目を浴びることを求めてはいたが。

リリィやその類似の事例が単発記事でいわゆる憑依の事例として紹介されることが良くある。メディア産業は常に憑依の被害者を撮影せんものと虎視《こし》眈々《たんたん》としているが、本当に憑依されている者は露出を避けるものである。カメラの前に出ることを承諾するのはたいていの場合、単なる自己顕示欲に駆られた偽の事例である。従って憑依等の悪魔による攻撃を受けていると主張する人格障害の人の誇張された、あるいは奇妙な行動を軽信しやすい者は注意が必要である。リリィと同様、彼らはたいていの場合、自分で憑依の特徴と想像するものを模倣しているだけにすぎない。

リリィのように単に自分が悪魔の攻撃を受けていると思い込んでいるだけの人を診断する鍵は、まず第一に稀にある憑依もしくは苛虐の事例を認識し区別する、あるいは少なくともその可能性について保留しておくことである。この知識は、混乱した患者に何故それが悪魔の攻撃ではないのかを説明するのに役立つ。患者の真の問題を理解してこれに取り組むための第二の鍵は、医学的・精神医学的疾患に関する幅広い経験を持つことである。

一〇〇年前、パリの哲学者にして祓魔師であったイエズス会士ジョゼフ・ド・トンケデックはこう述べている。「信頼に値する［聖職者］の中にも……精神医学、神経生理学に関する無知故に、また与えられた指針に従わなかったが故に反対の態度を採り、結果的に過ちを犯す者がいる。その結果、彼らは純然たる自然の原因を持つ症例を悪魔の仕業と決め付けるのである[†18]」。

三〇年後、ジャン・レルミット博士は憑依と間違えられやすい神経症の事例を数多く提出したが、彼にしてもトンケデックにしても、自ら多くの本物の憑依事例を目の当たりにした経験があるようには見えない。そのような限界は驚くべきことではない。トンケデックの活動範囲は狭い教区に限られていたし、レルミットが主として相手をしていた患者にそのような症例を呈する者は稀だったからである。だがこの司祭と医師は要点を突いている——医師と祓魔師は悩める人を救済するという共通の目的のために働いているということだ。全ての祓魔師が医学の全てを知り尽くす必要はないし、全ての医師が祓魔師を手伝うために悪魔憑依の真実性を信じていなければならないわけでもない。ただ両者の為すべきことは、診断を下すというそれぞれの責務に対して謙遜と協同の精神で臨むことである。

憑依について何も知らない、あるいは悪魔の存在を全く信じていない医師や医療従事者ですら必要不可欠な人材となり得る。何にせよ彼らは、とある症例が医学的に認識可能な症候群であるか否かを判断する専門知識を持っているからである。彼らが有用なのは、問題の現象に病理学的説明が付かないということを確認してくれるからである。そうなると、何か超自然的なことが起こっている可能性が開けてくる。このような彼らの批判的役割は、悪魔による症状の模倣に過ぎない症状を最初から切り分けてくれることで、双方にとって莫大な時間と労力の節約になる。

悪魔による症状が医学的症状を模倣する傾向は、ここでは決定的なポイントとなる——そして私見では、それは偶然ではない。本物の憑依や苛虐の症例とは対照的に、いわゆる「疑似的憑依 pseudo-possessions」は、さらに多種多様である。私としてはむしろ、「偽装憑依 counterfeit possessions」と呼びたい。後者の用語の方が、悪霊が意識的に本物の病状や障害を真似て自らの存在を隠すことができるということを強調するからだ。このような偽の症例はしばしば精神障害と混同される。何故なら両者の症状はトランスや変性意識状態も含め、しばしば重なり合っているからである。さらに悪霊はあまり劇的でない症状、例えば痛みや全身の震えなどを起させて診断を混乱させようとする。

悪魔は馬鹿ではないし、人々を混乱させるのが好きである。中でも聖職者や医療関係者を好むようだ。彼らの不埒な活動を誤魔化すのに、普通の病気に偽装する以上の方法があるだろうか？だが興味深いことに、そしてこれこそが最も重要な点なのだが、悪霊は「何もかも完璧に」やることはできないらしい。彼らの能力は単に病状を真似るだけで、そこには何らかの欠陥が残される。ゆえに彼らの顕現は実際の身体的・精神的疾患の真に正確な模倣ではない。

中世末期の偽装憑依と考えられている有名な事例には、マルタ・ブロシエというフランス人女性が登場する。彼女の父は元祖P・T・バーナムのような金儲けを思いつき、公開祓魔式で彼女を見世物にした。時には数千もの群衆が見物にやって来た。顧問医師で気取り屋のミシェル・マレスコ博士を初めとする調査官が彼女の詐欺を見抜くために単純な罠を張り、こんなことは簡単にできると主張した。例えば彼女はヴェルギリウスのラテン語の詩『アエネイス』の初めの数行を宗教的メッセージと取り違えていた。目敏《めざと》い博士は、自らの見解をよく知られた簡潔な表現に纏めている。「悪魔的なものは何も無く、虚構は多く、病気は少ない（nilhil a daemone, multa ficta a morbo pauca）」。それでもブロシエ嬢に関する議論はその後も何年も続いた。それは彼女の症例の政治的・宗教的含意に関する高度な論争のためでもある。彼女は貧困のうちに死んだ。最後の記録によれば、何年も後にミラノで依然としてパフォーマンスをしていたという。

明白なことをもう一度申し上げると、身体的・心理的障害は、悪魔が惹き起こす霊的疾患とは異なる。医学的疾患の患者は超自然的な特徴に悩まされることはないし、その背景にそのような攻撃を誘発するような要素があることも稀である。正しい診断を下すためには、医学的なものであれ悪魔によるものであれ、全てのパターンを調査し、特徴的な症状の決定的な集合体の出現を探究せねばならない。[†19]

＊　＊　＊

この点を解り易く示すために、私が診たとある入院患者の話をしよう。この男は重度の統合失調症と診断されていた。年齢は三五歳、ここではポールと呼んでおくが、教科書のような統合失調症で、幻覚、妄想、特徴的な思考混乱などの症状が診られた。ポールはこれら三つの症状が重篤で、長年の間、精神病院への入退院を繰り返していた。あり得ないほど快活な彼は、裕福で野心的な家の出身だった。家族の者によれば、彼らは皆、若い頃の彼には大きな希望を寄せていたので、二〇代の頃の病状の悪化は目も当てられないほどであったという。このような特権階級出身の統合失調症患者はしばしば若い頃には多大な期待を受けていただけに、通常よりもさらに意気阻喪し罪悪感に囚われる。

熟練の精神科医が「回転ドア」患者と呼ぶ事例の典型例として、ポールは生涯で三〇回もの入退院を繰り返した。重篤な精神病であることを自覚して入院し、その後、入院中に判で押したように異例の速さで回復する。時には強制入院させられたとして提訴することもあった。かなり改善して晴れて退院となるが、毎回数ヶ月後には治療を止めてしまい、病状が悪化して再入院となる。代償喪失〔訳注：正常な心的防衛機制を維持する能力の損失〕に陥ると、説得や説明の数多の試みにもかかわらずポールは反復的な幻聴を悪霊の所為にするのが常であった。ストレスが溜ると、悪魔に関する極端な被害妄想を抱き、悪霊の侵入を受けていると確信するのですと彼は私に語った。

サラの体験していた首尾一貫したメッセージとは異なり、ポールは常に邪悪な声が直接耳に聞えると訴えていた。「耳以外にどこで聞くというのです？」と彼はしばしば訊ねた。また職員に対して、彼らにもまた声が聞えるかと延々と訊ねていた。医師や看護師が何も聞えないと言うと、ポールは嘘だと決め付けた。彼はまた、精神病患者に共通する音への異常な感受性を示した。誰かが病棟の階下のドアを閉めると、あたかもその音が彼個人に直接向けられたものであるかのように鋭く反応するのである。これらの典型的な幻聴の特徴はいずれもサラのメッセージとは似ていなかった。

ポールは私がこの地区で行なっている活動については何も知らなかったが、職員を信じており、常に私や職員に秘密を打ち明けていた。入院すると、彼は自分に本当に必要なのは悪魔祓いだと物憂げに主張した。一年に一度は病院付きの宗教者に頼んでくれと看護師に懇願していた。ユダヤ教のラビであるこの宗教者は情け深く学識深い男で、精神病理学によく通じていた。彼は常に、ポールに聞える声は憑依ではなく病気によるものだと説得していた。ポールはユダヤ教徒で、「メシア的ユダヤ教徒」〔訳注：キリストを自分の救世主と考えるユダヤ教徒〕を名乗る高校の同級生たちと親しくしていた。彼らはしばしば病室に見舞いに来て、彼の本当の問題は悪魔の憑依だと吹き込んでいるようだった。いずれにせよ常にポールを回復させるのはお馴染の良質な治療であって、祈りだのローマ典礼だのではなかった。向精神薬が効いて超常的な病状が軽快して初めて、ポールはその声が悪霊の仕業ではなく「精神の悪戯」の所為だと認めるのであった。

この種の幻聴は統合失調症に限らず精神病患者一般に見られるものである。患者は悪霊が自分に話しかけているとか悪魔が自分の身体を乗っ取ろうとしていると信じ込むわけだが、それは政府のエージェントや異星人、あるいは死んだ家族の誰かが話しかけていると妄想するのと何ら変らない。当然ながら精神病患者が自分は憑依されているとか外国のエージェントの攻撃を受けていると信じ込んでいたとしても、実際にはそうではないことは言うまでもない。悪魔によるものではなく自然な病因の所為であることを診断し、自然な病気を適切な医療で治療するのは医師の仕事である。

医師たちは昔から統合失調症には脳に起因する強力な生理学的要素があることを理解してきた。それには多様な顕れがあり、遺伝的要素を含む多様な原因を持つ。職業上、私は時には単刀直入に患者と家族に対して「違います、患者は病気なのです、『統合失調症の悪魔』などというものは存在しません」と断言することもある。

＊　＊　＊

コーネル＝ニューヨーク病院の人格障害患者長期入院病棟で働いていた時に遭遇したとある患者

も、自分の障害は悪霊によって惹き起こされていると信じ込んでいた。この病棟のプログラムはオットー・カーンバーグ博士の理論と治療法を用いていた。残念ながら、このような集中治療プログラムはしばしば極端に重篤な症例には有効であるものの、大部分は過去の遺物となっている。

プリシラは境界性人格障害と診断された二五歳の女性であった。ミズーリ州の出身で、兄によってわれわれの許へ送られてきた。この兄は教養ある金融家で、実家の不健全で極端な宗教的環境から妹を遠ざけたいと考えたのである。彼にとっては信じがたいことに、家族はプリシラの感情的問題を悪魔の所為にしたのだ。

人格障害の患者は全般的に長期に亘る頑固で柔軟性のない扱いに傷つけられている。中でも深刻な症例に「境界性」と呼ばれるものがある。定義上、これらの患者は不安定でしばしば自己破壊的であり、根深い怒りに取り憑かれていることが良くある。悲しむべきことに、人格障害の患者の自殺率は高い。境界性患者の多くは虐待を受けているため、さまざまなPTSDに悩まされる。この病棟の患者を対象とするわれわれ自身の調査によって、彼らの背景には総じて性的・肉体的虐待があり、またさらに顕著な特徴としてわれわれが重度の「感情的虐待」と厳密に定義しているものがあることを確認した。

長年に亘り、プリシラは同居する叔父から性的虐待を受けていた。この叔父は最終的には自殺するが、それまでしばしば彼女と二人きりになった。両親は長期に亘る虐待に全く気づかず、プリシラの訴えにも耳を貸さず、またこの定期的な虐待こそが彼女の問題の主原因であることを受け入れなかった。

苦悩が昂じると、境界性の中でも脆弱な者は一過性の精神病を発症しがちである。おそらくその所為でこれらの患者の一部は特に強いストレスが掛かった時に、程度の差こそあれ悪魔の攻撃を受けていると信ずるようになる。だが私の体験では、最も顕著な要素は彼らの非精神病性だが根深く脆弱な心理状態である。精神分析の臨床家の間でしばしば観察されていることだが、多くの境界性患者は怒りや破壊衝動などの内的感情（しばしば虐待によるもの）のために自らが骨の髄まで「邪悪」な存在であると思い込んでしまう。心理構造が上手く統合されていないので、自らのこの「悪の側面」（しばしば彼らが用いるフレーズ）を実体のはっきりしない「外部」の存在に帰することもある。すなわち、自らの内的な破壊衝動を「外面化」しようとしているのである。彼らの多くとの面談において、少なくない人々が自分の内面世界には「怪物」もしくは「邪悪な存在」がいるとはっきり述べた。こうなれば、この「邪悪」な感情を擬人化するようになるまであと一歩である。特に、悪霊の遍在を強調するような宗教文化の中で育てられたなら、尚更だ。

まさにプリシラがそうだった。悪霊に付き纏われているという感覚は、このような患者においては強力なものとなる。彼らの「邪悪さ」は自らの人格構造の「内側」にあるにも関わらず、制御不能な外的なもののように感じられる。このような心理学的防衛操作によって、自らの行動や過去のトラウマに対するかなりの罪悪感、恥辱、恐怖を最小化できるのだ。そのようなネガティヴな感情に対する責任を外面化するわけである。しかしながら、しばしば効果的な心理療法などによってそのような自己認識を克服できることもある。だがプリシラの宗教的な家族のように症状を悪化させるような文化に捕えられると、そもそも必要な心理療法すら受けられず、むしろありとあらゆる宗教的な手段を受けさせられることになる。例えば見当外れの「お祓い」などである。

プリシラの場合、ソーシャルワーカーは両親に対して自傷行為や希死念慮を含む彼女の症状は悪魔によるものではなく心理的なものであると説得しようとした。私は彼女のセラピストではなかったが、プリシラは定期的に掛かり付けの精神科医のみならず私に対しても、自分は恐ろしい人間すなわち「悪魔の末裔」（本人談）に違いないと信じるようになりましたと打ち明けた。彼女が親切な正直者であることは衆目の一致するところであったにも関わらず、彼女は自らを最悪の罪人であると見なしていた。

長年の間に私は同じように信じ込んでいる境界性の患者を何十人も診た。このような患者はしばしばプリシラ同様に虐待された過去があり、それが彼らの苦悩のきっかけとなっていた。

もうひとつの一般的な人格障害——反社会的もしくは社会病質的障害——の患者もまた自らの内なる「邪悪」を感じるが、彼らは実際に邪悪な「行為」に手を染める。自らの内なる悪の感覚に悩まされるのではなくそれを受け入れ、他人を操ったり犯罪を犯したりする行動を正当化するようである。一般に自らの問題を親の躾や「社会」の所為にしがちでありながら、嗜虐性や怒りといった特有の感覚を楽しんでいるのだ。故に境界性の患者のようにそれらの衝動を擬人化することが少ない。たぶん褒むべきことであろうが、境界性人格障害の患者の場合は、明白な犯罪的・反社会的人格の者に比べてこのような「暗い」感情や破壊衝動に悩み、葛藤する。

反社会的特徴を持つ者は間違いなく自らを憑依されていると見なすことはないし、実際に憑依されることもない。ここでは破壊的な、あるいは邪悪な人間が自動的に憑依された人間であるというわけではないということを返す返すも強調しておかねばならない。時に人は、連続殺人鬼のような純然たる悪人を前にすると「こいつは何かに取り憑かれているに違いない」などと考えがちだが、全くの誤解である。

われわれの病棟では通常は反社会性の患者は受け入れていないのだが、その稀な例外であるとある人物はニューヨーク北部地方における投獄期間の最長記録を持っていた。彼によれば、囚人の中には気軽に悪魔崇拝に手を染める者が珍しくないという。彼と囚人仲間はサタンのシンボルを用い、見よう見まねで即興の悪魔崇拝の儀式を行なっていた。それはたいていの場合、「宗教」儀礼のためなら自由時間が認められるという所内の規則を悪用したもので、所長が遵守すべき彼らの「権利」であると訴えていた。この場合もまた彼は憑依されていたわけでもなければ、その他いかなる明白な悪魔の攻撃も受けていたわけでもない。たとえ彼の行為が如何に残酷で「悪魔的」なものに見えたとしてもだ。

医師がよく遭遇するもう一つの人格障害のグループが強迫観念に取り憑かれた人である（「強迫性障害」に近いが、後者は生物学的要因が大きい）。境界性と同様、彼らはしばしば極めて良心的な人々であって、自らの暴力衝動や内的な破壊衝動に苛まれている。そして同様に冒瀆的・瀆神的思考にも悩まされる。

顕著な症状としては、彼らは自らの子供を含む愛する者を害したり殺したりしたいと感じる。また宗教的な物品や聖像、聖画などを毀損したりしたい衝動に駆られることもある。そして自らのそのような考えに恐れ戦《おのの》く。私がかつて診た男は常に不安を抱え、自分の息子を殺すかもしれないという強迫観念に取り憑かれていた。強迫観念に取り憑かれた人は、自分が悪魔の攻撃を受けていると信ずる場合もあるが、一般的な精神病の症状にも悩まされている。

＊　＊　＊

リリィはまた別のカテゴリに属する。「憑依その他の悪魔の攻撃を受けているという誤った信念を抱いている患者」である。このような患者は一般に重度の「演技性」人格障害とされる。中には解離を起す者もいる。これは悩ましい感情や記憶を撃退するための防衛機能である。リリィは明らかに演技性人格を示していたが、解離を起していたとは思えない。だが彼女の周期的な発作には、不合理かつ明白な「分裂的」行動が見られた。

過去においてはこのような患者は大雑把に「ヒステリー」と見なされていた。演技性およびそれと密接に関連する解離性の患者は過剰な想像力と顕著に貧弱な洞察力、自己認識を示す。またその不幸な人生に欠けている愛と関心を求めて死に物狂いになる。目に見えない諸力に攻撃されていると信ずるようになるのは逆説的に、欠けている興奮や自尊の感覚を得られるからかも知れない。

ここでもまたリリィは、これらの特徴の全てをよく体現している。彼女は注目を浴びることを求めると同時に、既に見たようにグループの者が彼女に「演技」を求める幽かな期待を目敏く読み取っていた。このような演技性患者の中には自らを制御できず、より積極的に他者に操作される者もいる。このような患者はそもそも暗示を受けやすく、積極的に他者の歓心を買おうとし、自らに課せられた役割を信じ込んでしまう（あるいは単に調子を合わせる）。搾取的な、あるいは無知な霊的指導者やペテン師を前にすると、求められる仮面をいとも簡単に受け入れてしまうのである。

より重篤な解離性障害となると、分離した「自我状態」と呼ばれるものを自ら「創り上げ」てしまう。これはより一般的には異なる「人格」とか「オルター」と呼ばれているものである。このような特徴を持つ患者は従来は多重人格障害と呼ばれていた。近年ではより適切に「解離性同一性障害」（DID）と呼ばれる。この診断名は一九七〇年代と八〇年代には乱発されていた。一九七六年のTVシリーズ『失われた私』の放送（あるいはそれに先んずる一九五七年の映画『イブの三つの顔』の公開）を受けてのことである。私が境界性病棟での職務を終える頃には、患者の三分の二はDIDと診断されていた。一年後にはブームは去り、その病棟でそう診断される者は一人もいなくなった。これまでの経験上、私はたぶん一〇〇名ほどのDIDと遭遇している。これは依然として物議を醸す診断名である。今日では幾つかの原因が考えられる流動的な症状とされているが、実際にはDIDは完全な捏造か、単なる妄想の発露に過ぎないのかも知れない。時にDIDは治療それ自体によって惹き起こされる場合もあり、この場合は専門的には「医原性」と呼ばれる。

概ねこれらの患者が「悪魔に取り憑かれている」と訴えることは稀だが、皆無ではない。不幸なことに、未熟なセラピストや宗教的背景を持つカウンセラーは時にこれらの症例に飛び付き、顕れた「邪悪な」人格を悪霊と解釈する事例もある。私の経験の中でも、一つの事例は傑出している。ブロンクス出身のヒスパニック系アメリカ人の女性だが、極めて厳格なペンテコステ派の家で育てられた。彼らは性的な罪という観念に取り憑かれ、悪霊の存在を固く信じている。彼女は自らのオルターの一つを悪魔と解釈するようになった。

一方で私の経験上、DIDの患者で本物の憑依の事例のような超常現象を起した者は一人もいない。また患者の文化的・宗教的背景を問わず、熟練の医療従事者によって重度の精神病の事例であると簡単に判別されない者もいない。

それでも、患者が自らのオルターを悪霊であると主張するために、DIDは今日ではおそらく単純で軽信的な人々が憑依であると誤解する代表的な疾患となっている。

逆に、世俗の憑依研究家の一部は歴史上の記録にある憑依や悪魔の攻撃の事例をあまりにも安易に、単に今で言うDIDやその他の解離の事例に過ぎないと片付けてしまいがちである。人類学者はしばしば、歴史上の、あるいは今日の未開国におけるいわゆる憑依の事例がこの診断を反映していると断言する。人類学の訓練を受けたハーヴァードの心理学者アーサー・クラインマン博士は、一九九〇年にこの立場を論じている。

今日の北アメリカにおいては、解離はしばしば多重人格障害の形態を採る。インドのような社会においては、自己の感覚はより流動的であり、個人よりも社会が中心である。苦悩を表す共同体の宗教的イディオムは、自己中心的・心理学的なそれよりも文化的に正当とされる。その結果、解離は多重人格としてではなく、通常は病理と見做される悪魔の憑依として、あるいは社会的に受け入れられる神の憑依として現れる。かくして、文化的コンテクストは精神状態の形態を規定し、正常と異常の定義に影響を及ぼす。[†20]

だが、憑依を文化によって規定するこの見方は、このような現象について記述する当の人々の多くが本物の事例を見たことがないという主張を裏付けるものに他ならない。彼らの著述において、本物の悪魔の攻撃であることを示す典型的かつ弁別的に劇的な特徴、例えば異言語を話す、隠された情報を知るといった特徴に言及されることは決してない。これは彼らの主張そのものの土台を崩す省略である。

とは言うものの、無知な商売人はいざ知らず、どれほど善意の聖職者といえども誤って、あるいは悪くすれば意図的に無力なＤＩＤ患者に対して悪魔憑依のレッテルを貼り付ける場合もある。私の印象だが、このような患者はしばしば既に何らかの聖職者やスリルを求める迷信深いその信徒たちに搾取されている。私はかつて、とあるＴＶ伝道師が毎週の放送の中で、混乱した若い女性を視聴者の前に晒し者にしているのを見たことがある。彼女は無力で、明らかに何らかの解離症状を呈しているようだった。この哀れな女性は真摯にその役割をこなしていたが、明らかにＤＩＤの症例と思しかった。このような患者のほとんどは大衆の前に被憑依者として自らを曝すことに対して報酬を得ていない。だが、被憑依者として登場する人の中にも見返りを約束されている者が少数ながらいる――その役割を上手く演じるなら、だが。私が面談していた女性が、ＴＶの冠番組を持つとある著名説教師から「悪魔祓い」一回に付き五〇〇〇ドルで請け負ってやると持ちかけられた。「あるいは」と彼女は言った、「彼の番組に出演するなら、タダで悪魔祓いを受けられると言うのです」。彼女はそれを断るだけの良識を持っていた。

悪魔の攻撃と誤解される精神疾患を持つ人の真の危険は、そのような人は自分が精神病であることを受け入れるだけの教育を受けていないかもしれないということである。彼らは自分の複雑な病状に対する単純な、あるいは魔術的な回答を探すことに精力を費やす。例えば祓魔式だとか、お祓いなどである。私は長年に亘って精神科の治療を回避するためにありとあらゆる努力を払ってきた人々と遭遇してきた――司祭や聖職者を取っ替え引っ替えしながらあらゆる人々の、主として自分自身の時間を浪費してきた人々である。

これらの幅広い病名の人々の誰もが自分は悪霊の攻撃を受けていると信じ込んでしまう可能性があるなどということはあり得ないと思われるかもしれない。だが多くは、彼らの病理の様態のみならず、彼らの文化的環境に懸っているのである。現代という時代は、権力者やインフルエンサーの中に日常の問題や病気が悪霊によって引き起こされると考える人があまりに多すぎる。例えばフランク・ハモンドは二〇世紀後半に活動した聖職者で多作な著述家・ヴィデオ制作者であったが、統合失調症のみならず頭痛や胃痛のような一般的な病気から、醜聞や憤懣といった日常的な問題に至るまで全てひっくるめて悪魔の攻撃の所為にしていた。彼と妻のアイダ・メイは一九七三年に『悪霊を追い出す方法』を上梓した[†21]。同書はいまだに版を重ね、一五〇万部以上を売り上げている。彼らは、ありとあらゆる同様の問題に関して悪霊に対抗する祈りを推奨している。

ほとんどの宗教家は通常は自らの信仰に関してそれほど純朴なわけではないが、さまざまな宗教の迂闊な信者は重大な、むしろ悲劇的な過ちを犯す場合がある。既に見たように、妄想上の悪魔を除去するために真面な医療の受診を延期したり極端な手段に打って出る者もいる。例えばとある男は、聖職者から苦痛の原因は悪魔だと教えられていたが、後の診断で手術不能の癌であると判明した。

特定の神経症はかつては、当人の意識が外部の影響力に乗っ取られたような印象を与えるために超常的なものと誤解されていた。場合によっては現在においてもである。その好例がトゥーレット症候群である。これは異常な運動性チック症状を起し、時に冒瀆的な言葉を吐いたりすることで知られている。私はそのような事例を多く診て来たが、このような症状は過去においては、困惑する目撃者によって狂気もしくは悪魔憑依の事例と誤解されていたことは想像に難くない。トゥーレット症候群が神経症の一種として理解されるようになったのは一八〇〇年代末のことである。

同様に癲癇《てんかん》や発作性疾患もまた過去においてはしばしば、脳の神経細胞の活動障害などではなくて悪魔の仕業とされてきた。これには例えば癲癇大発作や「欠神発作《けっしん》」（かつては「小発作」と呼ばれていた）、より「局所的」な痙攣《けいれん》、身体の特定の部位の重度の痙攣なども含まれる。このような局所的症状の複雑な変種、例えば側頭葉《そくとうよう》癲癇は幻覚や嗅覚過敏、謂れなき恐怖や怒りや喜び、さらには既視感など極めて多様かつ異常な症状を呈する。このような奇妙な症状を呈し、さらに患者自身が発作中の出来事を憶えていないことなどから、この疾患は特に目撃者を混乱させる。『エクソシスト』においてもリーガンは当初、この種の発作性疾患と診断されていた。

私が診た事例では、女性患者が両腕と両手に不随意的かつ重度の振戦を呈していた。原理主義的ムスリムである彼女の家族は医者に診せろとイマームに助言されていたにもかかわらず、これは幽鬼《ジン》（西洋では「ジニー」と呼ばれる）の仕業だと確信していた。彼女が重度の不安に囚われていると判断した私は弱精神安定薬とセロトニン抗鬱薬を処方し、これによって症状の改善が見られた。ここに至ってようやく家族は幽鬼の仕業という考えを棄てた。

もうひとつの事例。全身にさらに重度の不随意的振戦を呈する男性。本人は悪魔祓いを求めたが、簡単なリラクゼーション技術を学ぶという心理（認知）療法のみで症状が改善した。このような痙攣はしばしば心因性であり、彼の場合は不安症状が急速に改善した。

一方、同じく振戦の見られた別の男性は明らかに本物の苛虐の徴候と超常的な特徴を呈していた。また過去においてオカルトに関与していた事実を認めた。先の事例とは逆に彼と家族はそれを癲癇だと考えていたが、その症状は神経学の専門家が過去に見たどの癲癇発作とも似ても似つかなかった。検査所見、ＭＲＩ、ＥＥＧを含む医学的検査はいずれも陰性であった。この周期的攻撃には如何なる解剖学的・器質的病因も当て嵌まらず、私には不安が原因とは思えなかった。最終的にそれらの症状は霊的治療によってのみ改善し、彼の元来の症状は全て快癒した。

　私はまた、さらに劇的な事例も直接実見した。明らかに憑依を受けた女性の重度の痙攣状態である。彼女と、彼女を私の所へ連れてきた友人、それに同僚は本物の憑依の典型的な特徴を数多く報告した。例えば学習したことのない外国語を勝手に話し始めたり、知らないはずのことを知っていたり、空中浮揚の現場を目撃されたりである。診察すると、この女性は突然床に倒れて三分ほどの間あり得ない形で身を捩《よじ》らせた。それはこれまでわれわれが見たどんな発作とも似ても似つかないものであった。明らかに不随意的で、当人は意識を失っていた。だがその後、症状は唐突に終り、後遺症もなかった。彼女はこれまでそのような攻撃を受けたことはなく、またその後も二度となかった。後に彼女は一連の悪魔祓いを受け、これらの症状は全部消失した。

　多くの祓魔師の体験では、被憑依者は実際に身体を激しく震わせるなどの奇妙な振戦を起す。幸い、より一般的な医学的状態の方は入念に記録されているので、それらの症状と憑依との性質の違いは明確に判明している。少なくとも現代の熟練の医師が現代の検査を用いれば、両者は弁別される。実際の発作性疾患の場合、その原因となる脳の機能不全はＥＥＧやＭＲＩで診断できる。一方、被憑依者の場合はそのような検査に引っかかることはない。

私にとっては、とある二つの複雑な事例が明らかな悪魔憑依における痙攣の診断にとって有益であった。いずれの事例も、診断技術のみならず、被憑依者を扱う上で適切な医師の指示に従うことの批判的妥当性を強調している。

第一の事例は非常に人口に膾炙《かいしゃ》した、悪名高いアンネリーゼ・ミシェルの件である。彼女は若いドイツ人女性で、一九七六年に一連の悪魔祓いを受けた後に死去した。彼女の物語はいくつかの映画やTV番組で採り上げられた。二〇〇五年の映画『エミリー・ローズ』もその一つである。子供の頃、アンネリーゼは発作を起して鬱状態になった。一〇代の頃、彼女は医師たちから癲癇性精神疾患、特に側頭葉癲癇との診断を受けた。後には彼女の疾患は心因性鬱病もしくはDIDだったとの説も出た。最終的に彼女は聖品を極度に忌避するようになり、またそれ以外の古典的な憑依の徴候を幾つか示したという。そこで彼女と家族はカトリックの聖職者に悪魔祓いを請うた。

また彼女は断食を促すメッセージを聞き、これらのメッセージが直接聖母マリアから送られたものであると信じ込んだ。だが周囲の者は、それはアンネリーゼを傷付けようとする悪魔からのものか、あるいは精神病によるものだと考えていた。何にせよ一〇ヶ月の間に六〇回を超える祓魔式が執り行なわれ、彼女は飢餓と脱水のために死んだ。悪魔祓いを受けている間は医師の指導一切を拒んでいた。

極めて稀ではあるが、医学的疾患と悪魔による攻撃の両方が同時に一人の人を襲うという可能性は常に存在している。アンネリーゼの事例もそうだったのではないかと思われるが、記録を見る限りにおいては確証はない。彼女の事例は間違いなく悪魔の攻撃を受けている人は同時に医師の指導も受ける必要があるという点を強調している。特に患者が医学的に見て衰弱している場合はそうである。被憑依者の中には鬱病になる者もいれば、その状況に耐えかねて自殺を図る者もいる。

裁判の結果、アンネリーゼに悪魔祓いを行なった二人の祓魔師は過失致死罪で有罪となり六ヶ月の投獄が言い渡されたが、後に抗告審判において保留となった。ドイツ・カトリック教会の聖職者の多くはそもそも当初から憑依自体に懐疑的であったが、この判決を受けてその後長年に亘って祓魔式を認可しなくなった。

アンネリーゼと家族の病因に関する信念もまた物議を醸した。彼らは現代の教会内部における「危険な潮流」を公然と批判しており、アンネリーゼは自らの断食を正道を外れた教会のための「贖罪《しょくざい》」だと信じ込んでいた。これらの要素もまたおそらくは彼女の病状に対する穏健な解決を困難にしたのだろう。医者にしても聖職者にしても、彼らが信頼できる専門家はほとんどいなかったからである。

本件の多くの詳細については今日も尚論争の的となっているが、議論の余地のない問題は彼女の祓魔師と医師たちとの間の密接な協力関係の必要性である。司祭らは医師の監視を受けるように当人や家族を説得することは不可能だったと述べている。私は、これは明らかに家族の要望を却下すべき深刻な状況であったと論じた。アンネリーゼは食事を摂るのを辞めた時点で当人の意志に反してでも入院させるべきだったのだ。司祭らの裁判でも医学の専門家は同様の主張をした。

私はかつて悪魔の攻撃を受けて食事を拒絶した男性の事例に関する相談を遠隔で受けたことがある。アンネリーゼ同様、この患者ジョージはかつて発作性疾患と診断されていた。彼は異常な振戦を示し、そこには臨床的に安定したパターンは全く見られなかった。その報告を見る限り医学的には意味不明で、また彼は既にCTスキャンとEEGでも異常は見られなかった。

だがアンネリーゼとは異なり、ジョージは長期間オカルトに没頭した履歴があり、他人の秘密を知るなど、数多くの超常的徴候を示していた。例えば彼の妻の証言によれば、彼は会ったこともない他人の過去の厄介事を正確に知っていたという。また彼は、祈ろうとする度に解剖学的には説明の付かない苦痛を体験した。また他の医師たちから送られた詳細な報告を読んで、私は彼が精神病ではないと確信した。彼を担当するプロテスタントの牧師の話では、彼が苛虐を受けていることは疑いの余地がないという。

私はスカイプを通じて彼およびその妻と話したが、彼の断食はアンネリーゼと同様、神自身から課せられた宗教的責務であり悪魔からの解放を確実にするためであるということであった。彼はこの点に関してはアンネリーゼ同様、とりわけ頑固であった。彼の妻は彼が死ぬのではないかと恐れ、聖職者もまた疲れ果てて絶望していた。彼があまりにも頑固すぎて救いを求めようとしないと判断したのだ。

私は、ジョージはサラと同様にメッセージを受けている、そしてそのメッセージは聴覚的なものではないと考えた。彼は以前には非常に嫌々ながらも投薬治療を受けることに同意していたが、それは効果がなかった。ジョージはそれを超常的もしくは超自然的な通信であると信じていたので、私は彼にこれらの偽りのメッセージは――ちょうどサラの場合と同様――悪魔から来るものである可能性を考えてみるようにと助言した。彼は以前オカルトの研究や超自然現象に熱中していたので、私の言うことを聞いてくれたが、最終的にはそのメッセージが神からのものだと確信するに至った。

だが私にとっての目下の懸念は、ジョージが脱水症状を起しつつあるという報告だった――極端な断食における最も差し迫った危険である。私はジョージを担当する牧師に彼が医学的に危険な状態にあることを説得しようとしたが、牧師はこう言ってのけた、「でもね、もしも彼が入院したら、われわれは彼を解放できません」。

私は答えた、「死人を霊的に救済することはできませんよ」。

私の忠告通り家族はジョージを入院させ、そこで彼は適切な水分と食餌を与えられた。その介入措置によって漸く衰弱した男の命は救われ、退院後に更なる霊的救済を受けられるようになったのだった。

このような状況はいずれも医師を初めとする医療従事者が祓魔師や聖職者と協力する際の死活的な役割を強調している。歴史を通じて医師に期待されてきたのは患者の身体的健康を監視することと自然な病因を診断することである。それを除外して初めて祓魔師は霊的な作業を進めることができるのだ。ローマ典礼もその点を明示している。中世と言えば悪魔の活動と疾患に関する迷信が跋《ばっ》扈《こ》していたと非難されるが、その中世人ですら医師の所見を重視しており、いきなり超自然的な説明に飛び付くということはなかったのである。実際、「自然的」および「超自然的」病因の正式かつ理性的な区別はその時代にまで遡るのである（現代の学者の一部はこの鋭い二分法を批判してきたが、この区別はこの分野の目的に関しては上手く機能している）。一三世紀、カトリック神学者トマス・アクィナスは、純然たる自然的病因で足りる場合、聖職者は超自然的病因に飛び付いてはならないと警告している。[†22] 彼を初めとする思想家たちは精神疾患と霊的な病が独立して存在することに気づいていたのである。のみならずアクィナスは「狂気」を器質的要因に帰している。一見したところ「現代的」な観点だが、それを知って驚くのは歴史に無知な者だけである。

理想的な祓魔師と言えば、ローマ典礼は単に「知識に秀でていること」のみならず円熟や高潔などの個人的資質を求めている。過度に感情的もしくは無教養な聖職者や司祭は、ものを知らない医師や弁護士と同様、悪魔による病のような複雑な状況に対する正しい判断を下すことはできない。それには忍耐、注意力、判断力が不可欠である。明敏かつ熟練の祓魔師の中にはほぼ独力で悪魔の攻撃を識別するだけの知識を備える者もいる。それでもなお、少しでも疑わしい場合や医療上の必要が生じた場合には専門の医師の助言を求めるべきであると助言される――それこそ、何世紀にも亘って私の職業に受け継がれてきた聖なる役割なのだ。

第7章　キャサリン――母親、主婦、被憑依者
彼女が受けた一連の祓魔式と、儀礼の実際

リリィと出逢ったすぐ後、ジェイクス神父から依頼を受けた。ウェストヴァージニア州在住のとある女性に一緒に会ってくれという。ここ数年というもの、彼と私は定期的にそういう活動をしていた。ドライヴの間、われわれは長々と話し合った。なるべく多くのことを学びたいと願っていた私は彼を質問攻めにした。長年の間に彼が出逢った本物の憑依例についてである。彼は微に入り細を穿って教えてくれた。これらの話の合間に、またリリィの例のように彼が出くわした多くの偽の憑依例についても話してくれた。

私は今のうちにできる限りのことをジェイクス神父から学ばねばならないと切羽詰まっていた。彼の健康状態は目に見えて悪化していたのである。私はこの友人のことを懸念し、身体には気を付けるように繰り返し説いた。個人的な話はあまりしない男だったが、それでも彼は心臓に問題を抱

えていることを打ち明けてくれた。掛かり付けの医師からは食餌を見直し、運動をするように言われているという。だが健康に問題を抱えながらも、ジェイクス神父はわれわれの多彩な仇敵である悪魔どもに苦しめられている男女のケアに没頭していた。ウェストヴァージニアのキャサリンもその一人である。彼女の長期に亘る憑依に、彼は心を痛めていた。

キャサリンの事例は私が出逢った中でも特に厄介なものだった。彼が私を誘った時点で既に彼女は何ヶ月もの間、ジェイクス神父の世話になっていた。ジェイクス神父はそろそろ私にも同一人物に対する長期に亘る悪魔祓いを見せておく頃合いだと判断したのだ。その頃には私は既にかなりの儀式に立ち会っていたが、彼やA神父が関わった事例のほとんどはすぐに解決してしまうものばかりだった。

キャサリンはウェストヴァージニア州北部の田舎町に夫のカールと子供たちと暮らしていた。長年の間に私は彼女の家を一二回か一三回ほど訪ねた。キャサリン同様、彼女の小さな町もまたかつては幸福だった。街の建物の多くは酷く破損するか、打ち捨てられていた。あらゆるものが埃で覆われている。キャサリンの質素な家は街の中心近く、砂利塗《まみ》れの歩道を少し歩いた所にあった。貧弱な裏庭は小さな木立まで続いていて、脆弱な藪が生き延びるために足掻《あが》いていた。

いつ訪ねてもカールは常に玄関でわれわれを迎えてくれた。控えめで確りした男で、恐ろしい状況にもかかわらず、妻の状態について冷静に忍耐強く語ってくれた。常に礼儀正しい彼はわれわれを喜んで家に迎え入れ、立ち去る時には大仰に感謝を表明した。

彼の家は暖かく、しっとりと落ち着いて快適だった。頑丈な木製の家具。家族の写真がテーブルと壁を埋め尽している。そのほとんどはかなり以前に撮られたものだ。子供たちはまだ幼く、キャサリンは幸福で健康そうに見える。

初めて訪れた時には、ローストポークの香りがわれわれを迎えてくれた。

祓魔式の前にはキャサリンの状態が酷いのです」とカールは深刻な面持ちで言った。「昨夜は大変でした」。「キャサリンは激烈な反応を示すのですと彼はジェイクス神父に言った――多くの被憑依者に共通する反応だと私には解っていた。この善良な夫は、あらゆる過剰なストレスから妻を守ろうとしているのだと私は気づいた。彼はジェイクス神父が来ることを彼女に告げていなかった――それに彼が診察のために精神科医を連れてくることも。それでもキャサリンはわれわれの訪問について詳しく知っていた。おおよその到着時間まで。「妻には解っているのです！」とカールはいつも繰り返した。

カールによれば、われわれの訪問に気づくやいなや彼女はいつものように怖じ気づいたという。気も漫《そぞ》ろになり、取り乱し、これから受ける祓魔式のことで頭がいっぱいになる。それは彼女にとっては何とも耐えがたいものらしい。これまでの経験に基づいて、カールとキャサリンは悪魔どもが彼女に対する攻撃を強めるだろうと確信していた。連中はこの儀式が嫌いで、彼女の恐怖心を掻き立てて受けるのを拒否させようとしているのだ。

カールはまたキャサリンの耳が彼女を「殺しにかかっている」と言った。良くある苦情だ。悪霊どもに罵倒されるのだという。その朝、われわれのためのローストを用意した後、彼女はベッドに戻ってしまった。

私がその全てに聴き入っていると、ジェイクス神父は今日の計画を説明し始めた。まず家の中でミサを行なう。どんな儀式もまずはミサから始めるのが良いそうだ。それから、キャサリンはその儀式に参加はできないだろうがそれでも有益なのだと予言した。ミサの後、地元教区の司祭が祓魔式を行なう。ジェイクス神父は補助に当たる。

ミサのために室内を整えながら、ジェイクス神父は私にキャサリンと二人きりで面談するようにと言った。カールが寝室に彼女を呼びに行った。数分後、彼女がゆっくりと階段を降りてきて、むっつりと「こんにちは」と言い、それから擦切れたソファに倒れ込んだ。力なく座り込んだまま、心ここにあらずといった風情でどこか遠くを見ている。カールが数分ほど面談を受けてくれるかと問うと、彼女は嫌々頷いて、たぶん習慣なのだろうが、家の奥の小部屋にとぼとぼと向かった。小さなオフィスのように対面できるようになっている。

私は自己紹介して、気分はどうですかと訊ねた。

「全然良くないわ」と彼女は抑揚なく答えた。私が彼女の精神状態を査定しに来たことを彼女は悟っていた。彼女は私の質問に淀みなく答え始めた。

彼女に精神病の既往症はないことは知らされていた。ジェイクス神父によれば、キャサリンは「攻撃する霊」（本人談）の存在を訴えているという。彼女にはそれらの霊が見えており、黒い影のような形を取っていると彼女はしばしば訴えた。サラ同様、キャサリンもまた「心の中に」メッセージを受け取ると主張した。奇怪なことにそれは彼女の身体、特に耳に甚だしい苦痛を惹き起こすという。ジェイクス神父によれば、夫妻は初め、地元の一般開業医を訪ねた。この医者もまた真面目に彼女が憑依されていると信じ、彼女を耳鼻咽喉科の専門医に紹介した。この医師もまた彼女の断続的な耳の痛みに器質的な説明を見出すことはできなかった。

奥の部屋に移った時から、彼女は両耳を手で覆っていた。すっかり落ち込んでいるようだった。

「すごく痛いの」と彼女は呻いた。

通常の会話では聴覚には全く問題は無かったが、キャサリンには宗教的な事柄は何ひとつ聞えなかった。霊的な儀式や信仰に関することは一言も聞えず、故に何であれ彼女と教会に関する話をすることは全く不可能だった。例えば、司祭が「キャサリン、これまでお祈りはできましたか？」と訊ねると、彼女は答える、「できましたかって、何が？」。あるいは「教会に行って聖体拝領を受けましたか？」というような質問に対しては、間違いなく次のように答える。「どこへ行ったって？何を受けたって？」。

キャサリンの聴覚異常は極めて選択的かつ特殊なものだった。耳鼻咽喉科医の他、彼女は臨床心理士と言語病理学者にも相談したが、前者はこれらの症状に対する心理学的説明はないと結論し、後者もまた如何なる問題も見つけられなかった。

私は既に彼女の状況のあらましを知っていたが、より詳細な情報を集めたいと思っていた。だがここでは主として彼女の気分と認知状態を感じ取ることに集中しつつ、全体的な動機を診断するための病理を見出そうと努めた。キャサリンに会う前、私は元々、彼女は心因性鬱病ではないかとジェイクス神父に示唆していた。だが面談をしてみて益々、精神医学では説明の付かない奇妙で超常的な大量の徴候を確信するようになった。ただ、彼女の悲観主義と憂鬱の雰囲気もまた何らかの影響を及ぼしているとは強く感じた。

「あなたはかなり落ち込んで、悲観的になっているとお見受けしますが」と私は言った。

「はい、そうです」。

それから、もっと砕けた調子に切替えて、今朝は料理をしたかいと訊ねた。彼女は頷いた。われわれの訪問に備えて前日に食糧を買い込んでいたのだという。深い問題に関しては答えたり、質問を聞くことすら遮断されているということを知っていたので、私は霊的な質問の合間合間に日常的な質問を混ぜ込むことを心掛けていた。より寛いだ雰囲気でお喋りしたかったのだ。庭に軽トラがあるのを見ていたので、君が運転するのかいと訊ねた。いつもねと彼女は答えた。それから子供たちや家や最近の天気や、ともかく彼女を安心させるような質問をした。母親というものがおしなべてそうであるように、彼女は子供たちの話をしている時は活き活きしていた。その時点で、彼女の聴力には問題がないということを確信した。

「神様の助けに頼ることは諦めた？」と私は訊ねた。

「何に頼るって？」と彼女は訝しげに答えた。

「昔は祈ったり、司祭様に告白したりすることはできたの？」。またしても彼女は理解できないようだった。「何ができたって？　解らないわ」と彼女は口ごもった。「誰に告白するって？」。

他にも幾つか似たような質問をしてみて、これはジェイクス神父とカールが言っていた選択的聴覚だと確信した。

数ヶ月の間に数回の訪問を経て、ジェイクス神父と家族の同意を得た上で私は同僚の精神科医を同行させた。三人で面談したところ、やはり彼女は普通の質問に対しては淡々と答えたが、宗教的な質問に対しては茫然とするのみだった。

面談の最後に紙に書いた質問に答えて貰うという方法を考え出していた。彼女は明らかにわれわれが彼女を験《ため》していることを理解していたが、その理由は解っていなかったと思う。彼女は六枚か七枚の質問票、例えば「今日の調子はどうですか？」とか「子供たちはどうですか？」といったものには真面に答えた。それから最後の二枚を見せた。「これまで神に祈ろうとしたことはありますか？」および「これからミサに参列して、聖体拝領を受けますか？」である。

彼女は訝しげに私を見た。「ギャラガー先生」と彼女は言った、「何だって白紙の質問票なんて見せるんですか？」。

訪問の間、ヒステリー性痙攣反応のようなものは一度も見られなかったし、私にせよ誰にせよ、キャサリンが人を騙しているとか演技をしていると疑った者は誰一人いなかった。その聴覚の喪失は極めて特徴的で、悪魔の活動以外にあり得ないと思えるほどであった。この仮説は私の体験と研究によって裏付けられている。一つもしくはそれ以上の身体感覚や発話を遮断するというのは、憑依事例において頻繁に報告される悪魔の影響である。とある被憑依者によれば、悪霊は彼の聴覚と視覚を奪ったという。

類似の事例は歴史を通じて出現する。例えば、無数の証言と当時の教区記録によれば一八〇〇年代半ば、フランス・イルフュート出身のテーオバルトとヨーゼフ・ブルネルの兄弟は二人して憑依を受けた。キャサリン同様、兄のテーオバルトは憑依の進行によって聾《ろう》になり、長期に亘って完全に聴力を失った。また両者とも、物理的にはあり得ない捻転を起した。憑依の最中には二人ともラテン語やギリシア語、フランス語、イタリア語、スペイン語など、学んだことのない外国語を流暢に喋った。最終的にテーオバルトが悪霊から解放されるとこれらの特徴は消失し、彼は直ちに聴力を取り戻した。

キャサリンの憑依状態と「難聴」との関係は、悪霊の明白な動機と関わっている。彼らは彼女から教会による保護に関する他者とのコミュニケーションを剝奪しようとしているのだ。悪魔の領域から仕掛けられた残酷な戦略である。キャサリンには司祭や家族、その他誰からも霊的な助言を聞くことができないので、慰めは得られない。彼女がその種の援助を妨げられていたことは間違いない。この悲惨な状況に取り組むための助けが得られただろうか？　それは深刻な悪魔の攻撃の多くの事例における不可欠な部分であるというのに。

憑依前のキャサリンは母として、主婦として幸福な生活を送っていた。コミュニティ内での信望も篤かった。この小さな町の住人たちには、地元の農園育ちの気立ての良い隣人が悪魔の憑依を受けねばならない理由など見当も付かなかった。

だが彼女は最終的に、若い頃の一時期に二人の女友達と共に小さな「魔女団」を結成していたことを認めた。そして三人は何らかの点で悪魔への忠誠を誓っていた。とっくの昔にその集団からは抜けていたが、悪霊は彼女と手を切ってはいなかったのだ。言い換えれば、彼女の行為は「遊びじゃ《ノー・》なかった《ラーク》」（本人談）。この「悪魔団」に入っていた当時はかなり真剣だったというのだ。自分たちが行なっているのは悪魔の儀式であることを全員が理解していた。

ある儀式においては全員がサタン自身と交感したと確信した。また何体かの堕胎した胎児を儀式に用いたという。思うにその胎児はその若い女性たちの集団内で作られたものだろう。あまりにもデリケートな情報であり、私も訊ねるのに逡巡した。恥辱の余りその質問には答え（られ）ないだろうと思ったのだ。ジュリアの薄気味悪い物語の時と同様、正直辟易したが、精神科医の端くれとして、常に中立的な態度を保つことには慣れている。そこでキャサリンの悲しい物語と現在の状況に集中した。

キャサリンの憑依について家族に心当たりのあったもうひとつの点は、彼女の母の叔母が家族の故地であるポーランドで魔女だったとされていることだ。この推測証拠についてはそれ以上の委細は不明である。マニーの両親が推測していたように、キャサリンを知る人々は彼女は何らかの家族の問題や呪詛の代償を支払わされているのではないかと考えていた。前述のように私は常にこのような関連性の薄い仮説には懐疑的であり、特により明白で直接的な過去の要因がある場合はそうである。彼女の大叔母に関する推測が妥当であるか否かを知ることは困難であろう。だがキャサリンがサタンと接触していたという報告に関してはその限りではない。

キャサリンの人生における束の間だが愚かしいこの期間は常に彼女に重くのしかかり、彼女は今も自責と絶望に駆られていた。自らを、許しがたい行為に手を染めた最低女と見做していた。この苦痛を取り除いたり解放されたりする方法はどこにもないと感じていた。私見では、彼女は自ら陥った悪魔の世界で恐らく永遠に苦しむことになる運命を恐れているようだった。

キャサリンの問題は先ずは良くある苛虐として表面化し、それから完全な憑依へと移行した。当初から彼女は悪霊に打ち据えられているようだった。明らかに障礙、すなわち外的苛虐の事例である。マリアやスタンの事例と同じだが、彼らの場合はそこから憑依へと移行することはなかった。それは恐らく彼らの場合はキャサリンのような不埒な行為に手を染めたりはしていなかったからだろう。

この苦痛やその他の徴候、例えば特徴的なトランス状態などが悪化していくと、カールとキャサリンは地元の司祭に悪魔祓いを依頼した。最終的にこの司祭はジェイクス神父に連絡して、助言を請うた。ジェイクスは証人として私を招くまでにキャサリンに対する数多くの儀式を手伝っていた。

キャサリンとの初めての面談を終えた私は、彼女が非常に協力的であったこと、私に対しても難聴を発動させたことをジェイクス神父に報告した。そうしてジェイクス神父の祓魔式の準備が整った。

＊　＊　＊

私はしばしば悪魔祓いとはどのようなものかと訊ねられるが、これは回答不能な問いである。何故なら、事例ごとに異なる環境と異なる必要性があるからだ。確かにカトリックの大祓魔式には基本的な構造がある。だがA神父がかつて述べたように「二つとして同じ憑依はない。二つとして同じ悪魔祓いはない」のである。

同時に、キリスト教でも宗派により、またそれぞれの宗教により異なる儀式がある。悪魔の攻撃の可能性をどの程度まで一般人が受け入れているかというような文化的な差異もまた悪魔祓いのやり方に影響を及ぼす。

特定の憑依の特定の特徴に加えて、司祭＝祓魔師や悪霊の性格の差も場を支配する。とは言うものの、キャサリンの憑依とその悪魔祓いはローマ・カトリックの悪魔祓いのある種典型的なものではあった。ただ彼女の一連の祓魔式はたいていのものよりも長時間を要し、そして劇的な成功は見られていない。

ローマ典礼の使用は一応必須とされるが、カトリックの祓魔式は多種多様である。例えば司祭＝

祓魔師が採用する祈りと自発的な対話の組み合わせは常に一期一会《いちごいちえ》のものだ。カトリックにおける祓魔式の祈りは、神の助力を乞う「嘆願 deprecatory」、悪魔に退去を命ずる「厳命 imprecatory」に分類される。正式な儀式はその両者を組み合わせるが、厳命の祈りを唱えることができるのは叙階された司祭のみである。

歴史的には、悪の霊を祓おうとする試みはここ数世紀におけるカトリックのそれよりも単純な行為であった。ローマ・カトリック教会と東方正教会は悪魔祓いのための正式な儀式と手続きを創り上げた。カトリックの儀式よりも古い東方正教会の一連の儀式を確立したのは、四世紀の小アジア、すなわち現在のトルコ出身の主教にして教父・大バシレイオスである。儀式において悪魔に命ずることのできる資格に関する規則はカトリックと東方正教会で異なっているが、双方とも、ほとんど常に主副祓魔師に対して対話を制限している。

プロテスタント主流派の伝統においては、仮に行なわれるなら、悪魔祓いは同様に伝統的な規則を墨守するが、正式な祈りは標準化されていない。聖公会の『特別祈禱書 *Book of Occasional Services*』には祓魔式の条項が含まれているが、これらの条項には特定の祈りや祓魔師の「聖務日課」などは示されていない。

英国聖公会で重視される一九七四年の『ヨーク報告書』は正式な悪魔祓いの前に入念な医学的鑑定を求めており、悪魔祓いの提案は「健全な哲学的・心理学的・神学的・典礼学的原理と合致せねばならない」とはっきり記している――カトリックおよび東方正教会と共通する厳格な要求である。

またカトリックの伝統と同様、聖公会における正式な悪魔祓いにはその管区の主教の承認が必要である。

一九七〇年代、合衆国のメソジスト教会はこの主題に対する公式声明を発表した。ここでもまた慎重かつ聖職者主体のアプローチが求められている。ルター派の伝統も同様の慣習に従う。数多い福音主義の聖職者による悪魔祓いは、今日では世界中で行なわれているが、遥かに平等主義的な傾向を持つ。儀式や一連の祈りは「救済の祈り」と呼ばれ、苛虐を主とする幅広い悪魔の攻撃に用いられる。

過去三〇年ほどの間、カトリックの司祭も平信徒も「救済 deliverance」の祈りを唱えてきたが、この用語は最近では避けられる傾向にある。カトリックの伝統は、司教のみによって認可される憑依に対する正式な悪魔祓いと、完全な憑依には至らないものに対する非公式なそれとを厳密に区別している。実際、カトリック教会は救済の聖務自体に関する公式の教理や教会法を持たないが、一方で公式の悪魔祓いの手続きとサタンおよび悪魔の実在に関しては厳密に墨守され定義されてきた教義を持つ。

私はかつて、明白な憑依から救済された若い男性と話し合ったことがある。彼は特定宗派に属さないキリスト教会に入ったばかりだったが、それ以前は長年に亘ってオカルトの実践に耽溺していた。彼の状況の深刻さに鑑み、その教会の七人の熱烈な聖職者が集まって彼のために長々と祈った。それはかなり非公式な儀式であり、数名の平信徒を含む参加者全員が彼の周囲に輪を作り、彼の上に手を置きつつ、数時間に亘って祈り続けた。
ペンテコステ派やアッセンブリーズ・オブ・ゴッド教会など、余り伝統に囚われないキリスト教会派の場合はさらに自由である。彼らは大勢で悪魔を名指しするが、それは異言を語る信徒の集団であったり、大勢の信徒の前で指導者がそのような儀式を演じたりする。後者は時にはＴＶで放映されることもある。このような集団は全員で、攻撃しているとされる悪霊に対して直接的な命令や侮辱を叫んだりする。

このような行為は通常ならローマ・カトリック内部では厳密に禁じられるものであるが、私はかつて承認されたカトリックの悪魔祓いにおいてこのような行為が行なわれている場に居合わせたことがある。熱狂した平信徒が悪魔に向かって叫び、司祭の命令を復誦していた。私は誤った教会に紛れ込んでしまったのかと訝ったものだ。一般的にはカリスマ的な集会で見られるこのような大雑把な儀式はカトリックの中では例外的である。何故ならこのような行為はカトリックの司教から教会の公式な〈大祓魔式《だいふつましき》〉として認められることはないからだ。

悪霊と戦うためにキリスト教の平信徒が自発的に祈りの先導を行なう行為はキリスト教最初期にまで遡るという説もあれば、またそのような主張に反対する学者もいる。前者の集団は、原始教会は公式の祓魔師を指名しておらず、善良で敬虔なキリスト教徒ならば誰でも神の力を得て悪霊を追い出すことができると信じられていたという歴史的先例を持出す。三世紀までには、組織化されたカトリック教会はどうやらこの問題に関して過激な平信徒の過度の濫用に対して慎重になり、当局は祓魔師の役割を聖職者のみに限定することを決めたようである。それでも、時にはその一般原則は放棄され、義人とされた人々が時にそのような儀式の執行を依頼されることがあったらしい。

既に見たように、A神父は儀式においてラテン語ローマ典礼、それも旧版である一六一四年のテキストの採用を好んでいたが、他の者がそれを採用しないのも自由であると認めていた。キャサリンの祓魔式、および合衆国において過去一五年間に私が目撃してきた祓魔式においては、司祭は一致して英語で祈りを唱え、特に改定された一九九八年版を用いていた。だが国際祓魔師協会（AIE）の二代目会長であるガブリエーレ・アモルト神父は新版の命令には迫力がなく伝統的な祓魔式よりも効果が薄いと断じ、物議を醸した。

今なおラテン語テキストの使用許可を求める世界中の数少ないカトリック司祭は、ラテン語の方が強力かつ美しいと主張する。またラテン語は暗示の可能性を除外することができる。何故ならその意味を理解できるのは悪魔だけで、被憑依者はその限りではないからだ。

さまざまな悪霊の方もまた千差万別の性格や知性の程度を示すので、それに伴って祓魔式自体も多様なものとなる。伝統的な教えによれば悪魔は元々堕天使《だてんし》であるから、極めて知的である。だが人間と同様、この知性はそれぞれの悪魔によって著しく異なっている。

後に詳述するが、ある時、とある司祭がラテン語で使徒信経《しとしんきょう》を唱えたところ、私はその悪魔が嘲りと自暴自棄の知性を以て話すのを聞いた。その声には確かに性格が窺えた。ほとんどの祓魔師はこのような悪魔による罵詈讒謗《ばりざんぼう》や人身攻撃を用いた「ひけらかし」を好まない。場合によっては明らかな知性の低さが露呈することもあるが、それが悪霊側の策略なのか、それとも知的狭量さを示すものなのかを判断するのは容易ではない。司祭は「お喋り」に興じたり難解な質問を投じたりするよりも、重要かつ反復的な質問に対する回答を悪魔に強制する。すなわち「おまえの名は何か、いつ立ち去るのか？」である。

時には悪魔が勿体を付けて、広範な神学上の問題に関する議論を吹っ掛けてくることもある。それは話を逸らせて欺くためである。前述のように、私はかつてとある悪霊が、最近サタンは「心変わり」をして神との和解を求めていると論じるのを聞いたことがある。だがまた別の時には、悪魔は驚くほど洗練された言葉で深遠な宗教的真実を容認する場合もある。だがそのような発言の解釈に当たってはくれぐれも慎重でなければならない。

先述した通り〔訳注：一三一ページ参照〕、一九二八年にアイオワ州アーリングで起った有名な事例は、憑依した悪霊が戯言を捲《まく》し立てた劇的な実例である。[†23] 以前は敬虔であったとある女性が、憑依を受けたとされてアーリングに連れて来られ、そこでカトリックのドイツ人司祭テオフィルス・リージンガー神父の悪魔祓いを受けた。この悪魔祓いは劇的なものとなった。女性は天井まで浮揚し、典型的な悪魔的暴言を喚き、聖品や聖水に怒り狂った。これらの出来事を詳細に記録した小冊子が広く出回った。悪魔は「反キリスト」が既にパレスティナに生まれており、一九五二年に世に出るだろうと予言した。彼は一見冴えない男だが、イスカリオテのユダに「憑依」されているという。目撃者によれば、祓魔式の間中ずっとユダの声と称するものが繰り返し聞えたという。

憑依した悪霊は常にわれら哀れな人間たちに混乱を撒き散らそうとする。私が目撃してきたさまざまな事例におけるメッセージには世の終りに関する偽りの予言が含まれていた。宗教マニアや偽預言者らに人気のテーマである。堅固な神学的理解では、悪魔は未来を知らない。ただ確信できるのは、これらの悪魔は習慣的に嘘をつくということだ。ただ時には本当のことを言わざるを得ないように強制されることもある。悪霊にとってのもう一つの共通戦略は、自分たちが単一の悪魔であると思わせて一つの名前しか答えないこと、あるいは大勢の悪霊であるとか、神もしくは死霊であると嘯《うそぶ》くこと等である。

中には飛び抜けて傲慢な悪魔もいる。逆に、話し方が明らかにびくびくしていたりおずおずしていたりする者もごく一部いる。儀式によっては、悪魔は自分が如何に偉い存在であるかを強調することもある。恐らく悪魔たちの間で共通して見られる主要な人格的特徴である。この点においては彼らは特定の人格障害を持つ人間に似ていて、その表出において同様の不安定さを示す。これらのさまざまな特徴は如何なる形においても被憑依者自身の潜在的な態度を反映しているわけではない。

奇妙なことだが、悪魔の中には被憑依者に対する無条件の「法的」権利を主張し、正当な権威を尊重しないとして祓魔師を叱責する者すらいる。あたかも彼ら自身が上の者から許された「権威の下」にあると考えているかのようで、恐らくはその通りなのだろうが、その悪魔どもは他者に対しても同じことを求めるのである。とあるイタリアの祓魔師から聞いたことだが、悪魔は彼に対して、彼が実際に祓魔式を行なうための許可を司教から得ているのかと訊ねたという。「解ってるだろうが、絶対要るんだぜ」と悪魔は彼に言った。

　憑依について考察してきたさまざまな霊的伝統が、これらの長々とした儀式に入るとさまざまな目的があり得ると主張している。とある祓魔師は、驚くべきことにさっさと退去したいと願っているかのような悪魔の話をしてくれた。司祭が何ゆえに立ち去ることができないのかと訊ねると、悪霊は答えた、「お前らの間抜けなボス［神のこと］が行かせてくれないのだ」。あらゆる悪がそうであるように、神はご自身の神秘的な理由によって、悪を惹き起こすのではなくそれが起ることを「許される」。人間の理解を超えた、何らかの摂理的な目的が働いているのであろう。

＊　＊　＊

　キャサリンの祓魔式においてはこれらの特徴の多くが表出した。儀式の準備のためにカールは家の居間の重い日除けを引き、入口扉の着色硝子を覆った。プライヴァシーは最高度で、キャサリンの憑依について知っているのは選ばれたごく少数のみ。ほとんどのカトリックの司祭はこのような儀式を教会で、しばしば聖体のある部屋で行なうことを好む。だが時には忙しない教会の建物では必要なプライヴァシーが確保できない、あるいは被憑依者が教会に行きたがらないとか行けないという場合もある。キャサリンは教会の中に入ることができないので、彼女の祓魔式は全て自宅で行なわれていた。

あり合わせの祭壇に白い布を敷き、二本の蠟燭と十字架を安置する。ジェイクス神父はダイニングでミサを開始した。麻痺と苦痛に襲われたキャサリンは直ちに部屋の隅に退いた。可能な限り祭壇と聖体から離れている。典礼の間、彼女の苦痛は増大していき、時々意識を失いかけていた。専門家は時にこの部分的な放心状態を明確かつ周期的に起るフェイズとして認識する。完全なトランス状態もまた、このような入出が見られる。いずれの状態も予測は不可能だが、悪魔祓いは両方を引き出す傾向がある。放心状態では当人の機能のコントロールは制限されるが、完全なトランス状態ほどではない。後者においては当人の意識は完全に憑依している存在の下に沈潜する。

そのすぐ後に教区司祭が到着した。大祓魔式に精通したB神父が職人のようにてきぱきと進めていく。キャサリンの状態を見て、B神父は彼女に権利放棄書を差し出した——合衆国では、祓魔式を受ける者はそれに署名せねばならない。この権利放棄書は被憑依者が自発的に霊的手続きを受けることを証明するものである。キャサリンは目を覚《さま》してそれに署名した。彼女の恐怖や不信がどうであれ、彼女は明白にその手続きを望んだのだ（とあるスペイン人祓魔師に言わせれば、このような法的保護の強要は教会の雰囲気とは相容れないという。「なるほど」と私は言った、「あなたはまだアメリカの弁護士という連中にお会いになったことがないらしいですな」）。

聖職者の法衣姿のB神父は規定に則り、式服の上に白いサープリス〔訳注：典礼用の白衣〕、首に巻いた紫の長い頸垂帯《けいすいたい》は脇腹まで垂れている。大きな金の十字架を携え、聖水はいつでも振りかける準備万端。いずれも儀式の開始からずっと手にしている。悪霊に命ずる時にはキャサリンの額に十字架を当てる。

このセッションにはキャサリンの姉を含む八名が参列している。荷の重い儀式の間、看護師がキャサリンの身体状態を監視している。祓魔式の厳命の祈りの力によって悪霊が顕れると、被憑依者は間違いなく祓魔師や参加者を痛め付けようとして、あるいはその場から逃亡しようとして暴れる。これを防ぐため、われわれはキャサリンを居間のカウチに座らせている。いざとなればカール等が彼女をそこに押えつけるのだ。

適切な助手と参加者の選択は重要である。主任祓魔師は誰を参加させ、誰をさせないかを決定する。カトリックの祓魔師は、補助役の平信徒は分別があって信仰深い人間であることを好むが、私が出逢った中でも少数の司祭は是非にとまでは言っていなかった。生活上の問題を抱えている者は、それが感情的なものであれ何であれ除外される。私がニューイングランドで目撃した初期の祓魔式においては、助手を務めた平信徒がその後、深刻な感情的問題を抱えることとなった。子供は儀式への参列は許されない。また時には親しい友人や親戚等も、必要な客観性や冷静さが保てない場合には除外される。

B神父はまず改訂ローマ典礼を一語一語朗読することから始め、神の助力を願う祈りを唱えた。

「聖なる神、奇蹟を示すお方、かたじけなくも御命じ下さい、悪魔が去るように……あなたのお力をお借りすれば、私はあなたの僕《しもべ》を苦しめる悪霊に自信を持って攻撃できます……おお、神よ……悪霊を斥けたまえ、悪なる者の罠の全てを無に帰したまえ」。

B神父はこの祈りの後、聖人の連禱、そして福音書朗読に移った。ジェイクス神父と私を含む平信徒がそれに唱和する。それから彼は直接悪魔に呼びかけた。悪魔の名前と、いつ去るのかを問い詰める。このふたつはほとんどの祓魔式において繰り返し問われる重要な質問である。いずれも悪霊に対して命令する権威を行使する上で重要であると考えられている。キャサリンの悪魔はしばしば「スカリアス」と聞えるような名を名乗ったが、後の儀式ではこの悪魔は別の名を使った。

その後の一連の祈りの合間に、B神父は悪霊に対する退去命令を挟んだ。これは二つの不可欠な任務の二番目のものである。これらの質問と命令以外に、祓魔師が悪魔と遣り取りすることは滅多に無い。この儀式の間中、B神父は厳粛に質問を続ける。優秀な祓魔師がおしなべてそうであるように、B神父もジェイクス神父も無益な好奇心に起因する言説や、突然の不満の暴発を許さない。

セッションの開始から一〇分、キャサリンは放心状態から完全なトランス状態へと移行した。明らかに悪魔が顕れたのである。今や完全に悪魔の支配下に入った彼女は苛立ち、彼女を押えている人々に対して激烈に暴れる。カール等がキャサリンを逃がすまいと、腕に力を込めるのが見えた。

B神父はまたしても、いつ去るのかと悪魔に訊ねた。

苛立った声が答えた、「去るものかよ」。

するとB神父はキャサリンから出て行けと命じた。

同じ声が答えた、「嫌だと言ったら？」。そしてキャサリンの顔に無理矢理笑みを浮かばせた。

「俺らは出て行かない」とそれは言った、「お前らが出て行け。俺らはどこへも行かん。お生憎様、だ！」。

悪魔は——この儀式と、その後の私が参加した儀式において——自分にはキャサリンに取り憑く権利があると仄《ほの》めかしていた。「こいつが俺らを入れたんだ」とそいつは改めてB神父に言った。「こいつが俺らに身を捧げた。だから絶対に自由にはなれん」。

司祭がその紐帯を切れと命ずると、声は彼を罵り、しばしば不快で傲慢な表情を浮かべた。そして泣き言のように、キャサリンが「俺らと約束をした」と訴えて、彼女がそれと一種の「結婚」をした、だから悪魔は当然の権利を行使しているだけだと仄めかした。

そこには明らかにそれと判る人格があった（それもおそらく複数）。くすくす笑う傲慢な拷問者である。声を聞き取りにくくするように悪魔はしばしば囁き声になったが、注意深く聴くと延々と自慢と敵愾心《てきがいしん》を表明し続けているのが判った。その合間に、不愉快で罰当たりな言葉、司祭とその祈りに対する皮肉な嘲笑などが挟まる。だが全般的な調子は執拗な威嚇、未熟で尊大な敵意の表明である。

ほとんどの場合この悪魔は英語を話していたが、一度だけ古代ギリシア語を話したことがあった。後の儀式では、アジア的な響きのある曖昧な言語を挟み、キャサリンの顔、特に目の周辺を歪ませて明らかに極東人の表情を作った。

身体を拘束されていたが、キャサリンは明らかにその場を脱出しようとしていて、彼女を押え付けている人々を殴ったり蹴ったりしようとした（果たせなかった）。だが、罵倒においても暴力においても、悪魔の主たる標的はB神父であった。その日、もしもわれわれがキャサリンの下肢を押え付けていなければB神父が蹴り飛ばされていたと思われる場面はいくつもあった。悪魔はまた何度も何度もキャサリンの近くにいる人々に噛みついたり引っ掻いたりしようとした。興味深いことに、彼女は時に誰も彼女の手や顔を摑んでいないのに、行動を妨げられるように見えることがあった。多くの参加者は、彼らが無傷でいられたのは室内の誰も害さないようにという祓魔師の命令のお陰だと信じている。私自身、後の儀式で何度か同じ体験をした。私は彼女を押え付けていたのだが、彼女が私の腕に噛みつこうとした瞬間、その顔がまさに腕の寸前で停止したのだ。

大祓魔式は一般に一時間ほど掛かるが、儀式に掛ける時間は祓魔師によって異なるし、祈りを複数回繰り返す者もいる。この日の戦いは九〇分ほど続いた。キャサリンの祓魔式はまさしく身体的試練であった。彼女がそれを持続させたのは驚くべきことだ。その長丁場は、カールと共に長時間戦い抜いた人々を疲弊させた。後の儀式において、私はキャサリンを押え付けるように言われたが、彼女があまりにも頑強に抵抗したため、儀式が終る頃にはすっかり疲れ果ててしまった。聞いた話では、とある小柄な女性は彼女を押え付けようとする体重二五〇ポンドの男を片脚でいとも易々と床から持ち上げたという。

私は三時間もしくはそれ以上にわたって続いた祓魔式にも参加したことがある。儀式があまりにも長く頻繁に行なわれ、しかも効果がないようだと参加者も意気消沈するし、祓魔師の中にもまたこの長時間に及ぶ儀式は時間の無駄ではないかと感じる者もいる。儀式に長時間を要するということは、解放の時がまだ時宜《じぎ》を得ていないか、神の許可が得られていないことを示すのかもしれない。

私が見た幾つかの憑依事例の中には、一度か二度の祓魔式によって悪魔の攻撃が解決したものもある。キャサリンのそれは明らかにそれほど効果的ではなかった。これは何も祓魔式の祈りが「失敗」したということではない。最も経験豊富なキリスト教の祓魔師たちが、救済の祈りや正式な祓魔式が単なる時間の無駄などということは絶対にないと主張しているのだ。これらの祈りや儀式には固有の価値がある。祈りが直ちに聞き届けられなかった（あるいは、時には全く聞き届けられなかった）からと言って、それが無益であるということにはならない。ジェイクス神父の口癖だが、祈りは「神の定めた時と形で」聞き届けられるのだ。

儀式が終ると、キャサリンは徐々にその状態を脱し、再び短時間の放心状態を示した。話しかけると、彼女は改めて耳が痛いと訴えた。ゆっくりと彼女は通常の意識に戻り、痛みは去り、ややぼんやりしながらもはっきりとしてきた。

最終的に彼女はソファから身を起し、驚いたことに皆を持て成し始めた。無言で緩慢ながらも、われわれを寛がせようと懸命だった。見たところ、台所へ向かう頃にはかなり気分が良くなったようで、そこでわれわれのために用意してあった食事を温め始めた。

私自身家庭を持つ多忙な医師なので、儀式の後はしばしば直ぐにでも出発して長い家路を急ぎたいのは山々だ。だが私はいつもそこに留まって、キャサリンの素晴らしい食事とおいしいパイを楽しんだ。お陰で、緊迫感溢れる儀式の後でわれわれ全員がほっとすることができた。皆で食事をしながらしばらくお喋りを楽しんだ。そこで私はいつもキャサリンの明るい面を見た。彼女は他愛ない冗談に楽しそうに興じていた。

この儀式の後、他の多くの被憑依者同様、キャサリンはしばらくの間、部分的には通常の生活を送ることとなった。これには今も驚いている。元気になったとは言えないが、完全に機能障害というわけでもない。今も調子の良い日には信徒会館の手伝いをしている。但し、教会それ自体にはまだ入らない――本人によれば、「入れない」――まだ身体が痛くなるのだそうだ。

今日まで彼女の悪魔祓いは続いている。キャサリンとカールによれば儀式には間違いなく効果があるが、あまり持続しないのだ。彼女を愛する者たちは、儀式が悪魔の支配力を弱め、いつの日か彼女が普通の自己に戻ることを望んでいる。

第8章　真剣な研究者

ジェイクス神父の健康状態に対する私の懸念は、故無きものではなかったのだ。

私は家族と共に休暇でヴァーモントに行っていたので、一〇日ほどの間オフィスとの連絡を絶っていた。その後、ヴォイスメールのメッセージをチェックすると、ジェイクス神父から二通届いていた。一通目は体調が良くないので最寄りの病院で検査を受けるつもりだというもの。疲れてはいるようだったが、酷く苦しんでいるという様子ではなかった。彼には呼吸器疾患の持病があったのだが、元々さほど気にしている様子はなかった。自分の健康問題となるといつもそうなのだ。だが今回に限っては炎症が酷く悪化し、高熱を発していた。

二通目のメッセージはさらに心配なものだった。彼の声は弱々しく、重篤に思えた。病院へ行っても改善せず、率直に私の所見を請うていた。帰宅したらすぐに連絡してくれというのだ。たぶん私が勤めているアカデミックな医療センターへの転院を取り計らうことを望んでいるのだと思った。この二通目のメッセージは私の帰宅の二日前のものだった。私は直ちに病院に連絡して病室の彼を見舞おうとしたが、当直の看護師によれば彼は人工呼吸装置を付けられて話すことはできないという。

直ちに病院に駆けつけたが、当直の看護師によれば彼の予後は芳しくないし、親族はDNR（蘇生不要）オーダーを要求したという。これは私には疑問だった。私に医療委任状を託してくれれば、このような万一の場合にはこの私に適切な判断を下す権限が認められるということは何度かジェイクスに伝えてあったのに。如何にも彼らしく、彼はその提案に従うことは無かったのだ。私は無力感を感じた。病床の彼を見舞うと、その眼は悲しげだったが依然として探究心に満ち満ちていた。彼は何かを言いたげだったが、それができない。私は最後にジュリアと面と向かって話した時と同様に申し訳なく思った。

私の疑念は的中していた。ジェイクス神父は一二時間後に敗血症ショックで死んだ。

時にわれわれは、ある人物が人生で如何に大切な存在であったか、当人が死んで初めて思い知らされることになる。それがその時の私の偽らざる気持ちだった。お互いの人生はかなり異なっていたが、ジェイクス神父と私は非常に多くの現場において親密な同僚として働いた。この稀少な分野において苦しむ人々を助けようと共に努めてきた。それによって育まれた友情の絆は、それまで私が思っていたよりも遥かに強いものだったのだ。彼の突然の死によって初めてそのことを、まざまざと思い知らされることとなったのである。

私は、彼がこれまでこの私を自らの庇護の翼の下に置いていてくれたのだということを思い知った。そして思い返すに、彼が自らの膨大な体験を、それにそう、自らの叡智を年下の仲間と分かち合うことをとても喜んでいてくれたということに今更ながらに気づかされたのだった。また私が彼からあまりにも多くの事柄を学ばせて貰ったことに感謝している、そのこと自体を彼は誇りに思ってくれていたのだと私は信じた。彼自身が私の専門家としての実力に太鼓判を捺してくれていたのだ。そして私自身がようやくそのような自信を獲得できたと思った矢先に、彼は死んだ——あまりにも突然に。私にとって彼は、善と悪とが闘いを繰り広げるこの奇妙な世界に対する初期の確固たる導き手だった。あれから長年が経過したが、私はいまだに彼を惜しんでいる。

ジェイクスの葬儀で、私はロレイン・ウォレンと出逢った。著名だが何かと物議を醸している「超常現象研究家」である。夫のエドと共に、彼女は映画『死霊館』シリーズの中心人物となっている。これは彼らの体験に基づくもので、大ヒットを飛ばし、一〇億ドル以上の興収を叩き出した。まさにこの主題に対する全世界の大衆の飽くなき興味を裏付ける形となった。生前のジェイクス神父とA神父は、この夫妻の事例の幾つかを巡って私と論じ合ったことがある。そこで私は、映画に描かれていない実直で詳細な話を聞くことができた。ロレインは雄弁で丁重な女性であった。私が故人とどれほど親しかったかを知っており、生前の彼には「いつも親切にして頂きました」と語った。同じことを多くの人が表明しているのを聞いてきた。中には、ジェイクス神父は「これまでに出逢った中で一番親切な人」だったと述べた者もいた。一つの人生としては悪くない遺産だ。

ジェイクスの死後も私は時折、この分野における自分の仕事をA神父に報告していた。だがジェイクスと比べれば、会ったり話したりする頻度は遥かに少なかった。彼の見解は依然として貴重だったが、私は既に自分が独り立ちしていることに気づき始めていた。他者に貢献できるあらゆる奉仕においては依然として学び続ける必要があったが、これまで以上に自分自身の知性と経験に頼るようになっていたのだ。幸い、私は既に二人の司祭から多くのことを学んでいたので、その役割に責任と自信を持って取り組むことができたのである。

直接顔を合せることこそ稀であったものの、私はA神父が単なる仕事仲間以上の存在になってくれたことを感謝していた。だが不幸なことに、彼もまた数年後には死んでしまったのだ。元海兵隊員である彼は六フィート半の堂々たる偉丈夫であった。おふざけは許さないが、広い心を持っていた。

この二人の司祭は、多忙な祓魔師というユニークな職業において時折批判も受けた。私はかつて『ナイトライン』に登場したジェイクス神父を見たことがある。テッド・コッペルは大喜びしていたが、彼はいつもの淡々とした調子で悪魔祓いに関して懐疑的なとあるカトリックの司祭をこてんぱんにしていた。A神父の活動はもっと私的で、際立って戦闘的だった。だが彼はサタニスト自身から脅迫を受けていた。当然ではあるが、低俗だがあちこちに散在する悪魔崇拝者たちは彼を嫌悪していたのだ。そしてたぶん、人間のみならず、悪魔どももまた彼を憎んでいたと私は睨んでいる。

ジェイクス神父同様、さまざまなカルトの信者が以前からA神父を脅迫して来た。この好漢を気に入った地元の警察はカルト信者を見掛ける度に彼に相談し、注意を促してきた。元海兵隊員である彼は銃の所持免許を持ち、常に懐中に小型レヴォルヴァーを忍ばせていた。だが彼によればそれを実際に使うつもりは決してなかったという。その後、彼はジュリアの劇的な憑依の詳細をメディアに明らかにしたが、これを見た私は、この話を公然と語った彼を件《くだん》のカルトは依然として付け狙っているのではないかと気が気ではなかった。とはいえ、そのグループが果たして現存していたかどうかすら定かではなかったのだが。私の知る中でも最も恐れを知らぬ人ではあるが、これまでにA神父が実際にピストルを抜きたくなった日があったのかどうか私は知らない。

あまり知られていない事実ではあるが、A神父は一九九〇年代初頭の国際祓魔師協会（AIE）の主要設立者の一人である。ジェイクス神父と私はしばしば、二年に一度行なわれる協会の会合に参加するためにローマを訪れていた。この協会は私にとって、この分野で世界で起っていることを知るための格好の機会となった。多くの学問的な講義は私にとっては魅力的だった。AIEの定款は二〇一四年にカトリック教会によって認可された。今や同協会は、より多くの祓魔師を指導・訓練し、より思慮深い方向へとこの仕事を導びこうとする教会の努力を代表するものとなっている。ヴァティカンは国際的もしくは国内的な悪魔祓いを追跡してはいないが、私の体験では――そして私が相談している司祭たちによれば――公認祓魔式に対する要求は多くの地域で増大している。この潮流には、神経科医による職業的ガイダンスへの要求も含まれている。

合衆国には百名ほどの「常任」祓魔師――すなわち、準定期的に悪魔の活動と戦う役割を司教から任命された者たち――がいる。この人数は、一五年前には僅か一二名だったことからすれば大幅な増加だよ。そう語るヴィンセント・ランパート師は、インディアナポリスを拠点とする司祭兼祓魔師で、ＡＩＥでも活躍している（彼は週あたり二〇件の依頼を受けるという――二〇〇五年に司教に任命された当時から倍増している）。カトリック教会は、この問題に取り組むことを希望する聖職者に対して、より多くのリソースを割くことで応えた。例えば二〇一〇年、合衆国カトリック司教協議会は希望する聖職者のためにバルティモアで会議を開いた。また幾つかの独立した訓練プログラムが合衆国において進行中である。

ＡＩＥのメンバーのほとんどは、このような援助への需要が著しく増加したことを機に、頻繁に依頼を受け付けている。専門家の中には、そのような傾向は特にヨーロッパおよび北アメリカにおける伝統的な宗教活動の凋落に刺激されていると考える者もいる。また、多くの先進国における種々のオカルティズムの隆盛を指摘する声もあれば、人々の問題の原因を悪魔に求める傾向は単なる誇張だとの指摘もある。

このような論争が尽きることはないが、特定の国々での実践を世界的な潮流だと過度に一般化してしまわないように注意せねばならない。変動は常にある。にも関わらず、永年に亘って悪霊との戦いが続けられてきた地域、そしてそうした現実に対する西洋の懐疑主義を単純かつ偏狭と見なす傾向のある地域は今なお世界の幅広い領域に及んでいる。

このような潮流の記録者の一人が、フランスの保守派神学者ルネ・ローランタン神父である。彼もまたAIEの初期の役員の一人で――半公式の書記官のようなものだった。今は帰天されたが、彼は多産な書き手であった。私は彼と数多くの興味深い会話を楽しんだが、特定の「私的啓示」に関する彼の見解の全てに賛同していたわけではない。「私的啓示」というのはいわゆる聖人の出現のことである。彼の一九九五年の著書 *Le Démon: Mythe ou réalitié?*〔訳注：未邦訳。試訳邦題「悪魔神話か現実か」〕はAIEでの講義に基づくもので、そこで彼は猛り狂ったようにノートをつけていた。[†24] 同書――特に、悪魔の実在と悪魔祓いの効力に関する擁護――は、フランスでセンセーションを惹き起こした。

今では多くの祓魔師がAIEへの参加を公に認めている。医師もまた当初から招聘されていた。私は同協会の国際会議で、関係する精神医学上の問題と厳密な識別の必要性について語ったことがある。出席者は概ね、医師の診断が常に、特に不可解な症例においては絶対に保証されているという前提に同意していた。

AIEは設立当初から、憑依を学問的に論ずる討論会と、慎重な悪魔祓いの手続きを提供していた。初代会長のジェレミー・デイヴィーズ神父は英国の司祭兼精神科医で、その後を継いだガブリエーレ・アモルト神父は、時折物議は醸すにしても、間違いなく同協会における最も著名な会長となった。

アモルト神父はかつて私に、必要とあらば複雑な症例の診断において医師の助言を請うていたと語ったことがある。だが彼は、多くの欧米の司祭は悪魔祓いの実施に対して躊躇しすぎていると考えていた。そう考えるのも無理はない。何しろ彼は極めて多くの――彼自身によれば、六三〇〇〇回という――祓魔式を行なっていたからだ。[†25]とある批判者からは「瀬戸物屋の暴れ牛」と陰口を叩かれているアモルト神父は、祓魔式を許可しない司教に対してとりわけ批判的であった。彼は彼らを深刻な職務怠慢と非難したため、教会権力からは疎まれがちであった。

ヨーロッパの一部の司祭が行なったとされる祓魔式の数を擁護するために、外国の司祭の多くは、アメリカの司祭なら「解放の祈り prayers of liberation」と呼ぶものを敢えて「祓魔式」と称している――数の多さを和らげるための言い換えである。最近では、多くの司祭は正式な憑依に達していないが重篤な事例に対する改質した祈りを「小祓魔式」と呼び始めると共に、「救済 deliverance」という用語の使用は意図的に控えている。

私はアモルト神父が時折行なった祈りの儀式の数については危惧の念を表明してきた――故意ではないとしても、潜在的な精神病の患者に病因は霊的なものだと思い込ませてしまう危険を考えれば、医師としては当然の懸念である。とはいえ、アモルト神父は知的で教養ある人物であり、必要とあらばきちんと医師に相談していた。彼から直接聞いたことだが、惜しみなく祈りを用いたとしても、それによる悪影響があるとは思えないというのである。

アモルト神父は二〇一六年に死んだが、今なおさまざまな批判に曝されている。『エクソシスト』で知られるハリウッドの映画監督兼脚本家のウィリアム・フリードキンは、永年に亘って彼がアモルトの最も印象的な事例に関するドキュメンタリー制作に奔走していたことを語っている。[†26]アモルトは最終的にその詳述と撮影を許可した。その映画『悪魔とアモルト神父——現代のエクソシスト』は、二〇一八年に公開されたが、その結末は曖昧である。悪魔祓いの現場に居合わせた数多くの人々（これまたアモルトの手続きが物議を醸した理由の一つ）が被憑依者の解放を糠喜びしていたが、映画の結末では女性患者の憑依状態が再発したことが示される。敢えてこのような事例が選択され映画化されたことは残念至極である。何故なら、悪魔祓いが失敗に終った（あるいは、単なるインチキであった）という心象を残すからである。だが私は、アモルト神父が何度も悪魔祓いを成功させていることを知っている。

いろいろと言われているにせよ、私の見たアモルト神父は寛大で思慮深い人物で、特に自身に関する良きユーモアのセンスを持っていた。かつて彼は、自分の祓魔師としての成功（数多くある）は彼が「サタン自身よりも質素」であったからかもしれないと述べている。

ＡＩＥを通じて、私はもう一人の優れた司祭ジャンカルロ・グラモラッツォ神父と出会った。アモルトの後を継いだ三代目の会長である。一度、彼は私を理事に任命してくれた。たぶん彼は精神科の教授の関与に感謝し、また同会の目的を良く理解していたのだろう。特に、悪魔憑きではない事例に関する単純な誤りの撲滅という目的を。

グラモラッツォ神父は二〇一〇年に死んだ。現在のＡＩＥを託されているのは、有能なフランチェスコ・バモンテ神父である。経験豊富な祓魔師であり、本物の学者にして、近年の成長期における才覚ある管理者である。その他にも、同会に関わる多くの司祭や平信徒の名を挙げることができる。例えば同会のアメリカ司祭代表ロベルト・クルーズ神父は、ジェイクス神父の後継である。彼は合衆国におけるモデル・プログラムを構築する優れた業績を残している。例えば査定プロセスにおける健全な専門家の助言や、不幸な被害者のための手厚い援助などだ。

ＡＩＥの会員の中には脚光を浴びることを嫌う者もいるが、少数の者はこれまでに体験した事例について公に語ったり、書いたりしている。例えばベニグノ・パリラ神父は、二〇一八年の著書 *Rescued from Satan: 14 People Recount Their Journey from Demonic Possession to Liberation*〔訳注：未邦訳。試訳邦題「サタンからの救出　一四人が悪魔憑依から解放までの旅を語る」〕において、現代の憑依と悪魔祓いの事例を多数紹介している。[†27]

とあるＡＩＥの集会の後、私はローマ在住のアメリカ人ジャーナリスト、マット・バグリオと出逢った。彼は二〇〇九年に『ザ・ライト――エクソシストの真実――』なる著作を上梓している。[†28] ローマで夕食を採りながら彼のインタヴューを受けた。憑依の可能性について、私の精神科医としての見解を聴きたいという。同書は合衆国の司祭ゲイリー・トーマス神父が祓魔師になるために訓練を受ける実録である。トーマス神父は現在ではカリフォルニアで聖職者として多忙な日々を送っているが、バグリオに対しては驚くほど明け透けに自分の個人史や訓練を受けている間の感情などを語っている。二〇一一年の映画『ザ・ライト――エクソシストの真実――』は同書を原案としているが、映画の方は悪魔祓いという主題を滅茶滅茶にしてしまうハリウッドの馬鹿げた流儀の見本のようなものだ。バグリオが書いている老練なイタリアの司祭たちは、学識深く献身的な集団である。彼らも、また私の知るトーマス神父も、厄介な訓練生でもなければ、また映画の中でアンソニー・ホプキンスが演じたような奇矯な老祓魔師でもない。

世界中で、安全かつ分別ある悪魔祓いの手続きと、かつては秘密に行なわれていた事柄を公開するための努力が行なわれている。カトリックの間では、現在では公認祓魔師の数は過去最多となっている——近年の教皇たち、例えば「進歩的」なフランシスコ教皇らが全面的に支持してきた傾向である。カトリックにおける公認祓魔師は司祭でなければならない。平信徒の参加者も時には祓魔師に準ずる規則に従うが、能動的過ぎる役割は公式には認められていない。

プロテスタント、特に福音派の間でも祓魔師の訓練と健全な儀式に対する真剣かつ詳細な注目が集まっている。彼らの新人祓魔師育成の努力はさほど公開的ではなく、しばしば徒弟制度に類似し、そして平信徒をも含める傾向がある。プロテスタントの精神医療専門家による公的組織もまた相談を受け付けている。

第9章　悪霊信仰の歴史、超常現象および侵襲という観念の出現

歴史を通じて、憑依状態に対する個人的・文化的関心と悪霊に対する恐怖は盛衰を繰り返してきた。盛り上がっては下火になるというその周期は永遠に続くかのようだ。とは言うものの、それは時代を超えて永続してきた信仰である。

驚くべき学識で知られる現代の傑出した人類学者エリカ・ブルギニヨンは、調査に当たった四八八の文化の四分の三で憑依を記録する文書を発掘した。[†29] 証拠の不在は不在の証拠ではないという事実からすれば、原始的な先史文化における憑依信仰は普遍的であったと言える。悪霊に関する信仰もまたそうである。そしてブルギニヨンの業績が示すように、これらの信仰はおそらく有史以来のあらゆる地域、あらゆる文化に見られるものである。この点は強調しておかねばならない。人間の歴史上、あるいは先史時代も含めて、悪霊、およびそれと戦うもしくは祓う方法が特定の文化もし

くは下位文化の中に存在しなかった時代というものはない。それぞれの悪霊もしくは祓いに関する理解がどのようなものであったにせよ。

同じことは、現代の今日においても真実なのだ。

多くの解説者によれば、二〇世紀における最も期待外れな出来事とは伝統的な宗教が「消滅しなかった」ことである。また別の批評家は現代という時代を「悪魔の帰還」と呼んでいる。啓蒙思想家、さらに一九世紀の無神論哲学者は、宗教というものは人類の発達における幼児期を表していると論じた。フロイトもまたそう考えた。多くの者が、二〇世紀の終りには天使や悪魔を含む超自然的存在を信ずる伝統的な宗教は死滅していると予言した。

だが彼らは誤っていた。壮大なまでに。

絶滅するどころか、霊性に関する関心はほとんどの人間に砦として残った。中でも最も顕著なのは、サタンを含む悪魔や悪霊に関する信仰が持続もしくは増大したことである。特に合衆国では伝統的な宗教活動が高いレベルで維持されている。ほとんどのアメリカ人が今なおキリスト教徒を自認しているし、圧倒的なパーセンテージの人々が神を信じ、驚くほど多くが悪魔の観念を受け入れている。

同時に特にヨーロッパで、それにアメリカでは若い人々の間で世俗化も進行している。だが多くの地域で近代的な歴史的宗教が復興し、あるいは猛烈な勢いで異教を駆逐する兆しは依然として残されている。例えば一〇〇年前には、アフリカ諸国の多くは異教もしくはイスラム教が支配しており、キリスト教は僅か一〇％程度であった。それが今日ではアフリカ一円で五〇％がキリスト教信仰を告白し、それ以外のほとんどはムスリムとなっている。アフリカ全土、それにアジアと南アメリカの多くの地域で悪霊に関する強烈な信仰が普及している。キリスト教隆盛の理由の一つは、多くの発展途上文化がペンテコステ派——世界最速で広まっているキリスト教の宗派——を受け入れたことである。その成長と共に悪魔に関する信仰、およびそれと戦うための儀式も根強く続いている。それは過去数十年の間、世界中の先進国でも途上国でも拡大を続けた。[†30]

この主題に関する歴史、および悪霊に関する過去と現在の信仰体系の多様性に関する私の興味は単なる学術的なそれだけではない。グローバリゼーションと移民はこの国と世界に文化の混淆をもたらした。それゆえに私は異なる文化的アイデンティティと異なる信仰行為に関する完全なる理解、深い尊敬に満ちた評価無しに、悩める人々を救うことは不可能との結論に至ったのである。私は今も、自分が学んだ教訓をさまざまな背景と信仰を持つ人々にポジティヴかつ永続的な変化をもたらすために活用している。

学問に対するこのような専心は実に有益である。例えば、とあるヴェトナム人夫婦が息子を連れて相談に来た時のこと。彼はつい最近、精神病と診断されたという。父母はいずれも学識深く、専門職に就いていたが、息子に対する診断に同意しなかった。末の息子である彼の名はスティーヴ。二三歳上のきょうだいはいずれも結婚して円満な仕事に就いている。スティーヴと会った時、彼は至って正だった——才能があり、ルックスもイケメンで社交性もある知的な若者である。雰囲気は至って正常で思考も首尾一貫している。サラと同様、彼は精神病には見えなかった。だが奇妙な症状が報告されている。そこで私は、内的・外的苛虐を受けていると考えた。

一体、コネティカット州の田舎出身の精神的に健全な若者が、如何にしてこのような悪魔の攻撃に曝されることとなったのか？　父親の説明によれば、この父親自身、生まれ故郷のヴェトナムで少数民族として育ち、祖先は異教徒であった。夫婦は福音派キリスト教に改宗したが、祖先が異教徒であったことが息子の不可解な症状と関係しているのか、あるいは原因そのものなのかと訝っていた。

スティーヴは両親の信仰の下で育ち、一六歳まで教会に通っていた。だが多くのティーンエイジャー同様、自分の家族の信仰に疑問を抱き始めた。彼にとってはあまりにも保守的で伝統的過ぎると思えて、反抗するようになったのだ。好奇心旺盛な若者らしく、自らの空虚さを埋めるために別の信仰体系を探し求めた。そして最終的に、一部の学者の言う「ネオシャーマニズム」に辿り着いた。これは伝統的なシャーマニズムの観念に基づく用語であるが、歴史的に世界中の多くのネイティヴ文化に結びつけられてきたヴィジョンやヒーリングを追求する信仰および手法を意味する言葉として、人類学者らに広く採用されている。南北アメリカ、アフリカ、東アジアおよび東南アジア、シベリアに生き延びた土着文化は現在もなおシャーマンの伝統を尊重しており、その多くは現代の諸国における驚くほど多くの人々の信仰体系に影響を与え続けている。例えば韓国では、シャーマンの数は精神分析医よりも多いのだ。

シャーマニズムはさまざまな霊的遺産を背景とする一連の儀礼であり、そこでは執行者（シャーマン）が変性意識状態に入って霊界と交流する。シャーマンは霊の領域との仲介者と見做され、特に治癒を促進させるとされる。ネオシャーマニズムが歴史上のシャーマニズム儀礼と異なる点は、それが必須と言える文化的コンテクストおよび関連する有意義な霊的信仰を持たない点である。ゆえにそれはしばしば伝統的なシャーマニズムの歪曲であり不適切な文化盗用であるとの批判を浴びているのだ。

このような土着の儀礼に興味を抱いたスティーヴは、地元のネオシャーマニズム信奉者と付き合い始めた。ニューヨーク・シティ内外にはそのような者が驚くほど多く存在する。彼はネオシャーマニズムに関する興味を、ウィッカを初めとする他の異教の教義と結びつけた。スティーヴによれば、彼は当初、幅広い超常現象を体験したという。だが最終的にはその運動に幻滅し、このシャーマニズム自体から足を洗った。

不運なことに、霊の世界は彼との関係を解消しなかった。このような秘教儀礼の信奉者たちとの関係を断った後も、霊のヴィジョンやその他の超常的なイメージの体験は続いたのである。その多くは文字通り奇怪なものであった——暗い影の形をした未完成な存在のイメージ（スティーヴ言う処の「ブロブ」）である。そしてスタンやマリアと同様、このスティーヴもまた、これらの霊が悪意ある粗暴なものとなって彼の頭を物理的に殴るようになったと訴えた。はっきりさせておくが、これは単なる頭痛ではない。頭に文字通りの殴打を感じたのだ。マリアのような打撲傷やスタンのような掻き傷は生じなかったが。悪魔なる我らが仇敵は多種多様な戦略と手法を持つ。好奇心溢れる学徒を最大限に混乱させ、迷わせるためである。

マリアやスタン、その他数えきれぬ人々と同様、このスティーヴにもやはり精神病の証拠は何一つ見出せなかった。彼の症状はどんな医療的処置によっても改善しなかった。そもそも彼には如何なる思考障害もないし、その奇妙な状況のコンテクストは明らかに真剣なオカルト探求の時期によって説明できる。本物の悪魔の攻撃を示すあらゆる基準が合致しているのだ——これまた内的・外的苛虐が同時に生じているという驚くべき事例である。すなわち内的なブロブのイメージと、悪霊もしくは悪魔によるいわゆる物理的攻撃である。スティーヴ自身、そのように信じるようになった。

こうして精神的・身体的疾患の可能性を排除すると、スティーヴはキリスト教に復帰し、彼を救済しようとする地元の司祭との作業を開始した。嬉しいことに彼は非常な進歩を見せたが、依然として悪魔から完全に解放されたわけではない。

さまざまな霊的・秘教的伝統と関連づけられている奇妙な超常体験は異常なものではあるが、今日のほとんどの人が考えるほど稀なものではない。多くの「探求者」たちが自らの解釈の枠組みに従って、超常的あるいは霊的な世界を体験しようと試みている。私はこれら自己流の探求者の多くと直接話し合ったことがある。心から後悔していたとある女性の言葉を借りれば、彼らはしばしば「深みに嵌まりすぎ」てしまうのだ。

スティーヴの苦難も、似非神秘主義や似非秘教的な精神状態に至ろうとした多くの人の体験に似ている。そしてしばしば、想像していたものを超える世界に囚われてしまうのだ。そうなると、この厄介な症状はどうやって生じたのか、何故治まらないのか理解しようと苦闘することになる。私が会ったとある女性は、南アメリカまで行って土着のシャーマン的治療師の許に滞在し、それ以来、霊に悩まされていると述べた。スタンの話も同様で、彼は最終的には自分を苦しめる霊的存在を紛れもない悪魔だと認識した。これらの奇妙な現象には生物学的な説明は付かない。そしてしばしばニューエイジ探求者やその界隈と結びつけられるこれらの話が常に無害だとか滅多に無いことだとか考えているなら、歴史や霊的生活についての無知を曝け出すことになる。

とは言うものの、苛虐だの憑依だのといった霊的状態に関する最高の歴史家は祓魔師か神学者、あるいは伝統的なキリスト教信者であると思っているなら、それもまた間違いである。今から一〇〇年ほど前に世界史上における苛虐および憑依の状態についての古典的な文献を記したのは、ドイツの街テュービンゲンの教授トラウゴット・K・エースターライヒ。不可知論者で博識家のドイツ人であったエースターライヒは超心理学の初期の信奉者となった。これはフロイトをも密かに魅了していた学問分野である。彼の一九二一年の著作の翻訳である一九三〇年刊の浩瀚なる『原始時代、古代、中世、現代における悪魔その他の憑依』は、その詳細さにおいて現在もなお並ぶものがない[†31]（作家のウィリアム・ピーター・ブラッティは、『エクソシスト』執筆前に同書を読み、あの架空の物語の背景となる細部を大量に流用している）。

フロイトは一九二三年、憑依を主題とする有名な小論文を書いた。彼はそれを「悪魔神経症」と呼んでいる。このフロイトを含む当時の世俗の識者の多くがそうであったように、エースターライヒもまた元来は超心理学的状態を情緒障害と見做し、このような状態を本質的に精神病と解釈していた。彼はトランス状態と憑依中の攻撃的な行動を解離状態に起因するものと分類した。内面の敵意を外界に投射して悪を人格化したり、衝動強迫に陥ったりするというのである。フロイト同様、彼は元来は憑依事例をヒステリー、重度の神経症、精神病と診断していた。だがエースターライヒは、そのような精神疾患の患者が如何にして空中浮揚したり、深遠な知識を持っていたり、外国語を理解して話したり、その他、彼が引用している夥しい歴史的事例にある特徴を体験するのかという点に関しては全く説明できなかった。そのような事例に当惑した彼はやがて考えを改める。彼は神秘現象については説明が付かないと考えるようになり、遂には憑依状態は自然界・物質界を超越したものであり、「霊性主義者《スピリティスト》（彼自身の用語）」的・超常的現実を反映していると結論するに至った。

さらにまた、その最高傑作においてエースターライヒは、自らがかつて精神医学のみに排他的に焦点を当てていたことは誤りであったと認め、次のように記している。「科学的見地に立つ研究者にとってはこのような説明は不満であるが……『霊性主義的』仮説は妥当である」。エースターライヒはこのような症例が言及された数千にも及ぶ記録を収録し、人類学者と年代記者の双方がこれらの奇妙な症状が常に存在していたことを示す大量の証拠を見出していたことを繰り返し示している。当然エースターライヒは繰り返し、本書に描かれたような現象の歴史上の事例も引用している。例えば、自発的憑依と不随意的憑依の区別。異教の儀礼はいつの時代も霊を召喚してきたが、その霊は善なるもの、霊的案内人、助力者と考えられていた。だがこれらの事例はしばしば暗転する。時に――スピーディ、すなわちMS－13の一味で、霊界から隠された知識を呼び出して組織の邪悪な目的を達しようとした男の事例に見たように――これらの「自発的」要請は裏目に出て、結局は被害を受けることになるのである。

エースターライヒはさまざまな文化における不随意的憑依の事例を何百も引用しているが、それらは私自身が相談を受けた事例の多くと驚くほど酷似している。そうした事例の一つが、例えばアフリカにおけるアニミズム信仰である。そこでは霊の力が人間に憑依してさまざまな未知の言語を話したり、隠された知識を披露したりすることが報告されている。また彼は歴史上のヒンドゥー教徒の憑依の事例も挙げている。それは神々と「下位の力」の活動によって起ると見なされていたが、この完全なる不可知論学者によれば、それはわれわれを「危険なまでに悪魔信仰に近づける」。また近年の多くの異教および非西洋的な資料も引用されているが、そこに報告される憑依事例はキリスト教およびユダヤ教における事例と概ね類似している。さらに彼は世界中の宗教の文献にある事例も収録している。

憑依と苛虐の状態が真実であることをほとんど知らない現代の批評家は、そのような状態を体験するのは伝統的な宗教的サブカルチュアの軽信的な信者のみであると主張する。これほど真実からほど遠い話はないことは、歴史上の、そして現代の事例が再三再四証明している通りである。私の経験では、本物の宗教的な背景がなくてオカルト活動に転向した人が最も悪霊の攻撃を受けやすい。

彼らは確りした霊的基盤、すなわち「霊的な鎧」を欠いているので、自分の身に起っていることに余計に混乱する。そのため、悪魔からの解放は、取り憑かれた時よりも遙かに困難となるのである。超常体験をしたいという願いのために、彼らは霊の世界についてこの上なく無邪気でありすぎるからだ。

時間と場所とを問わず、歴史上、そしてさまざまな世俗的・宗教的文化において、人々は豊かで活発な霊の世界の存在を、そして悪霊や悪魔の捕食的活動の真実を記録し続けている。私は、世界中から私の助言を聞きに来る人々の中に、この継続的かつ複雑な悪魔もしくは霊に関する表現の多様性を目撃しているのだ。

*　*　*

歴史の払暁より古代文化は明確に、霊の世界は――それをどのように定義しようと――善なるものとは言いがたいと信じていた。霊に関しては数え切れないほどの信仰が存在しており、少々の例を挙げるだけでも、それは神々であるとか、「媒介の」霊、死霊、死んだ英雄、過去の支配者、死んだ家族などと考えられていた。demonsの語源となったギリシア語の単語daimonesは、元来は善なる霊のことであったが、後に意味の幅が広がり、例えばプラトンは一種の創造的な内なる霊をそう呼んでいる。最終的にこの単語は七十人訳聖書においてヘブライ語のshedimおよびsi'irimの訳語として用いられ、後にキリスト教文献は悪霊の意味で用いることとなった。

最古の文書記録を残した社会はシュメールである。古代シュメール（現在のイラク）の楔形文字は、当初から悪魔をgid-dimと呼んでいた。シュメール人を征服したアッシリア人は、当地の多神教から絶対神アッシュールという観念を編み出した。アッシュールと共に一連の下位の神々がおり、それはしばしば悪魔として描かれた。

『エクソシスト』は老司祭ランケスター・メリンがイラクでアッシリアの遺跡を発掘する場面から始まる。そこで彼はアッシリアの悪魔パズズの像を掘り出すが、この悪魔が最終的にリーガンに取り憑くことになる。アッシリアには細密な悪魔祓いの技法があった。例えば燻蒸《くんじょう》、呪文詠唱、護符、さらに薬物などである。今日の祓魔師と同様、記録上世界最古の悪魔祓いにおいても、アッシリアの祭司階級は悪魔の名を探っていた。後に、バビロニアとペルシアの宗教観念もまた悪魔学の発達に寄与し、そしておそらく捕囚のユダヤ人にも影響を与えた。一方でさまざまな「霊体験」、特に憑依は多くの文化に独立して見出しうるので、これらの信仰はしばしば自然発生的かつ「通文化的」なものと理解しうる。

ペルシアの二元論的宗教であるゾロアスター教は、相争い合う「力」の宇宙的領域を強調した。すなわち一方は善、もう一方は悪である。中東におけるこの劇的な霊視的背景は、キリスト教時代以前のヘブライ人が周囲の諸文化との間で繰り広げた論争、および「悪魔」とその起源に関する見解の多様性を理解する上で重要である。それらは後にキリスト教とイスラムの共通観念へと発展していく。

この当時までの歴史独特の歴史的発展に関しては古代の文献はほとんど当てにならないが、何世紀にも亘り、高度な倫理的・一神教的な思考体系に専心するヘブライの中心的な伝統は周囲の異教文化および宗教からのオカルト的汚染に対して抵抗し続けた。神に関する純粋に高められた理解の墨守（および二元論的な観念の排斥）は、他の下位の諸霊に対する興味を失わせたようである。

「異教 paganism」という用語それ自体（元は侮蔑語）はしばしばあまりにも曖昧な用いられ方をしていて、極めて幅広い信仰や儀礼を包括するものとなっている。そして当然ながら、これらの異なる信仰体系の多くにも高貴な要素がある。多くの異教の儀礼では、一種の国家宗教として、特に公共心や正直さ、武勇などの人間の美徳を褒めそやす。われわれの考える「東洋」や霊性に関する秘教的観念は、心からの共感や無私を強調する。

とは言うものの、伝統的・大衆的な異教に共通する要素は、一揃いの霊たちに捧げられる祈りと犠牲であった。すなわち広い意味での「異教」は、特定の世界宗教への付属物も含めて歴史的にはほぼ常に、（自身は汚点を持たない）神と女神に関する、および（どのようなものであれ）明白に邪悪な霊に関する迷信の詰まった全体的な世界観と絡み合っていた。例えば聖書時代のカナンおよびペシリテのそれを含む特定の典型的な異教文化の中には、これらの諸力を慰撫せねばならないという観念が幅広く存在していた。特に人身御供《ひとみごくう》のような邪悪な手段に訴えてでも、彼らに「贈賄」せねばならないと考えられていたのである。このような儀礼は、特に歴史上の卑俗で「暗愚」な文化において行なわれていたものだが、残念なことに稀というわけではない。

ヘブライ語聖書すなわちタナハはこうした「オカルティズム」（これまた複雑な用語）、およびヘブライ人が正しくも邪悪な信仰であると考えていた偶像崇拝に対する非難において手心を加えることがない。例えば『申命記』は、「呪文を唱える者、口寄せ、霊媒、死者に伺いを立てる者」を「主はいとわれる」と述べている（第一八章一一－一二）。『レビ記』にあるモーセの律法はこれらの行為に手を染めた者は死刑と定めている（それが執行されることは稀ではあったようだが）。

オカルト行為、あるいはそれ以上の悪行（女子供の人身御供など）に耽る隣人に対するこのような嫌悪は、古代ヘブライ人による隣人たちへの好戦的な非難を説明するのに大いに役立つ（彼ら自身がこのような行為を絶対に行なわなかったというわけではない）。古代ローマとギリシア人も人身御供を野蛮として非難するようになった。例えばローマ人が数度に亘って戦争した北アフリカのカルタゴは人身御供を行なっており、ローマ人から下等部族と見なされていたと現在広く信じられている。

とは言うものの、イスラエル人を含む古代世界はほとんど全て、人間ではないにしても少なくとも動物供儀は行なっていた。旧世界でこのような残虐行為が概ね廃止された以後も、「新世界」——特にマヤ、アステカ、インカ——においては何世紀にも亘ってこうした忌まわしい行為が続いていたのである。インカでは若い少女に薬を盛り、凍死させてミイラにしていた。子供を生贄にしていた歴然たる証拠がメソアメリカ文化として知られる広い地域で発見されており、その中には現在のアメリカ合衆国も含まれている。現在のメキシコシティにあるテノチティトランの大ピラミッドの発掘により、「神々」を宥めるための儀式によって生贄とされた多数の子供たちの遺骸が出土した。子供たちの一部は、このような霊や神格を宥めるために爪を剝がされていた。同様の人身御供は「神々の生誕地」とされた先コロンビア時代のテオティワカンの遺跡からも出土している。これらさまざまな古代社会は間違いなく、このような儀式が有効であると考えていた。ちょうどジュリアが、そのカルト自身の悍《おぞ》ましい儀式によってサタンの歓心を買えると信じていたのと同じことだ。

言うまでもなく古代イスラエル人はしばしば偶像崇拝に逆戻りし、ヤハウエとの独自の契約を反古にしたとして自らの預言者に叱責されていた。だが全体的に見て、最新の研究によればヘブライ語聖書自体には悪魔学やオカルティズムへの傾倒はほとんど見られない。

魔術に漂う典型的な異教の雰囲気とその参加者の悪霊への傾倒はユダヤ教の文書には概ね欠如しているが、聖書のあちこちに散らばった言及は、間違いなく霊的宇宙における人格化された邪悪な力に関する信仰の存在を裏付けている。幾つかの条は暗い中間的な霊の存在を仄めかしている。時に「破壊の天使」とか「悪の使い」などと呼ばれる彼らは、神の命令に従い神の復讐の意志を実行する者として認識されている。

悪霊の役割はいわゆる旧新約聖書中間時代（およそ紀元前四二〇年から紀元後三〇年）のユダヤ教文書、特にキリスト教時代の直前のユダヤ教宗派運動の頃に明らかに強調されるようになった。この時期の文書には宗派によって正典に採り入れられたものもあればそうでなかったものもある。『知恵の書』はキリストが誕生するより二世紀から三世紀前のアレクサンドリアのユダヤ人によって書かれたものだが、明確な警告を含んでいる。「神は人間を不滅な者として創造し……／悪魔のねたみによって死がこの世に入」ったと（第二章二三－二四）。『ヨベル書』と『エノク書』はいずれも堕天使の奇妙な物語を述べている。この『エノク書』は一世紀のユダヤ人の一般的な信仰に多大な影響を与えた。修道院的なユダヤ教宗派であるエッセネ派もまた、神およびその天使と、サタンおよびその使いとの間の宇宙的な戦いを強調した。当時のユダヤ教文書には悪霊の存在に関する幾つかの言及がある。これは現在のイスラエルのヨルダン川西岸地区のクムランで発見されたもので、死海文書と呼ばれている。その後のラビたちが悪霊の観念を受容していたことに関しては多数の事例がある。そして最終的に、霊に関する大衆的なユダヤ教の信仰――たとえば死霊《ディブク》――は、世界のユダヤ教の下位文化的な支流の一部においては近代まで生き延びることとなった。

悪魔的勢力を強調するこのような傾向は初期キリスト教の文書ではさらに加速されている。ナザレのイエスが生きていた時代には、悪魔学への傾倒は多くの地中海文化に顕著であり、その後の数世紀の間に拡大したというのが学者たちの一致した見解である。それが異教、ユダヤ教、キリスト教のいずれの思想を反映するものであれ。

誰もが悪霊や悪魔の憑依を信じていたわけではない。例えばサドカイ派は信じていなかった。だが新約聖書の文書が登場する頃には、当時のユダヤ教の主要な宗派は間違いなくそれを信じていた。

『使徒言行録』には「遊歴のユダヤの悪魔祓い師」への言及があり、一世紀ユダヤの歴史家ヨセフスにも同様のものがある。

言うまでもなく、新約聖書自体に学問的論争がないわけでないが、イエスが明白に自らのメシア的役割を、サタンすなわち「この世の支配者」(『ヨハネ』一二章三一)の治世の転覆と結びつけていたという点では学者の見解は一致している。新約聖書にはおよそ三〇〇箇所に及ぶ悪魔への言及があるが、これらの言及はサタンとその王国の描写に多様な用語を採用している。当時、新約聖書にはこの分野に関する体系的な教義はほとんど存在しなかった。だが、四福音書中の三書が砂漠でイエスがサタンの誘惑を受ける有名な話を語っている。しかもイエスは、カペルナウムのシナゴーグで憑依された男から悪魔を追い払うことを以てその宣教の初めとしている。これは明確に霊界と物質界の双方に対する彼の権威を示すものである。後に、福音書の別の物語において悪魔すなわち「汚れた霊」がイエスに懇願する、「ナザレのイエス、かまわないでくれ。我々を滅ぼしに来たのか」(『マルコ』一章二四)。それからイエスはこの霊を叱りつけ、追い払う。

四福音書には個別の憑依の事例が七つ登場する。共通するパターンは悪魔の挑戦、イエスの退去命令、悪魔の退散である。現代の批評家の中にはイエスは隠喩的に語っていたのだとの主張もあるが、そんな形跡は全く無いし、また彼が単に当時の信仰に乗っかっていただけという証拠もない。キリスト教徒であれ俗人であれ、慎重な歴史家は史的イエスが祓魔師として有名であったという点で一致している。だが彼はしばしば当時の迷信——たとえば病気は個人もしくは親の罪の所為だ、等――を非難してもいる。「病を癒す」ことは常に、福音書においては「悪魔を追い払う」話の個別の範疇に入れられる。

これらの話は信用できるのか？ それについて長年研究した私は、それらは複雑ではあるが信頼に足る資料であることを見出した。また、憑依に関する一見信じがたいような詳細においてもそれらが十分信頼に足ることも発見した。何故なら私自身、同様の現象を目撃し、これらの儀式の幅広い成功が現代まで続いていることをよく知っているからだ。

新約聖書は間違いなく、イエスが比類なき自信と権威を以てこの主題に関して語ったことを示している。最終的に、彼は弟子たちにも悪魔を追い祓えるようにした。それは『ダニエル書』において予言されていた待望久しき「神の国」の先触れとしての権能である。この信仰はメシアの到来に関する当時の論争に強い影響を及ぼした。その中には、イエスが悪魔を追い払ったことは彼の「人の子」としてのメシア的地位を示すものであり、最終的な神の国の到来の予兆であるというキリスト教徒の信仰も含まれる。

以来、キリスト教会は悪霊を追い祓うというイエスの命令を実行することが彼らの使命にとって重要であると定めてきた。この業《わざ》にはイエスの信者の果てしなき努力が必要であったが、大いに成功を収め、初期の教会はその勝利を、他の無力な異教の神官に対する自らの宗教の優越性の証拠として用いた（モーセがエジプトの魔術師たちに対してヤハウエの助力による力の優越性を主張したのと同様である）。

同時にラビ・ユダヤ教は、サタンおよびその眷族の悪魔たちと神との宇宙的闘争という観念を受け入れた初期ユダヤ教の資料から徐々に離れていった。悪魔学は最終的にはラビの公式の教えにおいて中心的な役割を占めることはなくなった。だが前述のように、悪魔あるいは少なくとも死霊の攻撃に関する大衆の信仰は長く生き延びた。

このようなユダヤ教の懐疑主義への移行は漸進的なものであったと当のユダヤ教および世俗の歴史家も述べている。例えばユダヤの歴史家ヨセフスの『ユダヤ古代誌』には「他者の利益と救済のために」働いていたユダヤ人悪魔祓い師が登場する。四世紀のキリスト教司教アタナシウスは、ユダヤ人は依然として悪魔祓いを行なっている、彼らはそのためにヘブライ語聖書の音読を用いていると証言している。ハラーハーすなわちユダヤ法は悪魔の実在を認めていた。律法の順守は彼らの影響を防ぐ最善の手段とされた。一部のユダヤ教宗派では今日においてもなおそう考えられている。

中世の多くのユダヤ人哲学者もまた悪霊の存在を疑わなかった。但し、その著名な例外に医師で哲学者のマイモニデスがいる。後に神秘主義のカバリストは、外典の『エノク書』を初めとする悪魔についての初期ユダヤ教文書に表明された観念を復活させたが、そこで最も強調されたのは死霊すなわち彷徨《さまよ》う魂の役割であった。今日に至るまでユダヤの民間伝承に登場する死霊《ディブク》は善にも悪にもなり、何らかの目的のために人間に取り憑くという。現代の世界においてもカバリストの伝統を継ぐラビの中には悪魔祓いを行なっている者もいる。私は、ユダヤ教の背景を持ち、これらの儀式を受けたことのある人の話を聞いた。主流派のユダヤ教徒はこのようなカバリストを初めとする非正統派の儀式を批判し、その重要性を一蹴する。だが正統派ユダヤ教徒の中にも、ある種の悪魔の活動を信ずる者もいるのだ。ただ彼らの解釈では悪魔は人間の邪悪な性質（yetzer hara）と深く絡み合っており、その二つの領域を解きほぐすことは容易ではない。そうは言っても、何も「統一された」すなわち公式のユダヤ教としての立場があるわけではない。とある傑出したラビの話によれば、彼は個人的にはこの問題に関しては不可知論者であり、まさにその態度こそユダヤ教徒が採るべき最も分別ある立場であるという。

　ローマ帝国衰亡後、もう一つの文化勢力が中近東、および最終的には南・西地中海のほとんどを支配下に収めた——イスラムである。預言者ムハンマドは五七一年にメッカに生まれた。当時は精霊《ジン》に関する信仰が蔓延《はびこ》っており、クルアーンにも言及がある。イスラムの主要文書にはまた天使や悪魔を意味する言葉もあり、両者に関する積極的な信仰を促していた。ジンは本質的に、天使（および堕天使）と人間を仲介する存在とされた。クルアーン（七二章一一）では、ジンは次のように述べている。「我らのある者は善であり、ある者はそうではない」。これらの問題に関する術語は何世紀もの間に歴史的に複雑化したが、イスラムおよび非イスラムの学者はいずれもイスラムにおける天使、ジン、悪魔（shayatin）の区別を確認している。この三者はいずれも人間に影響を及ぼし、ジンと悪魔はいずれも個性を持つ。

　敬虔なムスリムの間での悪魔に関する信仰は今日では規則ともなっている。私の知る学識あるムスリムのほとんどは悪魔の攻撃と決めつける前に医療上の疾患の可能性を排除すべきだと信じているが、憑依は事実であることは受け入れている。それでも私の経験上、ほとんどのイスラムの聖職者は、ほとんどのキリスト教のそれと同様、悪魔祓いの過度の使用は危険であると警告し、そして私と同様、一見悪魔の攻撃と思われるものもたいていの場合は精神疾患であり、霊的世界からの攻撃ではないと信じている。

世紀を越えてこの三つの一神教――キリスト教、ユダヤ教、およびイスラム――は悪魔祓いにおける公式な試みを儀式化してきた。聖水や聖油のような物品を用いはすれど、これらの宗教における悪魔祓いの観念は他のほとんどの宗教伝統よりも「霊的」な方面へと転じた。この三つの宗教において発達した鍵となる概念は、憑依し苦しめる存在と戦いこれを追い出すためには主として霊的な手段が用いられねばならない、何故なら彼らは霊的な敵だからである――彼らは霊であり、物質的存在ではないのだというものであった。

キリスト教は「理論的」もしくは「神学的」アプローチを採る宗教である。その主要な知的焦点は正統ユダヤ教や伝統的イスラムのように儀式に関する注釈や律法ではなく、信経と教理に対する信仰の体系化に置かれている。そこで当然、悪魔の領域に関する最も細密な「神学」はキリスト教に見出される。正統教義はサタンおよび悪魔たちの叛乱と、彼らの王国による人間への苛虐と誘惑に関して発達を遂げた。悪魔祓いは世紀を越えてカトリック世界全域で続けられた。特定の時代においては悪魔祓いの許可があまり出されないこともあった。だがここ数十年ほどは既に見たようにカトリックの悪魔祓いは復活を遂げている。

プロテスタント世界は公式の悪魔祓いに頼ることは少なくなったが、彼らもまた悪魔の強烈な影響力とその過剰な攻撃が紛れもない現実であることを確信していた。マルティン・ルターはサタンおよび悪魔に心を奪われており、彼らが何度も実体化したと信じていた。彼は繰り返し、実体化した悪魔と遭遇した体験を語っている。ドイツのヴァルトブルク城の壁にある黒い染みは、侵入してきた悪魔に対して彼がインク壺を投げつけた跡だとされている。

保守的なプロテスタント教会の主流派が過去数十年の間に悪魔の実在に対する興味を強めてきた一方で、カトリック・カリスマ刷新を含む現代キリスト教のいわゆる熱狂派運動はこのような攻撃に強く心を奪われている。苦しめられている人々を救おうとするこのような運動は通常、「救済の聖務deliverance ministries」を自称する。この潮流はプラス面マイナス面いずれもあるが、特に合衆国において顕著である。むしろ合衆国の歴史において、神と悪魔に関する信仰が如何なる形であれ異常な立場となった時代はないと言った方が正確である。

＊　＊　＊

人類史の過去の多くの時代が、さまざまな悪に悩まされてきた。例えば奴隷制、女性の動産扱い、絶えず繰り返される残虐な戦争、そして人身御供。このような時代の信仰や習慣に戻りたいと心の底から願っている人はほとんどいない――その信仰や習慣には、時に気まぐれで災いをもたらすこともある神や女神の懐柔、古代の悪戯な霊に対する懸念、古代世界の謎に満ちた暗黒の諸力に対する普遍的な恐怖も含まれる。その全てが、これらの虐待に貢献していると見られていた。

だが幾つかのものは実際に貢献しているのだ。

伝統的な異教の信仰——既述のようにその定義は幅広く、そこには当然ながら美徳もある——は、依然として長い歴史を持つ文化においては持続している。だが今日では、現代の信者の一部は自らを「新異教主義者《ネオペイガン》」と称して異教の観念をごたまぜにし、昔ながらの虐待は回避しようとしているものの、典型的な異教の精霊崇拝は維持している。

多くの学者が論じているように、異教への回帰は元来の思想体系とは全く異なるものである。私見では、これら「ネオペイガン」連中は理性的な道を行くこともなければ、当時は他に選択肢がなかった文化に単純に回帰することもほとんどない。現代におけるそのような信仰への回帰は、しばしば主として一神教およびその道徳律や信仰上の要求に対する個人的な反抗から生じているようである。例えばジュリアは、キリスト教の厳格な倫理に対する明白な拒絶として異教の観念を讃美していた。

奇妙な体験と動機が依然として一部の者をこのような未熟な新異教主義に駆り立てているが、それは歴史的にはしばしば超常体験、および現在のほとんどの人が「オカルト」（語源はラテン語のoccultus、すなわち「隠れている」）と見なすものを促進して来た。「新たな」異教への帰依者、およびその他の奇想の探求者は、決して消え去ったわけではない現象に惹かれているのだ。

だが私の体験上、オカルトと超常現象はさほど遠く離れてはいない。新異教主義の観念と活動の詰め合わせ――占い、透視、死者との交信、そして稀な儀礼であるが動物供儀――は一見したところでは魅力的であるし新奇である。だが新異教主義運動を特徴付ける観念の寄せ集めは――しばしばいわゆる「ニューエイジ」の観念とほとんど変らない――実際には全く新しいものではない。そしてこれらの活動を主要な世界宗教は何千年も前から愚かなものと糾弾してきたのだ。

『ニューヨーカー』誌ですら、二〇一九年に現代における占星術の隆盛に関する記事を載せている。占星術は伝統的な疑似科学であり、ニューエイジ的な信仰である。それに続く編集部へのとある手紙では、その記事が奇妙にも「占星術はナンセンスである」という認識を書き漏らしていることが指摘されていた。その手紙の差出人によれば「益々多くのアメリカ人がこのような信仰体系に基づいて人生の決断をしている」ことは極めて不穏である。[†32] 毎年行なわれているチャップマン大学によるアメリカ人の不安に関する調査の二〇一八年度版で、アメリカ人の二五%が占星術を信じ、四一%が過去に異星人が地球を訪問したと信じていた（そして三五%はそれは最近のことであると信じていた）。さらに、四分の三以上が少なくとも一つ以上の超常現象の事例を信じていた[†33]（例えばビッグフットだとか幽霊、念動力など）。

その種の映画の氾濫やニューエイジ的観念を擁護するセレブの存在からして、ハリウッドの多くはそのような観点を半可通に信じているようである。このジャンルの好例が一九九九年の映画『シックス・センス』である。ブルース・ウィリス演じる主役の精神科医は最終的には幽霊であったことが明らかになる。とある才人は言った、健全な宗教の教えを信ずることを止めた人は「無」を信ずるようになるのではない。「全て」を信ずるようになるのだと。

近年、この言葉が正鵠《せいこく》を射《い》ていることが明らかとなった。欧米でニューエイジ思想の信奉者が増えている。超常現象に関する数多のTV番組や書籍がメディアに溢れ返っているが、これはまさにこの話題が依然として魅力的であることを示している。この興味には霊能者への相談も含まれる。これはたぶん一般市民が超常現象の「専門家」を体験する最も普遍的な方法である。世界中のほぼ全ての都市に、占い師や霊能者を売りにする店があり、彼らはまた他のメディアやインターネットにおいても宣伝を繰り広げている。

多くの「霊能者」が採用している曖昧な推測、すなわちコールド・リーディングの技法は、おそらく多くの人々を引寄せるのだろう。だが一部の者は間違いなく、悪魔の活動と能力の特徴である悪魔的な知識の源へと足を踏み入れている。

私の知人である若い女医から聞いた話だが、彼女が訪ねた占い師は彼女の過去に関する驚くほど精確な情報を語ったという。その「霊能者」は、彼女の死んだ親の過去に関する多くのプライヴェートな詳細を知っていたというのだ。女医はまさに「取り憑かれた」。だが、霊能者が彼女に、あなたは決して夫となる男性と出逢うことはありませんと告げたので、彼女は心底落ち込んだ。私は彼女に言った、誰であれ、それこそ占い師だろうが、何なら霊だろうが、未来を確実に知るなんてことはできないし、ましてや人生の結果を告げることなんて不可能だと。彼女は私の助言に感謝し、それから数年以内に結婚した。

どんな霊能者といえども未来を知ることはできない。何故なら悪霊もまた未来を知ることはできないからである。だが彼らは時に、憑依の事例において悪魔が示すような隠された知識に基づいて、それなりに学識深い予言をすることがある。無論、それもまたしばしば外れるのであるが。

超能力者の中には、有料での悪魔祓いで生計を建てている者までいる。このスキャンダルは最近フランスで明らかとなり、ハリウッドにまで広まった。カリフォルニアとマンハッタンにもネオシャーマニズムの術者がいて、「浄化」だの我流の悪魔祓いだのを行なっている。私の経験ではそんなものにはまるで効果がなく、最終的にはそれでなくとも困難な状況を、直ちにではないとしてもさらに悪化させる羽目になる。

古いスタイルの異教の悪魔祓いもまた消滅したわけではない。例えば二〇一九年九月、とあるシベリアのシャーマンが遥々一七〇〇マイルも歩いてモスクワまでやって来て、ウラジーミル・プーチンに対する悪魔祓いを実施。クレムリンから「悪魔」を追い払った後に逮捕されている。一〇〇万回以上再生されたYouTube動画を含む派手な宣伝と共に、彼は自分の目的に共感する人々を集めて彼の使命に同行させた。プーチンを悪魔祓いするためと称して彼は赤の広場で火を焚き、発酵させた驢馬乳と馬の毛を火に焼《く》べつつ、皮太鼓を打ち鳴らした。この異教儀礼により、プーチンは「正気を取り戻し、静かに辞任する」というのである。[†34]

同様に、魔女術《ウィッチクラフト》もまた隆盛している。ジュリアはその極端な例だが、無数の小者——ある者は浮薄で文化批判的、またある者は極めて不快——を今やあらゆる文化圏に見出すことができる。無垢な女性が魔女ヒステリーに囚われたという真っ当な歴史上の警告があるにも関わらず、「術」に手を出す興味を抱く者は依然としてその数を増す一方である。このような魅力はしばしば「白魔術」への興味として正当化される。有害な「黒魔術」ではないから大丈夫というわけだ。だが、このような行為はそうそう都合良く区別されるものではない。白魔術が愚かな、あるいは無邪気な人を籠絡する場合もある。何故なら黒魔術同様、それは悪魔的な源に由来しているからである。最近の『ニューヨーク・タイムズ』の記事によれば、自称の魔女が二〇一九年にニューヨーク大学において魔女術の学習者のための大会を催し、大盛況を博したという。[†35] 古代の術に関する大人気のポッドキャスト講義を録音した後、彼女はパーク・スロープのタウンハウスにある自宅の祭壇を公開した——女神ディアナ像、蠟燭、水晶、ペンダント、呪文書が山を成している。

このような新異教主義に関する話題が今日の大衆に受けるのは、現代の多くの人がこのような現象に関する伝統的な宗教の説明に疑問を感じているからである。彼らにしてみればそれはあまりにも教条主義的で厳しすぎる。だが彼らはこのような現象など存在しないと一蹴することもできない。信ずるに値するあまりにも多くの話を聴かされてきたからだ。共に満足できない二つの観点の間に宙づりになって、彼らは自ら真実の探求に乗り出す。より探求心の強い者は実際に行動に出て深みに嵌まり、死にもの狂いで助けになってくれそうな者を探す。そしてしばしば、さんざん悩み抜いた末に私の許に来ることになるのだ。

これらの現象の全てについて、多くの思慮深く知的な観察者はこれを自然科学のように「科学的」に研究しようとしてきた。エースターライヒのように、このような出来事は現実に基盤を持つと結論した者もいる。このような事柄が歴史を通じて記録されていることを知ると、彼らはそれを理解しようと足掻《あが》く。過去数世紀に亘り、このような探求者は主として二つの主要な説明の枠組みの内のどちらかに行き着いた。第一はフロイトのような世俗主義者、教条的物質主義者が採用したもので、このような体験を病理と見なし、被害者を単なる病人と見なす。だがこのような即時の却下は、単なる病気と悪魔や超自然の働きとを区別するのに必要な注意深い診断上の弁別を無視している。

第二の枠組みはこれらの体験に「超常的」とのレッテルを貼る――科学的な術語のようだが、基本的には何も説明していない。エースターライヒはこれを「意味なきレッテル」と呼んだ。そして彼を含む幾人かの人々は「超心理学」の主要な発案者となった。これは主流派に対する代替、もしくは補完物と考えられていた。

「超常的」という術語、および曖昧な「超心理学 parapsychology」はいずれも近代の造語であり、いわゆる心霊現象や憑依、亡霊、幽霊譚などに対する科学的説明との「懸隔」を説明するためのものである。無論、この学問分野が発展することはなかった。何故なら、霊的現象としての体験は伝統的な科学や実験の対象にはなり得ないからである。それでも超心理学という似非科学は続いている。私は先日、とある医師から相談を受けた。「超心理学の専門家」になるための大学はどこかというのである！　私は言下に彼の誤りを正した。

「霊界通信」すなわちいわゆる死者との交信の真摯な研究者は、懐疑主義者の嘲笑をものともせず、しばしば最初は更なる証拠を探し求める。このような現象に対する彼らのいわゆる「中立」な研究は、歴史的には比較的最近のものである。昔は霊の世界というものは、どれほど多様な受け取られ方をしていたとはいえ、当然のものと考えられていた。だが物質主義の考え方が擡頭《たいとう》し、一八〇〇年代に支配的と成ると、多くの世俗の知性は過去の時代が超自然もしくは悪魔的なものと見做していたこれら奇妙な「非物質主義」的な話の残余――異教であってもキリスト教であっても――に取り組まねばならなくなった。これらの現象に関する話は大衆的・学術的文書の双方に溢れ返っている。そこには一九世紀末に英国および合衆国に設立された〈心霊現象研究協会〉の膨大な記録も含まれる。

物質主義への傾倒にもかかわらず、フロイトはまた最も近しい同僚であるフェレンツィ・シャーンドルと共にこのような現象に魅了されていた。フロイトとフェレンツィはテレパシーを信じていた。これまた一八〇〇年代末に生み出された造語で、この二人の男はそれぞれの私信において「思考転移」の意味で用いていた。伝記作家によれば、スイスの精神科医カール・ユングは自身が一種のオカルティストであった。彼が真剣にこの種の事柄に興味を抱いていたことは間違いない。例えばグノーシス主義、錬金術、そしてルネサンス魔術。彼は牧師であった父および正統的なキリスト教会を憎んでいた。フロイト同様、生涯それらに対して敵愾心を抱いていたのである。

彼らを初めとする当時の知的巨人たちは、「心霊」体験を新たな科学として研究することを目的とする〈心霊現象研究協会〉の設立に注目していた。その最初の総会は一八八二年にロンドンで開催された。数年後にはアメリカ支部も設立され、ハーヴァードの偉大な心理学者で「プラグマティズム」の哲学者でもあったウィリアム・ジェイムズも参加していた。彼はさまざまな種類の宗教的経験に興味を持ち、一九〇二年に大作『宗教的経験の諸相』を上梓する。彼はさまざまな種類の宗教的賞を受賞したシャルル・リシェを初め、多くの傑出した碩学が参集した。中でも最も興味深い会員はアルフレッド・ラッセル・ウォレスであろう。彼はチャールズ・ダーウィン同様、自然淘汰による進化論を構想した人物である。元来は物質主義者であったが、最終的には物質界とは異なる領域に「霊」は存在すると確信するようになった。

〈心霊現象研究協会〉は今も存在しており、その支部は少なくとも一二ヶ国に拡大している。同協会の主要な研究対象の一つは「心霊主義 spiritualism」と呼ばれるようになった。それは一九世紀から二〇世紀初頭に掛けて極めて大きな運動となり、欧米に何百万人という信奉者を生み出した。一九世紀の変わり目に当たるその全盛期には、心霊主義は恐らく大西洋の両側に一〇〇〇万人の信奉者を擁していた。人々は心霊主義者の観念に、非物質的領域への窓を獲得する希望を見た。伝統的な宗教への信仰が衰退すると、ある者は死後生存の証拠を摑もうとした。その人気の嚆矢は、とある新聞記事であったという。一八五〇年代半ば、ニューヨークの北部地方で、悪名高いフォックス姉妹が、死霊がテーブルを「叩く」と報告したのだ。長年霊媒として活動し、巡業や講義でカネを稼いだマーガレッタ、ケイト、リーのフォックス姉妹は、最終的にはその詐欺が暴かれた。彼女らは成長する心霊主義運動から避けられ、程なくして三人とも貧困のうちに死んだ。

心霊主義運動は今日まで続いている。二〇二〇年初頭にはニューヨークの二つの舞台作品が心霊主義を主題としていた。特に霊的混淆主義の伝統があるブラジルは今日のさまざまな心霊主義者の活動の一大拠点となっている。有名な一九世紀の「霊性主義Spiritism」（心霊主義の変種で、輪廻転生をことのほか強調する）の創設者にして唱道者であるアラン・カルデックは、ブラジルで、特に都会の中産層においては今もカルト的人気を博している。

心霊主義者の増加は合衆国においても顕著である。ただし彼らは必ずしも自らをその用語で自称するわけではない。私のとある知人は、誇らしげに心霊主義者を自称し、自分は霊媒としてテレパシーのような霊界とのチャネリングによって死者の霊と生者を交流させることができると吹聴している。さらに彼は、その仕事においては厳密であることを心掛けているが、主流派の科学は彼のそうした努力を黙殺していると不満たらたらである――そりゃそうだろうよと私は言っておいた。だがこの知り合いの眼識にはある一点において私は信頼を置いている――残念ながらこれらの接触する霊の多くは悪意や敵意を持つようになるということを認めるだけの賢さは備えているのだ。実際、一部の「霊との交信」は間違いなく不快なものである。まるで相手が悪魔であるかのように。

助言者としての私は、これらさまざまな霊的伝統のあらゆる信奉者と会ってきた。その複雑な歴史に関する知識は極めて貴重である。長年に亘って超自然の世界に無邪気に没頭してきたことについて、より良く理解せんものと私の所にやって来た大勢の人々に助言するために、それは死活的に重要であった。そのような探求は、もしも自分が祈りを捧げている何らかの霊的存在の真の本質を知らないでやっているなら純然たる危険ともなり得るのだ。彼らなりのやり方で、スタンとスティーヴの両者はその痛みを伴う教訓を苦い経験を通じて学び、最終的には解放されたのである。

＊　＊　＊

さて、悪魔による攻撃の最後の類型が、まだ残っていた。キリスト教思想家が伝統的に「侵襲infestation」と呼んできたものである。語源はラテン語で「攻撃する、悩ませる」を意味する*infestare*。この侵襲は悪霊の活動の一種であって、直接人間を襲うものではなく、特定の場所やものを襲うものを言う。憑依に苛虐、それに侵襲は、纏めて「悪魔による異常な攻撃」を形成する――いわゆる誘惑、すなわち「悪魔による通常の影響」とは対照的である。歴史を通じて侵襲は常に霊の出現と結びつけられ、悪霊もしくは死霊の仕業と考えられていた。

私がよく知っていた被憑依者の女性から聴いた話だが、彼女が近づくと十字架のような宗教的な物品がばらばらになったり、歪んだりしたという。居間の棚の上にあったロザリオがばらばらになり、その珠が部屋中に飛び散ったこともある。ある夜、眠っていると化粧台が倒れて来て、重い抽斗《ひきだし》が彼女の上に落下した。不可解にも、彼女のベッドですら、ちょうど『エクソシスト』で描かれているように時々振動するという。成人した子供たちもその詳細を証言し、壊れたものの写真まで見せてくれた。

幽霊、ポルターガイスト、暗い影。夜中にばたばた音を立てるもの。壊れる聖品、あるいは床に落下する聖画。不可解な音、叫び、浮揚して落下するテーブル、被害者の上に倒れてくる寝室の家具。それら全てが侵襲の事例であり、あらゆる時代に報告されている。「気弱な人には向きません」と広告されているミズーリ州ジェファーソン・シティのホーボー・ヒルは、アメリカに何百とあるいわゆる「幽霊屋敷」の中でも最も数多くの訪問者を集めている。観光客向けの儲かる「アトラクション」として、賃貸料金は一晩二七五ドル以上。パンフレットによれば「八名様のご案内」。数多くの宿泊客が、よくある暗い人影や床の軋みのみならず、珍しくも硫黄の臭いがしたと報告している。

このような霊の出現やその他の超常現象は、ケーブルTVやインターネットの無数のドキュメンタリー、あるいは似非専門家による果てしない分析の格好の素材である。

時に「侵襲」という語は動物に対する霊的攻撃にも用いられることもある。ジュリアと会う前夜にうちの猫が暴れたのも、束の間の侵襲と呼べるかも知れない。霊の影響に関する報告は昔から猫と結びつけられてきた。誰もが知るステレオタイプに、黒衣の魔女と黒猫がある——時にオカルト界隈では「使い魔familiar」と呼ばれる。familiar spiritという用語は、人間と友好的であったり、場合によっては恋心を持っているかのように振舞う悪魔に対しても用いられる。

標準的な幽霊譚の集成は今日ではさほど人気というわけではないが、絶対になくならない文学ジャンルであり、そこに描かれているのはおそらく古典的な侵襲の事例である。家内工業の発展はそれらの存在を否定してきたが、幽霊屋敷や霊の目撃の話が完全に人気を失うことはないだろう。この分野の研究家であるイエズス会士ハーバート・サーストンによれば、侵襲に関する「入手可能な膨大な証拠」は「ほとんど評価されていない」。彼はまた次のように指摘している。「他の類似の現象の存在について何ひとつ知らぬ単純な人々が、他の場所で、極めて信頼すべき証人によって証言されたものと全く同じ奇妙な出来事について、同様の証言を何度も何度も繰り返しているという事実はしばしば見過ごされる[†36]」。

同じことは苛虐や憑依に関しても言える。サーストンによれば、その発生が悪魔によるものという説明は最も妥当である。特に極めて重度で破壊的な事例においてはそうである。

このような恐ろしい侵襲の被害者が医師を訪ねることは稀である。彼らはしばしば地元の聖職者に家を清めてくれとせがみ、そして時には良い結果を得る。私がこのような話をよく聞かされるのは、憑依や苛虐に関わる差し迫った懸念に苛まれている個人の診断のコンテクストにおいてである。だが排他的に侵襲のみに悩まされているという例外的な場合もある。無論、中には特に神経質だとか迷信深い人もいて、特定の音や、あるいは家の中の隙間風や曖昧な陰などを霊によるものと誤解している場合もあるわけだが、それが全てではない。

一〇年ほど前、ある女性が私の所へ来たが、憑依や苛虐の徴候は全く何も見られなかった。だが彼女は間違いなく、自宅で侵襲を体験していたのである。彼女がしばしば口にしたのは「迷惑《ニューサンス》」という単語だった。塩の容器や台所用品のようなちょっとしたものが食卓の周囲を移動したり、不可解な音が聞えたりするのだという。彼女は明らかに精神的には全く正常で、成人した子供たちも話の細部を証言し、自分たちもこの奇妙な出来事を直接目撃したと強調した。さらにまた、主として台所で奇妙な声がすることもあるという。それは悩み苦しむ人の囁きのようなのだが、何を言っているのかは解らないと言う。他の家人も何度かその声を聴いていたが、件の女性が一人でいる時に最もよく起るとのことだった。

単なる気のせいなのか、それとも彼女は精神病なのか、あるいは知覚過敏なのか？　被暗示性や個人的な苦悩、あるいは既往症などの徴候は何も無かった。それに、さほど頻繁ではないとはいえ、何故彼女の家で彼女以外の人もまた同じ体験をしたのか？　如何なる形においても、彼女は直接身体的な攻撃を受けたことはない。だが間違いなくその現象は彼女に対する意図的な嫌がらせであると言えるだろう。専門的には本来の意味での苛虐とは言えないが、私はそれを小規模な攻撃と見なすに至った。その通りに告げると彼女は同意して、何らかの悪魔の仕業のようだと言った。彼女自身の考えでは、つい最近「より深い宗教的回心体験」（本人談）をしたからではないかということであった。長年の間信仰を拒絶してきたが、最近毎日ミサに出るようになったのだという。そして彼女によれば、悪霊はこの進歩を気に入らないのではないかという。そしてついでのように、一〇代のころ、そう言えば友人たちとウィジャ盤やタロット・カードで遊んだことがあったわと言った。

だがそれが現在の迷惑行為と関係があるのかどうかは全く解らないと言う。

この事例は、我らの仇敵なる悪魔どもが、われわれに重大な危害を加えられないとしても、少なくとも迷惑を掛けることは可能であることを示す典型例である。この女性に関しては、彼らの深い希望は単に彼女の心を乱し、可能なら新しく見出した宗教儀礼を棄てさせることにあったのだろう。だがこれらの体験は結局は正反対の結果をもたらしたのだった。彼女は自らの霊的進歩を強め、地元の聖職者の助言を聞き、家を清めて貰ったのである。その後まもなく奇妙な現象は起らなくなった。

より重大な侵襲の事例。遥々カンザス州から私に相談するためにニューヨークまでやって来た人物である。この若い男性は自ら「生まれつきの霊媒」と称し、五歳の頃から霊が見えたり、その他の超常能力が出たりしたと言った。例えば全く知らない情報が頭の中に流れ込んできたり、などである。彼は自分がことさらに「攻撃」されているとは考えていなかった。だが、ある時には身体に引っ掻き傷が表れたり、「霊に押された」りしたという――さほど異常な出来事ではない。正体不明の執念深い霊的存在はよくそういうことをする。

「だが概ね彼は自分が異常な「才能」を持っていると信じていた。曰く、両親もまた常に彼の「能力」を見て知っていた。だが長年に亘り、どのように助言したり警告したりすれば良いか全く解らなかったのだ。それにそれ以外の点では全く普通の子育てであった。身体壮健な男である彼は高校のフットボールで活躍し、友人に恵まれ、大学に進学しようとしていた。だが一つだけ厄介なことがあった。寝室や地下室で益々多くの霊に悩まされるようになったのだ。お陰で生活は滅茶苦茶だった。そこで彼は、もし対策があるならどうすれば良いのかと考えたのである。

最大の懸念は、おそらく死霊だろうと思われたこの霊体験が勉強の妨げになることだった。電話で両親に問い合わせると、彼の言うことは全て本当だと証言した。彼らもまた娘も家の中で暗い霊を見たことがあるという。また全員が時折奇妙で不可解な音も聞いていた。とはいえ、息子ほど頻繁というわけではなかった。

面白いことに、彼らはこれらの出来事の原因について心当たりがあった。ずっと以前に買った家だが、それはかつては棄教したプロテスタントの牧師とその家族が所有していたのだという。そして近隣の人々から聞いた話では、この牧師はキリスト教の信仰を捨ててサタンを崇拝するようになったというのだ。この悪魔崇拝という新たな信仰に熱を上げすぎて、この男はまさにこの家で行なわれた儀式の際に自分の娘を殺したらしいというのである。

この種の話に誇張や文化的ヒステリーが付きまとうことはよく知っていたが、これは侵襲の原因としてはあり得る話であり、家族も真面目で正気なようだ。息子さんは幼い頃から超常体験をしていたようですが、拝見しましたところ、あからさまな精神疾患とは無縁に見えます、ただ何らかの外傷性ストレス障害の可能性はありますがと私は彼らに言った。彼らは名目上はキリスト教徒だったので、地元の教会に相談して家を清めて貰いなさいと助言した。

彼らにとっては驚きだったようだが、福音派の聖職者によるこのお清めは彼らの期待を遥かに上回る効果を発揮した。家の中でそのような出来事が起ることがなくなったのみならず、息子もまた信仰に立ち返ったのである。だが彼は霊を見たり遠くの出来事を知ったりする能力まで消えてしまったのでがっかりしていた。これはジュリアも懸念していたことで、彼女が悪魔祓いに完全に身を委ねることがなかった複雑な理由の内の一つである。数ヶ月後、この若者はこんな清々しい気分は初めてです、気分も良くなり、気が散ることもなくなったので、「生まれつきの霊媒」能力を失った代償としては十分ですと報告してきた。

私の知る何人かの心霊専門家は、死者がこのようなことを惹き起こす能力を持つと信じている――憑依したり、あるいは少なくとも家の中に出没したりすることである。多くの信頼すべき人々が、死んだ親族や聖人などのヴィジョンを見たと証言している。だがこれらは「幽霊」として顕れるわけではない。一部の初期キリスト教の思想家によれば、彼らの言う呪われた死者の魂は亡霊となって敵に復讐するために地上を彷徨い、人間にも取り憑くという。

この見解に対する主要な反論は、実際には霊が自分は死霊であると主張しても、後になってからそれは嘘であり実際には悪魔だったと白状する事例が極めて多いということだ。サラの苛虐事例の主要な教訓は、悪霊の自己紹介のくだりであろう。最初は自分たちは天使であるとか死霊であるとか言っていたが、後になってようやく悪魔であることを明白に認めたのである。そのように認めさせて初めて、彼らを首尾良く祓うことができたのだ。

以上のようなことは祓魔師の間ではよく見られることだが、これを知ったとある心霊関係の著述家は、あらゆる超常現象は、そうでないことが証明されない限り——それ自体容易ではないが——全てが悪魔によるものと解釈すべきだと述べた。私もその見解に賛成である。人間が死後にこのような能力を持つという確たる証拠を提出できた者はいないし、たぶん今後も現れないだろう。そしてわれわれは、悪魔どもが嘘をつき、驚くほど多様な形で自らを偽るものだということを知っている。彼らが幽霊などに対する人間の恐れに乗じて同じことをするだろうと推定するのは当然ではないか？　何にせよ、悪魔どもの奇妙な能力はわれわれを誤らせ、恐れさせることを目的としている、そのためには歴史を通じて報告されている実に多種多様な侵襲を行なうというのが昔からの優れた宗教家たちが共有する由緒正しき見解である。その見解に異を唱えるなら、立証責任はその者にある。

第10章　アリス

悪魔祓いの成功事例と、原因と解決に関する追記

知り合いの霊媒との対話、それに若き「生まれながらの霊媒」の事例のすぐ後、一人の女性が西海岸から私の診断を求めてやって来た。彼女の事例には心霊主義の歴史、明白な悪魔の侵襲、完全な憑依の三つの要素が全て含まれていた。

アリスは真摯で思慮深い司祭である祓魔師に伴われて私のオフィスに入ってきた。離婚した職業婦人で、一〇代の娘と共にカリフォルニア在住。これまで見てきた多くの症例とは異なり、そのスタイリッシュな外見には如何なる苦悩の影もない。ましてや、悪魔に憑依されている徴候など。

話し始めた途端、彼女が明瞭な言葉遣い、豊かな表現力、洗練された物腰の持ち主であることが解った。人間関係に探りを入れると、良好な家族との関係や活発な交友などを語ってくれた。中央アメリカの小さな街から抜け出して、ここ合衆国で博士号を取り、最近では事業で成功を収めてい

る。

何故そんな彼女が私のオフィスにいるのかが、すぐには理解できなかった。

アリスはさらに私を驚かせた。何らかの攻撃を受けていると気づいた彼女は、自分の症状を調べ始めたというのだ。友人たちによれば、その症状とは例えば周期的かつ長時間に及ぶトランス様状態や、長期に亘る自宅からの失踪などであった。それだけでも厄介だが、アリスにはこれらの体験の記憶がなかったのである。消去法と更なる調査によって、彼女は自分が憑依されているとの結論に達した。何故ならそれ以外の説明はどれも意味を成さなかったからだ。憑依を受けていると判断した第一の理由は、幼い頃、母親によってオカルト界隈で育てられたことである。アリスの母はかつて高名な心霊主義の療法家で、〈エスピリティズモ〉の実践者であった。そして娘に跡を継がせることを望んでいた。と言うのもアリス曰く、彼女はアリスが「自分の才能を受け継いでいる」と信じていたからである。

アリスによれば、ある時点で母は彼女に自分の霊を「宛てがい」、彼女は何度かに亘って霊の世界へ「奉献」されていたという。それも誕生前から行なわれていたというのだ。子供の頃や一〇代の時にも「秘密の交霊会」に出席させられたが、彼女は母に抵抗した。成人初期の頃、彼女はサタニストや心霊主義者の一味と何度か危険な遭遇をしたという。その束の間の遭遇を羞じたのか、あるいは詳細をよく知らないのか、それについてはそれ以上詳しい話は聞けなかった。そんな話があるのなら、だが。アリスが語ったのは彼女が最悪の危険、例えばこのオカルト集団の一味による強姦などを避けることができたということだけだ。この危険な時期を生き延びたアリスは、自己成長と職業上の成功の道を進んだ。成人初期の頃の彼女は充実した成功者への道を歩んでいると確信していたという。

だが三〇代になると、問題が浮上した。悪魔の苛虐が始まり、マリアやスタン、スティーヴらと同様に不可視の霊からの殴打を受けるようになったのだ。殴打の結果、無数の打撲傷や掻き傷が生じた。ある時には不可視の力によって扉に押しつけられたこともある。彼女自身の友人たちから聞いた話によれば、このような不可視の攻撃に対して何も有効な手立てが取れない困惑と無力感は相当なものであったという。

アリスの場合、悪魔どもは単に彼女を苛虐するだけでは満足しなかった。彼らは彼女の肉体に侵入して完全に支配しようとしたのである。詳しく聞くにつれ、アリスは憑依の古典的な徴候を報告するようになった。トランス状態においては悪魔の声を発した。また、周期的な人格転換が起った。自分を完全に掌握している自制心のある女性が、奇矯で危険な行動に走るようになったのだ。誰かが彼女を助けようとすると、彼女は暴力的になり、相手に対する攻撃に及んだことも一度や二度ではない。アリスによれば、自らの意志に反して自称魔女やサタニストの集会に引寄せられてしまうのだという。トランスから出ると、自分が今までこんな所で何をしていたのかと驚くことになる。アリスはまた、侵襲の徴候をも語った。曰く、彼女がいると宗教的な物品が壊れ、家中に掛けてある聖画や十字架が壁から落ちるのだという。

驚くべきことに、それ以外のほとんどの時間においては彼女は完全に真面であり、高度な能力を発揮するのである。確かに本物の憑依ではあるが、その程度は重篤ではないとも考えられるだろう。これはまた一定期間は悪魔どもが「鳴りを潜めて」いて、それ以外の場合は完全に掌握していると も言えるかも知れない。だがアリスの主張によれば、このように自分が普通に仕事のできる中断期間の存在は彼女の強い精神力と霊的な健全さを示しているのだという。私も反対はしなかった。彼女のオフィスの誰一人として彼女に何か良くないことが起きていると気づかなかったのは驚くべき事実である。彼女は職場においては何一つとして奇矯な面を見せなかったのだ。

アリスは自分が憑依されていると確信していると強く主張した。何人かの聖職者と精神医学の専門家が彼女の見解を確証した。私はそれ以外の資格ある専門家からの報告書を幾つか集めた。中にはサンフランシスコの熟練の精神科医もいる。彼らは異口同音に彼女が正気であると診断していた。そしてそれぞれ個別に、彼らの見解では普段は正常な人間がこのような状態になるのは超常的な原因以外には考えられないと私に報告した。ただ、それが憑依であるか否かを判断するほどの知識は自分にはないとも付け加えたが。アリスと司祭が私に求めたのは、それが実際に憑依であるという確認である。

その後、長時間に及ぶ打ち合わせを経て最初の大祓魔式が行なわれた。それは数時間に及んだが、アリスには特に変化は見られなかった。彼女の中の悪魔は、ありとあらゆる宗教的なものに対する虚勢と憎悪、それに憤怒の、おきまりの表現を喚き立てた——我らが仇敵なる悪魔どもの典型的なパフォーマンスである。

自らを救うため、アリスは普段にも況《ま》して祈りを強め、献身的な生活に努めた。その後もう一度、二日間に及ぶ「マラソン」祓魔式を行なったが、これは効果が出た。悪魔は明らかに屈服していた。成功した悪魔祓いの多くがそうであるように、最後はあっけないものだった。悪魔は大した騒ぎもなく、しょんぼりと去って行ったのだ。時折あるような最後の花火が上がることもなかった。アリスの顔は平穏そのものであった。誰もが、首尾良く終ったと感じた。

このような事例にしては極めて速やかに彼女の状況は解決した。

アリスは今や、あらゆる悪魔の攻撃から解放されたと考えている。私は彼女と連絡を取り続けているが、今の彼女は再び極めて有能な女性に戻り、人生と仕事を満喫している。悪霊の襲撃の後遺症などは一切ない。アリスを助けた人々は、彼女自身のモチベーションと強烈な霊的努力こそが悪魔祓いの急速な進展に大いに寄与したと考えている。初めからこの強靱な女性は以前の敬虔な生活に完全に復帰したいとの強い願いを示していた。彼女は勇敢にも、悪魔の影響力から逃れるために真摯に祈り、教会の中で長い時間を過した。祓魔師もまた懸命に努力し、この霊的闘争において彼女を励ました。そして彼女も彼らの努力に良く応えたのである。

＊　＊　＊

何ゆえに、悪魔に狙われる者とそうでない者とがいるのか？　女性は男性よりも標的になりやすいのか？　犯罪者は堅気よりも？　その共通要素とは何か？

ほとんどの祓魔師の報告によれば、悪魔祓いを求める男女の比率は同程度であるが、女性の方が助けを受けることにより積極的であり、これはメンタルヘルスの分野と同様である。一部の祓魔師が女性の方が攻撃を受けやすいと考えているのはそのためだろう。そのような認識は根強いが、私見ではそれはやや女性に対する偏見の混じった見方だといつも思っていた。

私が詳細に論じてきた事例のほとんどには明白な原因があったが、確かに、悪魔の攻撃の標的になりやすい者とそうでない者とがいるのは何故かという疑問は常にある。何しろ両者の間には明らかな違いは殆ど見られないからだ。霊的な事柄を扱う際には良くあることだが、常に謎の部分は残るのである。最終的にはこのような疑問に解答は得られない。無論、私が本書でご紹介した憑依の事例の多くにおいて当人が「悪魔崇拝」もしくは少なくとも真剣かつ明白なオカルト活動に従事した過去があるということは偶然ではない。その全員が悪に転向した、もしくは「転向させられた」。重篤な憑依の事例のほとんどにおいて、このようなシナリオには何度も何度も遭遇することになる。

時に人はこのような状況を認めようとしない。スタンの事例は、時にこのような情報を引き出すのに苦労しなければならなくなる場合があるという典型例である。同様に数年前、とある中国系アメリカ人の女性が悪霊に苦しめられていると私に打ち明けた。だがスタンと同様、彼女が長年の間さまざまな異教およびオカルト的行為に嵌まっていたことを明かしたのは、ようやく多くの面会を重ねた後のことであった。何故最初からそういう背景について語らなかったのですかと訊ねると、それを打ち明けるのはとても恥ずかしく合衆国に来る前に自分の地元で酷い批判を受けたからですと述べた。

明らかに、人が憑依を受ける主たる理由はそのような経歴にある。

だが話はそれほど一筋縄ではいかない。アリスはその法則の例外であることが判明したのだ。彼女自身は明らかに悪魔崇拝やオカルト、もしくは悪行に耽溺したことはなかった。実際には〈エスピリティズモ〉の実践者であった母親によって霊を宛てがわれたことが彼女の苦悩の主要な原因となったのである。多くの人は、悪魔の攻撃がマニーやサラのような無辜《むこ》の人にすらも向けられるという事実を信じがたいと思う。マリアの事例のように、ごく少数の聖人のような人もまた攻撃を受けるが、それが完全な憑依に至る例は稀である。ここでの悪魔の策略は（常にそれはあるという事実をジェイクス神父から叩き込まれた）純然たる復讐、もしくは少なくとも人の善行を邪魔することであろう。

信仰篤き善人ですら攻撃を受けるというこの主張を、多くの人はしばしば否定する。例えば、とあるジョージア州の女性が軽い苛虐を受けているということで私の許に相談に来た。悪魔に押されたり引っ掻かれたりしているという。彼女の母親もそのような現象を目撃しており、外的苛虐が生じていることは疑いの余地がありませんと証言した。だが奇妙なことに、母親が娘の状態に関してほとんど心配している様子がない。むしろ娘を非難しているかのようなのである。娘は当時二〇代半ばであったが、精神的には健全で真面な仕事に就き、多くの友人たちと交際していた。だが彼女は完全に動顛していた。というのも彼女の属する会衆、さらには牧師である実の父親までが彼女のことを羞じ、追放まで考えていたのである。悪霊の攻撃を受けている彼女は深刻な「非キリスト教徒」に違いないというわけである。この考えは、一部の教会が悪霊に取り憑かれたとされる人を忌避し迫害してきたことに通ずる。

彼女は愛らしい若い女性で、全般的には意義深い、霊的にも豊かな人生を生きてきた。一〇代の頃、女友達と共に数回、ウィジャ盤で遊ぶという些細な体験もしたが、それ以来その類いのことは何一つしていないし、その他のオカルト行為に手を染めたこともない。

これもまた悪魔どもが善人を苦しめる一つの例と言えそうだ。例えば同じキリスト教徒の仲間に拒絶されるよう仕向けるとか。同宗信徒からの支援が受けられなくなるのは、攻撃を受けた善にとってしばしば苦痛であり意味不明なものである。自分の仲間たちによって断罪され、時には酷い扱いを受けるのであるから。ここでもまたこれらの人々が狙われるのは彼らが他の人々にとっての模範であり、たぶん悪魔どもにとっては一番の「敵」と見做されるからであろう。だが、善人はしばしば自らに常人よりも高い倫理規範を課している。だがそのような理想的な倫理基準の全てを遵守しうる人はほとんどいないので、これらの被害者はしばしば純然たる謙遜から、自分はそのような攻撃を受けても「仕方がない」と思い込んでしまうのである。

私はまた（確かに極めて稀ではあるが）敬虔な人が異常な状況において贖罪もしくは他者のための

犠牲として自らを悪魔に捧げる場合があるということも聞き及んでいる。このような動機は、真の聖人が少なくとも一時的に憑依を受けることの理由になる。このような「自己犠牲」は、たとえ善意であれ、教会からは無謀かつ自己破壊的なものとして厭われる。迫害期の原始キリスト教の指導者たちも、信者が軽々しく自らをローマ権力に投げ出して殉教したりしないように説得していたのだ。

とある年輩の女性から聞いた話だが、彼女はまさに「家族と教会全体」のために自らを霊的な「犠牲」として悪霊に「捧げた」のだという。アンネリーゼ・ミシェル〔訳注：第6章参照〕もまた同じことをしたのかもしれない。だがこの女性は、悪霊が彼女の申し出を受け入れたために長年にわたって苦しめられ、事実上何もできない身体となってしまったことを甚《いた》く後悔していた。悪魔どもは残酷にも「他者のための犠牲」となるという彼女の決意を利用したのであり、自分の衝動的な決断は思い上がりであったと悔いたのだ。彼女は最終的に、自分の行動は「たぶん、主が究極的に私たちに望まれていたこととは正反対でした」と結論した。私は彼女に同意した。

アリスの事例もまた、このような厄介な状況から解放されるための最も決定的な点を示している。それは私がここまでにも繰り返し強調してきた主題であるが、それでもなお、より深い議論が必要である。悪魔祓いの半可通は、悪魔祓いというものを魔術の儀式だとか一連の神秘的な呪文であるとか考えがちである――白いヴードゥーのような。つまり正しい祈りの文句（あるいは、例えば聖塩や聖水の適切な使用）さえ遵守すれば万事上手く行くようなものだと。私はこれを悪魔祓いにおける「聖ゲオルギウスの龍退治」モデルと呼んでいる。身体や精神の病気と同様、憑依や苛虐の被害者は「魔法の弾丸」や「即効薬」を欲しがる。つまり自分は何も努力しないで何もかも上手くいくような術式である。これは人間の自然な願いではあるが、近視眼的なものだ。慢性病の患者が瞬時に全快するということはない。ほとんどの病気には回復のための時間と努力が必要なのだ。悪魔の攻撃も同じことである。

悪魔祓いを描いていると称する映画は、儀式に関することのようなステレオタイプ的な見方を助長している。至聖なる聖職者や正しい祈りの文句さえあれば万事上手くいくというわけである。自分が悪魔の攻撃を受けていることを知った人は恐怖し絶望する。しばしば祓魔師や造詣深い判別人の所へ行く前に不適切な、あるいは効果のない手段に頼る。知り合いから地元の治療師や自称「霊能者」を奨められることもある。たとえ善意であれ、このような非正統的な術者の多くは無力だし、時には有害である。中にはカネ目当ての、あるいは腹黒い者もいる。まさしくオカルティストそのものもいるのである。また自称「超心理学者」だとか「悪魔学者」などにはとても手に負えない。私は超心理学者だとか霊能治療家だとかの手に掛かって一時的には寛解したとしても、結局状況が悪化したという事例を数え切れないほど見てきたのである。

これらの術者に共通するのは、カネを要求することである。それもしばしば大金を。私の知るある女性は定期的に「心霊治療家《サイキック・ヒーラー》」と称する人物を訪ねていて、事実上破産した。この国の聖職者やTV伝道師もまた莫大な代金、というか婉曲に言えば「寄付」を求めることで知られている。医師である私は一般にこれらの相談を無料で行なっており、当然ながら霊的な援助や助言を直接提供することはない。私は悪魔の襲撃を受けた被害者に対して、本当に親身になってくれる人、霊的に熟達してくれる人の助けを求めるよう奨め、カネを取ろうとする者には殊更気を付けなさいと助言するだけだ。聖職者の人助けは使命であるべきで、ビジネスであってはならない。

精神医療の分野と同様、すぐに全快することは稀である。アモルト神父はよく「霊的な手助け、例えば真摯な祈りと罪の告解はしばしば、祓魔式よりも有益だ」と言っていた。同様に、彼の後継者である国際祓魔師協会会長グラモラッツォ神父は「憑依された人に対する助けの九〇％は祓魔式以外のところで起る」と私に言った。

百戦錬磨の祓魔師はこのことをよく知っているから、その点をはっきりと言う。彼らの儀式の祈りは魔術の呪文ではない。被害者に推奨される一連の行動の中で最も重要なものは、彼ら自身の霊的成長と努力である。この助言は何も「被害者を責めている」のではないし、悪魔を祓う上での祓魔師の価値を減ずるものでもない。苛虐や憑依を受けた者に、可能な限り祈り、善行に努め、過ちを避けてこれを悔いることを奨励することの価値は至上である。祓魔式はどれほど精緻に行なおうと、悪魔の活動に抗う被害者自身の役割の価値に取って代わることはできない。祓魔式は「旅」の一部とされてきた。霊的生活がおしなべてそうであるように、ここにもまた絶対のルールなどほとんどない。

多くのプロテスタント著述家が指摘してきたことだが、福音書の中でイエスが行なった悪魔祓いは簡素で直接的で、複雑な定式などとは無縁の簡潔な命令であった。だが私の見るところ、歴史上で福音書のイエスほど素速く頻繁に成功した者は他にいない。信じようと信じまいと。

とはいえ、何も私はより正式な祈りに利点がないと言っているわけではない。祈りやそれ以外の伝統的手法、例えば断食などに効果があることは広く認められているが、その成功率は千差万別である。個別の被害者側の努力がしばしば憑依事例の成功において重要であることは判明しているが、ここでもまた他と同様、個別の結果について一般化したり予測したりすることは困難である。祓魔式は悪魔の力を「弱め」、それによって各自は自力で戦うための内なる資質を培うことができる――通常は、より一般的な霊的手段によって。

祓魔式は如何なる意味においても、取引ではない。つまり確実な結果を得るための術式ではないし、それを約束できるものでもないのである。憑依状態からの解放は商品ではない。自称専門家から買えるものではないし、正しい言葉や方法論さえ用いれば確実というものでもない。それはわれわれの理解を超越した計画の奇妙な展開なのだ。そこには必ず摂理としての意味がある。

確かなことは、この霊的営為は古代の契約の観念ではないということだ。宗教学者は古代のキリスト教および異教の儀式の思考様式を――現代の世界に欠如しているわけでは全くない思考様式であるが――神々のもしくは無定形の霊の世界との交信もしくは「慰撫」であるとしてきた。この契約は、双方の間の相互の取引であり責務であると考えられた――ラテン語の do ut des（私は与える、ゆえに汝も与えよ）――その相手側は善であることもあれば悪であることもある。

アリスの事例における速やかな成功は、全く異なる倫理宇宙を示している。祓魔式は彼女の解放における重要な一部であったが、アリスを籠絡している力に対する彼女自身の個人的な霊的闘争こそが死活的に重要であったのだ。実際、彼女の解放に協力したほとんどの人々は、彼女の努力こそがあの迅速な成功の最も重要な要素であったと結論しているのである。

第3部　相談役にして研究者——医師による擁護と警告

悪魔について人間が考えようとするときに、おちいりやすい誤りが二つある。正反対の態度なのだが、どちらも間違っている。一つは、悪魔の存在をまったく信じない態度。もう一つは、それを信ずるだけでなく、過度の、不健全な関心を寄せる態度である。どちらも誤っているのだが、態度としては正反対といっていいだろう。悪魔自身は人間の側のこの二つの誤りを喜んでいて、前者の態度をとる唯物論者をも、後者の、不健全な関心を持つ魔法使いをも、ひとしく歓迎している。

——C・S・ルイス『悪魔の手紙』

第11章　バーバラと見当違いの悪魔への恐怖

真実の記憶対偽りの記憶

過去一〇年ほどの間、私はそれまでよりも頻繁に相談を受けるようになった。というのも、より積極的に発言しメディアの取材も受けるようになったからである。またこの主題に関する講義も行なうようになった。依然として躊躇いはあったが、私はこのような役割を公然と引き受けていこうと決意したのである。

私は人々を悪魔の攻撃から解放するにあたり、何が有効で何がそうではないかを理解する能力に関しては自信を持っていた。私は、ますます増える一方の悩める相談者たちに対して、自分にできることは何でもしてやりたいと願っていた――だが結局、それにも制限を設けねばならなくなった。時間は無限ではなかったのである。今や私の許には世界中から人々が押しかけるようになった。そこで私は、このような重篤な状態は依然として稀であるにせよ、全体として見れば些細な数に過ぎないなどと片付けてしまうことはとてもできないとの確信を深めたのである。歴史資料の研究から既に判明していたことではあるが。

だが、私の見解を求めてきたのは何も被害者ばかりではない。そして私はますます公に応えるようになった。例えば、大衆の大いなる興味に気づいた「ワシントン・ポスト」、CNN、幾つかの合衆国のネットワークと外国のニュース・サービス、多くのウェブサイトやポッドキャストやその他諸々が、私の見解を聞きに来た。

特にこの主題に夢中になっている者もいれば、この問題全体を単なる迷信深い馬鹿話として一蹴する者もいる。これらの多様な聴衆の姿勢や質問はまさに多種多様である。だが私は、この主題にあまりに入れ込みすぎるのも独善的な一蹴と同様に近視眼的であることをよく知っていた。

極端に懐疑的な者は、この主題全体が科学的信憑性を持つか否かについて納得も決定もしていない。それから、私が「純粋な探求者」と呼ぶ者たち――危なっかしい超常現象の探求歴がありながら、自らは悪魔に苦しめられることのなかった者――は、指導や直接的援助を得られる場所を知りたいと望む。彼らの中でも真面目な者は、このような信仰がどのように筋が通っているのかを理解したいと真摯に探求する。

それ以外の者――伝統的な信者――は、理に適った論争のみならず多くの誇張や誤解にも満ちたこの複雑な分野をすっきり理解したいと望んでいる。彼らはたぶん直観的に、先に引用した題辞にあるC・S・ルイスの警告に同意するだろうが、雑音や戯言に紛れた複雑な真実を見つけ出すための手助けをしてくれる誰かを望んでいる。

そして最後に、あらゆる場所に悪魔を見出して極端に恐れ、信じ込む者。彼らが私の許にやって来るのは、不安と過剰反応を鎮めるためである。彼らにもまた丁重な対応が必要である。

以上全ての種類の人々と相対するに当たってはバランスの取れた、思いやりのある、そして科学的な観点が何よりも重要なのであるが、同時に困難でもある。この問題に関しては、両極端はいずれも避けねばならない。特にあらゆる場所にサタニストや憑依を見出し、時には過誤記憶をも想起してしまうようなヒステリー、被害者を搾取もしくは虐待する者によって加えられた、あるいはただそう思い込んでいるだけの危害、および憑依事例に関する良くある誤診やその他の科学的誤解などである。

バーバラの悲劇、特に治療困難であった彼女の憑依事例は、過誤記憶および憑依状態におけるさまざまな恐慌という厄介な問題を際立たせている。バーバラの事例は、私に訴えてくるさまざまな患者たちの懸念の多くを凝縮していると言えよう。私は時に彼女を典型的な「カルト」被害者の、および正しく理解された超常現象の苛烈な被害者の「ポスターチャイルド」と呼んでいた。

私もよく知るところとなった彼女の長期にわたる事例は、以下のそれぞれについての明瞭な証拠を提供した。悪魔による異常な攻撃の三種類の全て——侵襲、苛虐、および憑依。いわゆる超常現象に内在する真の性質の明瞭な証拠。依然としてある界隈においては疑われ、他の界隈においては極端に誇張されているサタニズムの信憑性ある事例。

この最後の事例が証明している点はもう一つあると私は思う。いくら憑依の事例を積み上げようと、それがどれほど印象的な証拠であっても納得しない者は一定数いる。そしてある者は、本書で取り上げた人々と直接話をしても尚、信じないだろう。それはある者にとってはあまりにも恐ろしく、ある者にとってはあまりに困難であり、恐らくある者にとっては理解不能なのである。多くの者はこれらの厄介な、そして今では私もそう確信するようになったが、明白な事実に直面しないことを好むのだ。

＊　＊　＊

インディアナ州の田舎町にあるバーバラの小さなルター派教会の会衆は、ある日、何故教会堂の扉の鍵が閉っているのかと訝った。その何の変哲もない教会堂の内部では、屈強な若い男が少数の教区民を集めていた。正直、彼らは興奮していた。重度の悪魔の攻撃を受けている女を救ってやろうというのだ。

この祈りの集団の中心にいたのは、神経質そうな女と思い遣りのあるドイツ系アメリカ人の夫。子供の頃に移民してきたこの男は、今では小さな街の建築業者として成功していたが、自らも憔悴しきっていた。長期にわたって妻の苦しみを見続けてきたために、すっかり無力感に苛まれていたのである。彼とバーバラは彼女をこの熱烈な執事《ディーコン》の手に委ねることに同意した。その若さにも関わらず、彼は自信に満ち満ちていた。

状況は深刻であったが、執事は快活な雰囲気を醸し出そうとしていた。彼は悪魔に憑依された人間がどうなるか、文献を読んで知っていたし、被憑依者との遭遇はこれが初めてとはいえ、その役割と挑戦に張り切っていた。失敗なんてするはずないじゃないかと彼は思った。彼は強壮な若い男だし、女の旦那は体格も良くて屈強だ。こんな蒼白い、痩せ細った女なんかに抵抗できるわけがない。先立つ短い面談の際にも、女は極端に怯えてはいたが、愛想も良く協力的だった。医者だの自分より経験豊富な聖職者だのに相談する必要も感じない。これまで本で読んできたことと、先の短い面談から、真の霊的戦士である自分には何もかも上手くやれると確信していたのだ。

神が味方をして下さるんだから、難しいことなんてあるだろうかと彼は考えていた。自分のやっていることを「祓魔式exorcism」とすら呼んでいなかった。それはカトリックの用語だ。カトリック教会の儀式化されたやり方はあまりにも堅苦しすぎるとすら考えていた。彼にとっては、形式に囚われない祈りと、集まった人々による自発的な嘆願の方が効果的な筈だった。キリスト教的な「楽観主義」が、その広い集会場に充満していた。

彼は祈り始めたが、ものごとは計画通りには行かなかった。

この女があまりにもあっけなくトランス状態に陥り、悪魔の声を発し始めても、彼はほんのちょっぴり驚いただけだった。何にせよそれが目的なのだ。そして夫の話から、これが劇的な憑依であることは解っている。だが悪霊の敵意の強さと煽動のレベルは圧倒的だった。平静を装おうとする執事の努力は長くは続かなかった。

主の名において悪魔への命令を始めようとした刹那、女は撥ね飛んだ。そして真っ直ぐ彼に向かってきた。いきなり彼に摑みかかって部屋の半分ほどの距離を投げ飛ばしたのである。彼の身体は壁に叩きつけられた、激烈に。彼は呻いた。教会内の全員が恐怖して、彼と女を見つめた。

どう見ても終っていた。不意を突かれ、屈辱に塗れた執事は、もっと慎重にやるべきだったと認めた。彼らは、このような祈りの際にはバーバラを押え付けておかねばならないという警告を無視したのだ。重度の憑依の事例で、知識のある聖職者ならば絶対に遵守している戒めである。バーバラは何も憶えていなかった。トランスから醒めると、彼女は自分のしでかしたことを羞じた。全員が、羞じることは何もないと慰めた。

このようなことに関しては、経験こそがものを言う。彼女と夫は、他に救いを求めることにした。バーバラが私の診察室を訪れることを決意した時には、彼女が憑依されていることは疑い得ない事実となっていた。彼女は夫と経験豊富な司祭に付き添われてやって来た。この司祭は、あの熱心な執事のように純朴ではなかった。曰く、司教に先ず精神科医の診断を求められたのだが、地元の医師は彼女の診察を拒否したのだという。

バーバラと夫、それに司祭はもう長い間、彼女の憑依を確信していた。話によれば、憑依状態の彼女は学習したこともない外国語、例えばロシア語などを理解したという。もう一つの典型的な徴候は、彼女が祓魔式を手伝う人々の私的生活について知っていたことだ。また、教会堂の中で執事を投げ飛ばした凄まじい腕力についても聞かされた。

　バーバラは若く見える中年女性だった。声は柔らかく、上腕に大きな虎の刺青《いれずみ》を入れている。精神病の既往歴は無し。プロテスタントとして育てられた信心深い子供だった。子供時代は楽しかったが、九歳の時に両親が不仲となり、彼女は近所の夫婦のところに入り浸るようになった。夫婦は親身になってあれこれと世話してくれた。だがすぐにバーバラは気づいた。この二人は両親よりかなり年上だったが、彼女曰く「黒魔術の儀式」に手を染めていたのだ。そのような儀式において彼女は、サタンに「捧げられ」「悪魔のものにされた」。

　バーバラが一四歳の時、両親は転居して彼女はこの夫婦と連絡が取れなくなった。最初の面談では、以後の一〇代と成人初期のころはごく普通の生活だったと述べていた。ルター派教会のさまざまな行事に参加し、これを楽しんだ。心の平穏と満足を取り戻したという。

　だが二〇代後半になると、徐々に宗教活動に対して敵愾心を抱くようになった。それから、しょっちゅうオカルト的な力に襲われるようになったという――苦痛、幻聴、絶えざる脅迫と命令、さらには「服従」しなければもっと酷いことになるぞと脅された。その上、自分でも気づかぬうちにトランス状態に陥っていると周囲から指摘されることとなった。トランス状態は三〇分かそこら続き、また別の者はそこに何ものかの「存在」を感じた、それが話し始めたわけでもなかったが。この状態から脱してもバーバラは何も憶えていなかった。

　バーバラはまた、何も見えないのに身体に掻き傷や殴打を受けるという身体的攻撃も報告した。

突然「青黒い痣《あざ》」ができるというのである。彼女も、またその場に居合わせた他の誰もその攻撃者を見たり、止めたりすることはできない。マリアの夫がそうであったように、バーバラの夫もまた、多くの場合にこれらの傷が「突然出現する」のをこの目で見たと証言した。当然ながら彼は恐怖していた。

このような出来事は通常は夜間に起るが、日中に起ることもある。また別の場合には、バーバラは「見えない力」によって地面に倒されたり、押されて他人にぶつけられたりした。多くの証人がそうした場面を見た、当惑したが彼女を助けることもできなかったと証言した。

バーバラは、自分の対処の仕方は必ずしも理想的でなかったと認めた。長い間、悪魔の命令に抗っていた——憑依された者には珍しくない反応である。だが時には屈することもあった。何故なら「悪霊が望んでいることに同意せず、彼らに従わないなら、酷く苦しめられた」からだと。

その結果、バーバラは頻繁に墓場に行くこととなった。そう命じられたと感じ、彼女によれば墓場に座れという悪霊の命令に屈したのだった。「私はただそこをぶらぶらしていました」と彼女は言った。それ以上の攻撃を恐れたのだ。死者たちと共に墓場を彷徨《うろつ》くなんて奇妙で鬱陶しい習慣で、ゴシック小説かと思われるが、バーバラの場合は小説ならぬ現実なのだ。新約聖書にも、イエスが「レギオン」と名乗る悪魔を追い出した話がある。これが憑いていた男は「墓場を住まいと」していたが、イエスを見て駆け寄ってきたという。バーバラと同様、この男もまた「これまでにも度々足枷や鎖で縛られたが、鎖は引きちぎり足枷は砕いてしまい、だれも彼を縛っておくことはできなかった」。

バーバラの家ではそれ以外の超常現象も頻々《ひんぴん》と起きていて、それはアリスの侵襲の場合とほぼ同じだった。宗教的な物品は勝手に壊れ、あるいは壁から落ちる。居間の棚の上のロザリオは、ある日ばらばらになった。衣装簞笥《たんす》は倒れた。ベッドは振動した。

これらの特徴の全ては多くの典型的な苛虐および憑依と侵襲の特徴を含んでおり、教区司祭に正式な祓魔式の認可を発出させるに十分なものだった。これらの儀式の間、彼女を押え付けるのに五人から六人が必要とされた。儀式の最中、何とか逃げ出そうと何時間も暴れたからである。いずれの場合も、悪魔はやはり公然と、典型的な傲慢さと頑固さを見せつけた。退去の命令に対して悪霊は言った、「絶対に出て行くもんか」。

儀式の間、悪霊が外国語を話したり理解したりする能力は歴然だった。私がバーバラに認めたこの特徴の典型的な実例は、七人の証人が見た夜間の儀式における祓魔師と悪魔の声の遣り取りである。祓魔師は祈りの中にラテン語版使徒信経を入れることにした。冒頭の言葉 ***Credo in Deum Patrem omnipotentem***（全能の父である神を信じます）に対して、悪魔は答えた（良くあるように、英語で）「は、俺は信じねえが！」。***descendit ad inferos***（陰府《よみ》に下り）に対しては、悪魔は英語でこう答えた「まだそこにいやがるぜ」。***tertia die resurrexit a mortuis***（三日目に死者のうちから復活し）に対する返事は「いや、してないね」。祈りの結びの ***Credo in ...vitam aeternam***（永遠のいのちを信じます）に対しては、悪魔の声は歯痒《はがゆ》さを込めて「命なんぞない」と述べた。

この最後の言葉に込められた悲しげな調子、より正確に言えば絶望は、ほんの少しの憐憫を惹き起こしていたかも知れない。ただし、この悪魔が無力な被害者から立ち去ることを拒絶したのみならず、可能な限り彼女を苦しめようとしているらしいことを無視すれば、だが。

バーバラは高等教育など受けておらず、またカトリックでもない。上述のように、ラテン語は疎《おろ》かただの一つも外国語を学んだことはない。そんな彼女は自分がラテン語の祈りを理解して返事までしていたと後から聞かされて心底驚いていた。

多くの祓魔師は、いったい誰の「権威」を以て憑依が起きているのかを知るために悪魔に名乗らせようとする。それに対してしばしば伝統的な悪魔や歴史上の人物の名前の「ジェネリック」名が返答される。例えばアーリングの事例では、煽情的な手管としてイスカリオテのユダが使われた。悪魔は単独であったり複数であったりする——しばしば、馬鹿馬鹿しいほど巨大な数を自称する。中には特に強力な悪魔を名乗る者もいる。例えばベルゼブブとか。ジュリアが崇拝していたアスモデウスは伝統的に欲望に結びつけられる悪魔である。私はこのような大言壮語や頻繁な嘘にはほとんど関心を払わないが、ほとんどの祓魔師は特定の名前の開示こそが解放のための不可欠の部分と見做している。バーバラの悪魔は名前を訊かれて抵抗した。「いや、お前が先に名乗れよ」。司祭の命令に対して悪魔は何度もそう応えた。

バーバラに取り憑いている悪霊（ども）は最後まで片意地で、彼女は生涯に亘って苦しみ続けた。解放される前に亡くなってしまったのだ。一部の研究者は、彼女が悪霊たちと共に地獄にいると示唆している。だがそんなことは誰にも解らないだろう。標準的な教えによれば、憑依された人であっても、恐ろしい圧迫の下で善を為そうと真摯に努力することができるのである。バーバラは明らかにそうだった。最終的に彼女は悪魔なる仇敵との闘いに勝つことはできなかったが、何であれ神のみが判断されるのである。憑依されていた長い年月に味わうことのなかった平安を、死後の彼女が見出せたことを祈るばかりである。

＊　＊　＊

私がこの分野に首を突っ込む前にも、患者の中には公然と悪魔的活動に参加していたことを仄めかす者はいたが、たいていは本気で取り合ってはいなかった。幅広い患者たちを相手にしてきた多忙な精神科医であった私は、一般的にこのような人は精神病であるか、被暗示性が高く、当時「過誤記憶」と呼ばれていたものを患っているということを知っていた。

私が初めて悪魔憑依と思しい症例の診断を求められる直前、当然ながら熟練の医師たちの間にはそれに対する懐疑があった。特に一九八〇年代と九〇年代前半、サタニストのカルトが子供を誘拐しているという話がタブロイド紙や夜のニュースに定期的に出て来ていた頃である。この国には、増大しているというサタニストに関する幅広い誇張、むしろヒステリーのようなものが存在していた。高度に組織化されたサタニスト集団が悪辣な犯罪に関与している事例など、合衆国においては間違いなく稀である。まあそうは言っても、ちんけな犯罪――教会の毀損とか――に関与しているかもしれない自称サタニストが一定数いることは事実である。私はそのような行動を実際に見聞きしたし、個人的に警官からもそんなことを聞いた。それに、大っぴらにサタン崇拝を公言している集団――たとえばチャーチ・オヴ・サタン――も確かにいる。

一方、強い影響力を持つサタニストがあらゆる場所で悍ましい活動を繰り広げている、例えば子供を誘拐したりしているという大衆の妄動は間違いなくあった。このような恐怖はかなり下火にはなったが、一部では今も残っている。中でも最も悪名高いのは、子供を誘拐して悪魔的な儀式に使っているという根拠のない主張である。これを表す略称まであり、SRA（Satanic ritual abuse）と呼ばれている。[†37] ユダヤ人が殺人儀式を行なっているという中世の噂を思い起こさせるが、同じくらい根拠のないものだ。

最も有名なSRAの裁判は、一九八〇年代に起ったカリフォルニア州マンハッタン・ビーチのヴァージニア・マクマーティン保育園のものである。そこで託児所を営んでいた若い夫婦が、園児に対して奇妙な悪魔的儀式と身の毛のよだつような性的虐待を行なっているという告発が為された。申し立てによれば、保育園の地下に隠し部屋があり、そこで悪魔崇拝の儀式が行なわれている、子供たちは性的虐待を受け、裸の写真を撮られたというのである。だがそのような写真は発見されなかった。裁判は合衆国史上最も長く、最も費用の掛かったものとなり、一つの有罪判決も出されることなく終結した。

広く流布している、サタニストが子供を誘拐して儀式で性的虐待を加えているという噂を無邪気に信じ込む者は、多くの無辜《むこ》の人に害をもたらしている。福音派の著述家マイケル・ワーンケは一九七二年の著書 *The Satan Seller*〔訳注：未邦訳。試訳邦題「サタン売り」〕においてこのような話をでっち上げたが、しばらくの間、幅広い主要メディアがこれを採り上げていた。[38] 貧弱な捜査技術と熱心すぎる告発者たちが、熱狂に油を注いだ。多くの書物や論文に、このような騒ぎが記録されている。ある年には、合衆国において判明している若年者の行方不明者の総数よりもサタニストによる誘拐の報告の方が多かったという指摘もある。彼らの多くは、単なる家出であった。

秘密の組織が関与しているといわれるこの脅威が実際にはどれほどのものなのか、それを学問的に研究するために、カリフォルニア大学デイヴィス校のゲイル・グッドマン博士が、〈幼児虐待および放棄に関するナショナルセンター〉の依頼を受けてこの主題に関する最大規模の研究を実施した。「全国的な徹底調査を行なったが」と彼女は結論する、「児童を性的に虐待している大規模カルトの証拠は何も見出せなかった」。しかしながら彼女は「サタンと関わりを持っていた、あるいは被害者を脅迫する目的でそう主張したことを認めた単独もしくは夫婦の犯罪者が存在していた証拠はある」とも認めている。[39] バーバラの事例は後者の変種であるが、彼女の憑依から判断するに、単なる人間による脅迫を遥かに超えるものであった。

とはいえ、ＳＲＡの話の少なくとも一部の現実性を擁護する者は今も一定数いて、組織化されたサタニズムに関する、今や法外なものと一般に認識されている報告を軽視することに抵抗を続けている。孤立無援の彼らは今なお、彼ら自身の事例証拠を私に訴え続けている。ほとんどの場合、彼らの主張は曖昧であるが、中には確かに本物と思われるものもある。ジュリアの例がまさにそれだ。真に学問的な零細産業である批評家や暴露者は、特に幻惑的で毒々しいSRA現象の話には不信を抱いており、歯に衣着せぬ発言を続けている。無辜の者がサタン崇拝者として誤った告発を受ける一方、有罪判決の大多数は儀式における虐待の申し立てではなく、単独の虐待罪という狭い事由で出される。このような犯罪者は実際に虐待を行なっているが、後になってから偽装のためにサタンが関係していたという誇張を用いるのである。法廷はこの議論から学んだと見えて、今では極端に扇情主義的な告発はほぼ皆無となっている。

それでも尚サタニストに関する議論はしばしば、これを肯定するにせよ否定するにせよ、ジェイクス神父やA神父や現在の私が持っているような、これらのカルト信者に関するニュアンスや実体験に欠けている。このような地下グループは実際、時には犯罪性向を持つ。スピーディとジュアンは間違いなく、サタンに傾倒した犯罪者の実例である——そして彼らは、現実世界でその報いを受けて後悔することとなった。

私の経験上、信憑性はさておき、依然としてサタニストと遭遇し虐待を受けたと主張する人は少数ながら残っている。私はこれに関するあからさまな妄想を抱いている患者を直接相手にした経験が多々あるのだ。

だがこれらのあからさまな妄想と同様に重要なのが、いわゆる過誤記憶の症例である。リリィの顕著な事例では、彼女は自分が悪霊の直接攻撃を受けているという暗示の力に極めて弱かった（悪魔崇拝者による虐待の明らかな過誤記憶こそ見られなかったが）。これと同様、被暗示性の高い人は、一見善意であり首尾一貫して見えたとしても、実際には起ってもいないサタン崇拝について遥か後になってから目撃したとか参加したとか信じ込むことがある。[40][41]不幸にも、彼らの話はかつても今も、未熟もしくは軽信的なセラピストによってしばしば額面通りに受け取られてしまうのである。

このような過誤記憶が如何にして作られるかは、カロライナズ出身の一九歳男性レイモンドの事例がよく示している。彼の長期にわたる希死念慮について、家族が私に相談してきたのだ。これは最近では人格障害と診断される。レイモンドは、読者がこのような極めて奇妙な過誤記憶の発生を理解できるように、彼の物語を公開する許可をくれた。

人格障害の他に、レイモンドは気分障害の診断も受け、パニック発作に苦しみ、時折薬物を濫用していた。彼の母方の伯父であり、イェール時代からの知人である心臓内科医から得ていた情報に基づき、私はレイモンドが薬物の過剰摂取であると考えていた。伯父によれば妹すなわちレイモンドの母は狂信者で、彼の医師としての見解によれば境界性人格障害であるという。彼女は模範的な子供を欲していたが「持てなかったのだ」と彼は淡々と言った。「だが私の甥は良い子で、何年もの間、完璧な息子であろうと努めた」。だが彼は、レイモンドは基本的には反抗的だと感じた。さらにレイモンドの父、すなわち彼の義理の弟はかつて空軍にいて、しばしば海外に勤務し、息子の少年期に家にいたことがほとんど無いという。

レイモンドは両親と共に私の許を訪れたが、父親はぎこちなく、本人からして抑鬱に見えた。愛想が良くて丁重だったが、冷淡だった。母親は、兄によれば過保護で「神経質」とのことだったが、ほとんど一人で喋っていた。一方レイモンドは陰鬱だった。全く興味なさげな顔をしていたものの、その実、話には聞き耳を立てていることが判った。最初の態度とは裏腹に、二人きりで話すと愛想が良くなった――診断上、良い傾向だ。彼はまた非常に聡明に見えた。

私は彼の既往歴を深く読み込んだ。この当時、彼はほとんど家から出ることもなく日がな一日TVを見ていた。かつては水泳で優勝したこともあったが、既にティームを辞めていた。いつもの夏とは異なり、仕事を探そうともしていなかった。過去に自殺を図ったが、レイモンドは今は自殺をするつもりはないと誓った。これは両親も認めていて、彼を「とても正直」と称していた。これまた良好な徴候だと私は思った、それが本当なら。だが依然として自傷行為は続いていて、ごく浅いものだが両方の前腕部に傷跡があった。

当時、ニューヨーク病院ウェストチェスター分院は境界性人格障害の治療センターとして知られていた。われわれは全国からこのような患者を集め、良質の治療を施していた。さらにわれわれは改良精神力学療法と弁証法的行動療法（DBT）の比較研究の開始まで視野に入れていた。前者はオットー・カーンバーグ博士が開発した重度の境界性人格障害の治療法で、博士は当時、同院の臨床部長を務めていた。後者は認知行動療法の中でも新顔で、開発者のマーシャ・リネハンはカーンバーグと同様、自らの療法を雄弁に唱道しているところだった。[†42] ある時、彼女は自らの推奨する療法を説明するためにウェストチェスター分院に来ていて、私は彼女から直接訓練を受けた。だから私はこのような患者の取扱いにおいて、伝統的な精神力学療法と新参の認知行動療法のいずれにも精通していたのである。

最後に私はレイモンドと家族に次のように言った。彼には強い境界性人格障害の特徴がありますが、それ以外の人格障害もあり、また専門用語で「1軸障害」と呼ばれる神経生物学上の脆弱性もありますと。これは報告書にあるレイモンドの不安と抑鬱の傾向である。彼は現在では希死念慮は見られず、ここ数週間は気分もやや上向いているので、外来患者として上手く治療できるだろうと考えていた。われわれはこの特別製の境界性人格障害専用病棟に自信を持っていたので、将来、必要とあらばいつでも入院できますが現時点では必要ありませんと言った。但し、と私は強調した、地元で適切な治療を受けることが条件ですと。レイモンドは目に見えて安心していた。私は、彼が自分の意に反して両親に強制入院させられるのではないかと恐れていたことを知った。

私はより良い治療計画の立案を望んでいた。先方の意向は尊重するが、自分の治療上の指示には自信を持っていたし、やや強制的でもあった。何故なら主として決定権を持っていると思しいレイモンドの母親が、既に精神医学を軽んじていたからである。「投薬は大丈夫です」と彼女は言った、「ですけど、フロイト式のところへ遣るつもりはありませんわ。あの人たちの話すことって、セックスと、母親への非難、それだけですもの」。

厄介な仕事を宛てがわれたものだ。私は先ず、精神薬理学上の助言から始めることにした。レイモンドの母親が、息子の薬は地元の一般開業医《GP》に処方して貰っていると言うので私は面喰らった。私は、私の指示する投薬変更は外来ベースで管理されていますが、GPではなく精神科医に処方して貰わなければなりませんと言った。特にレイモンドは帰宅後に精神力学の長期療法を受けるべきですと助言した。それこそが最適だと判断したのだ。

驚いたことに、母親はその提案に飛び付いた。既に誰か心当たりがあるのではないかと思った。そこで私は、残念ながら私にはその辺りに精神科医の心当たりはありませんが、レイモンドはまずは伯父さんに相談すべきでしょう、彼ならたぶん近くにある医学校の誰かを紹介してくれますよと言った。

もしも病状が悪化したら、いつでも連絡してくださいと伝えた。

三ヶ月ほど後、レイモンドは予定通り、私に会いにやって来た。今回は一人である——良い徴候だ。ストレスは軽減し、自傷も収まり、活発になり、地元の大学にも出席していた。

「かなり良くなりました」と彼は言った。「女の人と出会って、良い友達になってくれました。彼女も自傷してたんです。しかも僕よりも深く。でも遂に話し相手ができたんです。凄く助かっています」。

まずは投薬の話から始めて、それから療法の方はどうかに話題を転ずることにした。

「まだ怒りの発作はありますけど、先生の仰る通りでした」と彼は言った。「薬の摂りすぎだったんです。限界まで摂っていました。伯父さんが連れて来た新しい精神科医は、僕を一目診るなり言いました、『うわー！　このヘヴィデューティな向精神薬を少し減らさなきゃな。それにあまりにもベンゾ［マイナー・トランキライザー］をやり過ぎだ』。そう言って彼は僕に別の抗鬱剤をくれたんです。そしたら何と、一週間で副作用がなくなりました。それに、先生の仰ることは全て賛成だと言っていました。先生のご指導について伯父から聞いていたのです」。

伯父さんは有能なセラピストも紹介してくれたんですか、それともその精神科医がセラピストも兼ねているんですかと訊ねた。

レイモンドによれば、その精神科医は「セラピーはやらない」と言ったが、メディカルセンターから療法心理士を呼ぶように指導した。これを聞いた母親はその精神科医を「怒鳴りつけた」という。心理士なら間に合ってますからと言ったらしい。これは母親が自分を支配下に置く典型的なやり方で、「一事が万事なのです」とレイモンドは言った。後に彼女はその精神科医に、有能な「カウンセラー」を頼みますからと説明した。

後に一年間思春期病棟にいた時、私は彼が特に一〇代に良くある投薬療法に関する不定愁訴であったと気づいた。当時、あまりにも多くの一〇代があまりにも多くの向精神薬を服用していることを知り、驚愕したものだ。レイモンドは七種類を服用していた。

だがこの時点で私はレイモンドの精神療法について聞きたくなった。彼曰く、母親が彼に地元の街の誰かに会うよう手配したという。彼はその心理療法家を「ガイズ・ガイ」〔訳注：伝統的な男性の役割モデルを体現する人物〕と呼んで気に入っていた。疎遠な父と違って温かい人柄だという。また、母親によれば「値段も安い」のだそうだ。

私は彼に、この療法家の専門を知っていますかと訊ねた。

「専門？　つまり流派ってことですか？　彼は単に心理療法家《サイコセラピスト》としか名乗っていないと思いますよ。何か不味いことでも？」。

私はどんなカウンセラーであれセラピストであれ、本人を見ないで貶《けな》すようなことは絶対にしたくない。レイモンドは良くなっているようだし、その男とも仲が良いようだ。殊更にことを荒立てたくはなかったが、懸念は拭い去れなかった。

母親が手配したのは地元の退役軍人病院だと判明した。そこなら治療費はレイモンドの父親の退役軍人手当から出る。そして彼女が特にこのセラピストを選んだのは、彼が彼女の教会の聖書研究会のメンバーだったかららしい。彼女はこのセラピストをナイスな男だと考えた。彼のことを何も知らなかったにも関わらずだ。

私の懸念は弥増《いやま》した。

彼女によれば、レイモンドの治療に当たっているのは外傷性ストレス障害（PTSD）の専門家だという。彼女はずっと以前からレイモンドに、彼の「本当の」症状は心的外傷を受けたことであり、全ての原因は父親にあると言い聞かせていた。滅多に帰宅しない父親が珍しく家にいる時に稀に起す癇癪こそが全ての原因なのだと。レイモンド曰く、彼の両親は「しょっちゅう喧嘩をしていて、実際に殴り合いになることもありました。怪我をするほどではありませんでしたが。僕が父に殴られたことはありません。でも母親はしょっちゅう発狂していました。僕も一度母を殴ったことがあります。罰として一ヶ月も外出禁止にされました」。

確かに、境界性人格障害の患者の治療は遊園地の乗物ではない。より良い訓練を受けた熟練の療法家であるほど、良い結果を出せるということも判っている。カーンバーグと同様、私は通常、この種の患者に対して最高に効果を発揮するのは融通が利いて共感的で分別ある「力学」療法であることを見出していた。

私はまたしても、言葉を選びながら訊ねた。「君の精神療法家について、あとから何か気づきましたか？——どんな教育や訓練を受けたとか？」。

するとレイモンドは、この男が一度自分のことを「ピア・カウンセラー」と呼んだことを思い出した。さらに「トラウマ研究」のオンライン免状を取ったという。学校が嫌で大学を中退し、軍隊に入り、ヴェトナムに行った。彼は元来は診療所で仲間の兵士たちの世話をしていて、彼らが「トラウマ」や薬物問題に対処する手伝いをしていた。彼自身もかつて同じ問題を抱えていたのだ。

またしても、不安は募るばかりだ。

「ああ、そうそう」とレイモンドは続けた。「彼は自分を『トラウマティスト』だとも言っていました。戦争でトラウマを受けて、その結果、それがいろんな症状の原因になることを知ったのだそうです。ちょうど僕みたいに」。レイモンドによれば、そのカウンセラーはまさにトラウマこそがみんなの問題の鍵なのだと説明したという。彼はまた、彼自身も重度のＰＴＳＤで今も悪夢を見ると告白した。さらにレイモンドに、レイモンドが自身の「トラウマを見つける」ことができればすぐに治ると言った。

それからレイモンドは一息入れた。

「そして今や、僕は自分のトラウマを見つけたのです！」と彼は告白した。

私は、これほど高度な知性を持つ青年でありながら、レイモンドはまだ何が自分に必要なのかすら解っていないのだと思った。だがよく考えてみれば彼はまだ若く未熟なのだ。ましてや彼の家族は無力で、彼の怒りを適切に去《い》なすことは疎か、彼が自分の感情の状態を適切に把握する手伝いさえできていない。さらに母親は心理学を不当に貶めている。彼が森の中で迷うことになったとしても不思議はない。

だが、次のレイモンドの台詞には心底驚かされた。

「彼は僕にちょっとした催眠を掛けました」と彼は言った。「その時初めて、僕は自分の問題の根源である記憶を思い出したのです」。カウンセラーは、レイモンドがゲームの〈ダンジョンズ＆ドラゴンズ〉に夢中になっていること、悪魔に関する多くの映画を見ていることを知っていた。彼は、レイモンドのそのような趣味は以前の何らかの出来事に由来しているに違いないと断言した。

カウンセラーは彼を催眠に掛け、これらの主題に関する何か驚くべき記憶を思い出させようとした。「それが大当たりだったのです」とレイモンドは嬉しそうに言った。「本当に記憶が甦ったのです。曖昧なものでしたが、カウンセラーが言うには、凄く筋が通るらしいのです。確かに僕はある日の午後、母の教会にいたのを思い出しました。六歳くらいだったと思います。その当時の聖職者を憶えていますから。何にせよ、母は会衆席にいた何人かの女たちと噂話をしていました。僕はふらふらと歩いて行って、この牧師が人々に説教している部屋に来ました。ドアが少しだけ開いています。ぼんやりとしか憶えていませんが、彼は儀式をしていて、赤ん坊の喉を切り裂きました」。

私は肝を潰したが、何ごともなかったかのような涼しい顔を保っていた。そしてレイモンドに話の続きを促した。

「少なくとも僕はそれが実際に起きたと思います。カウンセラーは、これで完全に合点がいったと言いました。母親にもその話をすると、たぶんそれは本当だよと言いました。西部出身の母親の友人たちも同じような話をしていたそうですし、そんなことを書いてある本も読んだことがあるそうです。母親によれば、それはこの国の大きな問題で、ＦＢＩによって隠蔽されているというのです」。

私が無反応なので、彼はたぶん私がその話を信じていないということに気づいたようだ。彼は、この話を信じますかとか、あり得ないと思っていますかなどと訊ねてきた。ここは言葉を慎重に選ぶべきだと思ったが、先読みも必要だ。何故ならレイモンドは、私の専門家としての見解を真摯に求めている。そのために遥々こんな所までやって来たのだ。

「そうだね、私に言わせれば、何か少々『都合良すぎ』のようだね」と私は言った。「複雑な問題に対して、君は単純な『解決策』を探しているようだ。その結果、私には少々信じがたく思えるような考えを思いついたようだ。思うに、君はそのことをセラピストとよく話し合って、それからたぶん、君の父上と伯父さんにも話すと良いだろう。お二人なら、その記憶について某かを御存知かもしれない――つまり、母上だけでなく、他の人がそれを事実だと信じるかどうか、見てみるんだ」。

私は、君はただこれだけに、つまり仮定上の記憶だけに排他的に「集中しすぎない」ようにと助言した。君はこれまでにさまざまな問題と苦闘してきたが、そんな多くの困難の原因が簡単に決められてしまうことは稀だ。セラピストと話し合う際には、この出来事が本当に起った事実なのか僕自身も疑っています、と必ず伝えるようにと言った。というのも、彼は既にそんな疑念を抱いていると感じたからだ。「是が非でも」と私は付け加えた、「これについてカウンセラーと話し合うんだ。けれど、君自身の留保も含めるように――それから、君がこの療法に望んでいることを決めようじゃないか」。私は内心こう考えていた、とてもじゃないが「セラピー」だなんて呼べるような代物じゃない。

二週間後、レイモンドから電話があった。あれからすぐにカウンセラーと伯父の双方と詳しく話し合ったという。彼がこの伯父を常に尊敬していたことを私はよく知っていた。伯父と腹蔵なく話し合った結果、カウンセラー当人すらその出来事が実際に起ったと「確信」はできないと認めたという。だがそれでも彼は依然としてたぶんそれがレイモンドの問題の原因だと考えており、「そのうち解るさ」と言ったという。

「でも伯父さんは、何から何まで出鱈目だと言いました」とレイモンドは言った。「その聖職者のことはほんの少し知っているが、本当に善良な人物で、『悪魔崇拝の化物』なんかであるはずがないと。その話は徹頭徹尾、馬鹿げたものに聞えると言いました」。

レイモンドは寛いでいた。「行間を読むに、先生もそう仰ってたんですね。けれど結局のところ、決めるのは僕自身だと」。

私はほっとした。この知的な青年は、こんなにも早く妥当な結論に到達してくれたのだ。これからどうするつもりだねと訊ねた。彼は自信満々に答えた、「今では何もかも馬鹿げたことだったと認めざるを得ません。セラピストの能力にすら疑問を抱くようになりました。確信の理由はもう一つあります。以前彼が言ったことを思い出したんです。彼が語った残虐行為については先生にはお話していなかったと思います。彼は、ヴェトナムで見た最悪のことは、彼の小隊の兵士たちによる子供の虐殺だったと言いました。当時、それを報告することはなかったし、今後も克服することはできないだろうというのです。すごく罪悪感を感じていて、何としてでも止めるべきだったと思っているようでした」。つまりレイモンドは、カウンセラー自身の戦争体験がレイモンドの問題の原因に関する見方に色を付けて、図らずも不正確な「記憶」を掘り起こす手伝いをしたのだという真っ当な結論に達したのだ。

＊　＊　＊

これらの出来事は奇天烈だと思われるだろうが、レイモンドの話は人が考えるほど珍しいものでもないのである。そのカウンセラーは、子供に纏《まつ》わるこのような暴悪な事例を目撃した体験こそが自分自身の抑鬱とPTSDの根本原因であると感じていて、一時的に自分の考えをレイモンドに投影したのだ。似たようなトラウマが彼にも起ったに違いないと考えて。悪魔的な儀式が一般に行なわれているという母親の偏見に、オカルト的なゲームや本、映画などへの漠然とした興味に対するレイモンド自身の羞恥心も加わって、奇天烈な話をうっかり信じ込んでしまうこととなったのだろう。

レイモンドの話の細部には、このような突拍子もない偽「悪魔」譚の発生を説明するあらゆる要素が含まれている。サブカルチュアにおける誇張された恐怖、誘因となる家族の問題、催眠術の曖昧で誤った使用、無能で単純なカウンセラー、そしてレイモンド自身が抱え込んでいたような罪悪感や混乱のような内的要因。これら全ての要因が綯《な》い交ぜとなって――精神病ではないが脆弱な青年は――全く奇天烈でほとんど精神病的な嘘話を頭から信じ込んでしまうこととなったのだ。

こんな事例は特殊なものに過ぎないと思われてはいけないので、もう一つの類似事例を挙げよう。

レイモンドの件から数年後、私はとある会合に出た。そこでは虐待とトラウマ、およびそれに対する革新的とされる治療法に関する議論が行なわれたのだが、その多くは私にとっては眉唾と思われた。そこではまた患者自身の自己報告が多く盛り込まれていて、多様な人々が証言していた。その場はこうした話に疑義を挟むことが許されないような雰囲気で、主宰者も疑義を無価値あるいは有害と決めつけているようであった。正式な学会でもないし、話の多くは私にとってはほとんど信じがたいものに聞えた。

けれども、ちょうどその頃の私はさまざまな虐待経験の捏造話について研究していたので、この「患者中心の」集会への参加自体は興味深いものだった。その会議には、奇妙な事件、例えば異星人による誘拐などを体験したと称する自称被害者の報告まで含まれていたのである。無論、全く信じられたものではなかったが。何人かの患者は、悪魔崇拝の儀式における虐待という如何《いかが》わしい話をした。私には、誰が一番下劣で奇天烈な話をするかをそれぞれの語り手が競い合っているように感じられた。

一番よく憶えているのは、とある若い女性の話である。彼女は立ち上がり、一連の悪魔崇拝の儀式に参加を強要されて虐待されたという長々とした話を詳細に語った。曰く、彼女の父親は「サタニスト」であり、彼女が八歳の頃から一二歳になるまで、繰り返し——週に数回——そうした集会に連れて行ったという。

このような偽記憶には良くあることで、実際、予想通りの展開だったのだが、彼女はこのような劇的な記憶をその後、何年にもわたってすっかり忘れていたと主張した。それから、驚くなかれ、セラピストが彼女に催眠術を掛けることにした。すると突然、この若い女はこのような悪魔崇拝の儀式における血腥い虐待の記憶なるものを詳細に思い出したというのである。あまりに酷いので、他の参加者ですら信じがたいと感じているように私には思われた——誰も何も言おうとはしなかったが。だがその沈黙はこの忘れっぽい女を怯ませることはなかった。彼女は重度の人格障害と長期にわたる重大な虐待の診断を受けたことを認めていた。そして数年前に「素晴らしいカウンセラー」のお世話になるようになって、久方ぶりに幸福を感じたと話を締め括った。

トラウマの重要性と、人間の心理的発達におけるその悪影響を強調する学者、セラピスト、患者は多い。私自身、当時既に境界性病棟の患者のほとんどに高い確率で虐待の既往歴が見られたという学術論文を書いてもいた。だが、記憶の突飛さに関する私の臨床体験と当時流行っていたサタニズムに関するヒステリーを加味したとしても、その女の虐待の話はレイモンドの聖職者の話と同様に馬鹿げたものと思えた。レイモンドとこの女がいずれも催眠の影響下において悪魔崇拝の記憶を思い出したこと、およびそれまでは長年にわたってそれを完全に忘れていたと主張したという事実は、まさにレッドフラグである。

記憶を思い出させるための如何わしい手法である催眠術は、多くの過誤記憶に共通する要素である。これらの記憶を「抑圧された記憶」と呼ぶ者もいる。だがこのような条件において誘発されている場合、それは信頼に値しないものであることは何度も示されている。長年にわたってこのような劇的な事例を完全に忘れていた後に唐突に思い出したという場合は特にそうである。

無論、過誤記憶の疑わしい報告は、サタニズム以外の幅広い分野においても生じている。だが、いわゆるサタニズムの儀式のような壮観な出来事が長年にわたって続けられていたのに完全に忘れていた、などと主張する人の報告に関しては重大な立証責任がある。常識的に考えて、このような再構成された物語は、他の何らかの方法で証明されないかぎり、あり得ないものと見るしかない。

過誤記憶と悪魔崇拝に関する議論が如何に重要であり、何ゆえにいつまでも続くのかを説明するためには、いわゆる抑圧された記憶と虐待に関するメンタルヘルスの分野を広範に精査し、しかる後に、これらの論争に関する法執行機関の見解へと目を転ずる必要がある。これは複雑な問題であり、メンタルヘルス関係者の全てが偏見を持たないわけではないということ、そして告発者の全てが良く言われるように誤誘導された単純な人々ではないという事実を明らかにするものだ。

人間の記憶の突飛さ、および特定の患者が過去の虐待体験と称するものを誇張したり、あるいは欺かれたり暗示を受けたりする傾向を鑑みて、私は早い段階から何年にも亘ってこの問題に取り組んできた。研究の一環として、憑依やサタニズムなどの現象における記憶の正確さを調査した。さまざまな形の虐待は珍しいものではなく、それがトラウマの深刻な原因となっていることは間違いない。虐待の報告のほとんどはたぶん事実である。だが不幸なことに、そうでないものも少数ながら存在するのだ。悪魔崇拝カルトや一般的な悪魔の攻撃に関しても同じことが言える。私の体験では、偽りの報告と真実の割合は、このような事例においては前者の方が遙かに高い。経験上、熟練の精神医療の専門家なら、患者から儀式での虐待などの空想的な話を聞かされたとしても、私と同様にそれを信じ込むことはなく、これらの報告は誇張されたものであると結論するであろう。特に「回復記憶」が関わっている場合はそうである。

記憶を専門とする研究者は常に、人間の記憶の不正確さ（時にはあからさまである）を認識し、脆弱な人間の精神に対する「暗示」の力を強調していることを得意がってきた。だが、何かと言えばすぐに時流に便乗し、いわゆる「無知で迷信深い」大衆の前に颯爽と登場して、サタニストの存在に関するあらゆる主張に騙されないための方法を講釈する著述家はごまんといる。

これらの複雑で、しばしば誤解されている論争に関してニュアンスに富んだ見方をするためには、ここで少々脱線して抑圧・歪曲された記憶という話題について論じる必要がある。サタニズムに関する報告の多種多様な信憑性は、他の心トラウマと同様、精神におけるこの背景を加味して繙《ひもと》いていくことが必要である。

＊　＊　＊

いわゆる学問上の「記憶戦争」は主として一九八〇年代と一九九〇年代初頭に戦われた。論争は、人間の忘れやすさと初期の患者たちの記憶の歪曲に関するフロイトの態度にまで遡って論じられた。主としてフロイト自身の失敗による「問題」である。心理療法における真偽論争の多くがそうであるように、抑圧と虐待記憶に関する議論は彼に発祥しているのだ。

初期の頃、催眠と精神分析の手法を使い始めたばかりのフロイトは、彼がヒステリーと呼んだ一八の症例について、その全てが性的虐待の抑圧された記憶に起因するものであると提唱した。曰く、臨床調査の結果、これらの患者は初期の虐待の事実を忘却していたというのである。精神分析による暴露の手法を用いることによってのみ彼らはこれらのトラウマに気づくことができたのであるとフロイトは主張した。

だが彼は誤っていた。当時も今も広く認識されている通りである。にも関わらず長年に亘ってフロイト信奉者の多くは彼を擁護し、彼の誤った理論に対する標準的な説明を徒《いたずら》に精緻化していった。精神分析家と歴史家はいずれも、フロイトが一九世紀の最後の一〇年間に精力的に *caput Nile* を探し求めていたと論じた。ラテン語で「ナイルの水源」を意味する言葉である。彼の目的は、彼が臨床で診ているしばしば重度の神経症（そして恐らく時には精神病に近いもの）の根源的病因の発見であった。当初、フロイトは過去に性的虐待を受けたという患者たちの「自発的」な報告を信じていた。だが、これらの最初の信奉者による理想化された描写によれば、そうこうする内にフロイトは患者たちの過剰な想像力がこれらの物語を作り出したのだと確信するに至ったという。ゆえにこれらの物語は心の奥底で生み出され長く抑圧されてきた幻想であり、それが彼の革新的な手法によって再発見されたものであると。フロイトに共感的な著述家による伝記、例えばアーネスト・ジョーンズ（『フロイトの生涯』、一九五〇年代に三巻本として出版され、一九六一年に一巻に纏められた）[†43]、ピーター・ゲイ（『フロイト』一九八八）[†44]などはこの見解を採用している。ゲイによればフロイトは「しばらくの間」患者たちの毒々しい話を事実として受け入れていたが、最終的にはそれを「お伽噺《とぎばなし》の集成」と見做すようになったという。

だが一八九〇年代のフロイトの論文を仔細に読むと、ことの真相が明らかとなる。フロイト自身の著述を見れば、彼の行動は期せずして、後の「回復記憶」の熱狂的な信奉者たちの如何わしい活動と同じものとなっていたことが判然とする。その記憶の中には、何十年も先の悪魔崇拝の儀式も含まれている。フロイトの一八九六年の論文『ヒステリーの病因について』を虚心坦懐に読めば、他ならぬ彼自身が証人を誘導しているのであって、その逆ではないということが判明するのである。そこでフロイトの患者たちが語っているのは、分析を受ける以前には全く与り知らなかった光景である。原則として、そのような光景が出現するかもしれないとの警告を受けると、彼らは「憤慨」したという。「治療法の最も強力な強制［傍点引用者］によってのみ、彼らにそれを再現させることができた」とフロイトは述べている。

患者に対して「一定の知識を苦労して強制的に憶えさせた」と述べたフロイトと同僚のヨーゼフ・ブロイアーは、もう一つの初期の論文『ヒステリー研究』（一八九五）では、この点を受け入れるようになった患者ですら「そんなことを考えていたことは思い出せない」と言い張ったとしている。

フロイトの結論は、明らかに彼自身の初期の理論と方法論から導出されている。フロイトは自らの論理に従い、自分が取り組んでいるのは無意識下に追いやられた記憶であると考えていた。それは強い抵抗の対象であり、故に自発的に現れ出ることはないのだと。結局フロイトが掘り返していたのは、後のわれわれが「過誤記憶」と呼ぶものであったと言わざるを得ない。

当然ながらフロイトの不当な法則化は、彼が初期の概念を提唱したウィーンの医学会には受け入れられなかった。彼の発見は完膚なきまでの批判と不信を集め、フロイトは自らの性理論に偏執していると見做された。フロイトの名誉のために述べておくと、彼は自らの過ちに学び、見方を変えた。だがこの気まずいエピソードと初期の過ちの責任を受け入れる代わりに、彼は患者を非難し続けた。

精神分析の歴史におけるこの最初の章の悲しき結果として、長年に亘り現実のトラウマは精神医学上の問題解決における要因としてはあまり重視されないものとなった。二〇世紀半ばのセラピストの間での一般的感触としては、患者の背景における虐待とトラウマが取り扱われることはかなり稀であった。当時のとある文献は、近親相姦の発生率を児童一〇〇万人あたり一件としている。私が精神科医として出発した当時ですら、年上の医師たちの多くは虐待の重要な役割やその発生率などを低く見積もっていた。

この考え方に対する不可避的な反動が起ったのが一九七〇年代と一九八〇年代である。われわれの多くにとって、さまざまな種類の虐待を背景に持つ神経症患者は膨大な数に上ることが明らかとなって来たのだ。幾つかの患者群、特に境界性人格障害の患者は、性的・身体的・感情的虐待を頻繁に受けていた。今では広く受け入れられている発見である。このような過去の体験の神経生物学的な結果に関する理解もまた深まっていった。

だが世の中の常として、それから振子は反対方向へ大きく振り切れてしまった。一部の療法界(および今日にまで至る未熟なメンタルヘルス専門家)において、「トラウマ」を負った自己を明らかにしてこれを「治療」することこそが主要な、時には唯一の治療手段となってしまっているのである。セラピストの中には、レイモンドのカウンセラーよろしく自らを「トラウマティスト」と称する者までいる始末である。

この時点で多くの心理療法家はフロイト同様、患者に対してさりげなく、時にはあからさまに、実際には過去の出来事を反映しているわけではない記憶を取り戻すように圧力を掛けていたわけである。ほとんどの場合、そこには虐待の報告が含まれていた。一部のセラピストは虐待の重要性を確信するあまり、一世紀前のフロイトと同様、記憶の空白地帯を探索するよう患者に強要していたのだ。彼らがそのような記憶を抑圧しているに違いないという信念の下に。

われわれが公表した調査においては、曖昧な記憶の入念な排除に腐心した。われわれは虐待を受けた患者はそのトラウマを記憶していると確信している。それを「回復」するために心理療法を受ける必要はないのである。細部が少々ぼんやりしていることはあるかも知れないが。私が関係した四つの医科大学の同僚である精神科医の中に、患者が重大なトラウマについて長年忘れ去っていた後に突如としてその記憶を「回復」するなどと考えている者は誰もいない。まして儀式における虐待となればなおさらである。

私が良く知る入院患者は、子供の頃、母親とその仲間の悪魔崇拝者から拷問を受けたと主張している。これは回復記憶ではないと彼女は言う。そもそも忘れられるはずがないというのだ。だが彼女はとある心理士のところへ長年通っており、催眠を掛けられて多重人格障害と診断されたということから、私は彼女の主張には疑念を抱いている。当人はそれが現実であると常に言い続けていて、当然ながら反証は不可能なのだが。

この臨床上の一挿話は記憶の曖昧さのみならず、多くの人が、ちょうどレイモンドとそのカウンセラーのように自分の病気の唯一かつ単純な病因を必死に探し求めているという事実をも思い起こさせてくれる。さまざまな脆弱性と多数の病因が複雑に組み合わさったものとするよりも、病因を説明する決定的な出来事があったと信ずる方が簡単ではあろう。多くのトラウマの既往歴を持つ患者たちを抱えた境界性人格障害病棟で私は時折、虐待の記憶のない患者たちの繰り言を聞く。ある者は言った、自分もまた「自分が何故こんななのかを説明する真っ当な理由」が欲しいと。

このコンテクストにおいては、特定の患者やカウンセラーが悪魔崇拝者による誘拐や儀式における虐待などの途方もない話にしがみついてしまうのも理解できる。だが、弁別は必要である。既に述べたとおり、その種類や真剣さの度合いは様々であるにしても、少なくとも実際に少数の「サタニスト」は存在している。彼らの全てが子供などにとって危険な存在というわけではないが、また彼ら全員がただ卓を囲んで〈ダンジョンズ&ドラゴンズ〉に興じているだけというわけでもない。

私の経験では実際の警察や検察の仕事は常に一般に考えられている以上に、あるいは学者が想定している以上に複雑である。時に彼らの相談を受ける者として、私は長年の間に、他の誰よりもこうした不満について彼らから学んできた。例えばとあるニューヨークの刑事から聞いた話では、カルトというものはマフィアと同様、できるだけ目立たないように振舞うのだという。その活動の一部が犯罪であるからだ。またある者によれば、ほとんどのカルトは小規模で、田舎にあるらしい。

キャサリンがかつて手を染めていた「サタニスト」活動は間違いなくこれである。彼らの構成員はしばしば、周縁化されて不満を抱き、窮屈な人生にある種の解放と昂揚を求めている者であるという。単なる道楽者の悪ふざけであれ、あるいは巷に散らばる悪魔の観念を真剣に信じている者たちによる悪名高く時に忌まわしい活動であれ、それに関する記事は多くの新聞やネットメディアに続々と掲載されるが、その規模については明確ではない。中には黒ミサのようなあからさまな儀式を行なう者もいる。カナダでは二〇一九年に、オタワの教区大聖堂の近くで世にも珍しい公開黒ミサが挙行された。地元のカトリック界隈は肝を潰したであろう。

いわゆるサタニズムの儀式における虐待が疑われる事例においては、警察や地区検事長は時に不当にも、子供の語る誇張された物語における単純な脇役のように描かれることがある。多感な子供の絡む特定の事件における捜査方法が過度に強引で誤解を招きかねないものとなるのは間違いないところであろうが、司法制度は最終的にはバランスの取れた結果を出すものである。より大きな問題はしばしば、その対極にある。長年つきあいのあるとある検察官によれば、問題はサタニストが不当に免罪（あるいは訴追）されることよりも、むしろ偏狭な論拠に基づいて虐待の判決を出し損ねることとなのだという。悪魔崇拝や儀式における虐待が絡んだ事例で裁判沙汰になったものの多くは、当初はきちんと証拠のある単純な性的虐待の申し立てであった。だがすぐに罪状は拡大した――それも、検察官の熱意の故ではない。つまりしばしば、タチの悪い大人の被告人と狡猾な弁護士がこのような話をでっち上げ、陪審員を煙に巻こうとするというのである。

経験豊富な検察官に共通する見解によれば、本当に有罪である被告人は直ぐさま、不利な証拠が極めて強力であることを悟る。だが自らの悪行だけを認める代わりに、儀式における虐待のような奇っ怪で荒唐無稽な罪状を一切合切自供してしまうというのだ。それによって場を引っ掻き回し、陪審員を混乱させようと図るのである。この論争の過程で、証人として呼ばれた「記憶の専門家」は（少なくとも時には）意図せずして計算高い弁護戦略を支持してしまうことになる。脆弱な人間の精神に対する暗示の力を強調することで、専門家の証言は時に一部の陪審員を混乱させる結果となり、問題の子供は不適切な質問によって誤誘導されていると判断させてしまうのである。被告人とその弁護人が期待しているのは、証言全体が度の過ぎた罪状によって信用の置けないものとなり、その結果、より信憑性の高い当初の罪状までもが疑わしいものになったという結論に至らせることである。そういうことなので、ものの解った検察官は、これらの専門家は良いように操られていると考えるのだ。

この修正主義的な見方がどの程度正鵠を射ているのかは判らない。裁判というものは本質的に二者の係争であるから、外部の観察者が全ての事実と矛盾する証言を整理するのは困難であり、このような物議を醸す事例は尽きることがない。だが私は、一九八八年の悪名高いウエストコーストの事件に関してはある程度の内部情報を得ている。だから常に断定は避けているのである。

この件に関して言えば、元警官のポール・イングラムが地元の有力者たちと共に自分の子供たちを虐待し、悪魔を崇拝していたと告発された。イングラムは当初この虐待を認めていたが、その後、先に述べたようなやり方で、ありとあらゆる馬鹿げた罪状までをも自供し始めた。例えば彼と他の男たち、それに家族は長年に亘り、悪魔崇拝の儀式において強姦や乱交、儀礼殺人などに手を染めてきたと。子供たちがこのような物語を証言すると、本件は大いに衆目を集めた。すぐに記憶の専門家が、この男は混乱している、こんなあり得ない自供を行なうのは歪んだ罪悪感や極度の被暗示性、「権威者を喜ばせたい」という願望のためであるなどと証言した。

地元の法執行機関は、イングラムは単に自分だけが助かろうとしているだけだと判断した。彼らは自信満々に、彼は実際には幾つかの虐待に関してのみ有罪であり、その後、裁判所を混乱させるために、罪状の馬鹿げた部分に関しても嘘の自供をしたのだと結論した。いずれにせよ、彼は首尾良く微罪のみで起訴され、刑務所に入った。

この件では儀式における虐待の告発が法廷で立証されることはなかった。だが後に私が内々で直接知らされたことだが、イングラムが悪魔崇拝に参加していたという追加証拠は確かに存在していたという。つまりほとんどの論者から激しく批判されることとなったサタニズムの罪状は、この事例においてはある程度までは事実であり、関係者の少なくとも一部にとっては否定できないというのである。というか私はそのように彼ら自身から聞かされている。

同様の告発の中には十分な裏付けがあり、かつ何世紀も遡るものもある。こうした事例は彼らが今日も存続している可能性に信憑性を与えていると言えよう。例えば一五世紀、フランス貴族のジル・ド・レは何十人もの子供たちを悪魔崇拝の儀式で殺害したという。彼はこの罪状によって裁判に掛けられ、処刑された。歴史家はこの穢らわしい話が事実であることをほとんど疑っていない。

イタリアへ行った時にも同様の話を聞いた――そして同様の議論があった。イタリアでも二〇〇七年に同様のマクマーティン型の事件が起っている。舞台はローマから二〇マイルほどの村リニャーノ・フラミーニオの学校である。六名の職員が関与しているとされた。もう一つの悪名高い申立ては一九九六年のもので、Bambini di Satana（サタンの子ら）という集団の団長が悪魔崇拝の儀式において一〇代の少女と二歳の少年を強姦したとして起訴された。この二つの事例はいずれも有罪には至らず、多くの人がイタリアでサタニズムがかなり広まっているという説を否定した。だが一部の者は依然としてそれを信じ、断言している。

そんなわけで、論争は大西洋の両側で今も続いている。私は過度にセンセーショナルな告発に対しては疑念を抱いているが、それでも長年にわたってサタニストの被害者を自称する人々の相談に乗ってきた。彼らは儀式において虐待を受け、その恐怖をありありと思い出すことができると誓ったが、その虐待の物的証拠はほとんどないと認めている。

だが、現代のサタニストの既往歴として最も一般的なものはむしろ軽犯罪やオカルティズムへの傾倒である。法律の専門家から聞いた話によれば、悪魔崇拝カルトの「罠」はしばしば犯罪を伴っているという。例えば私は悪魔の印で毀損された神学校を見たことがある――下手人は単なる悪戯者か、それとも真剣な悪魔崇拝者なのか？　これこそ専門家も論争を止めて事例証拠が開始される地点であろう。私はこれまでにさまざまな法執行機関の専門家や信憑性ある証人と会見してきたが、ぞっとするような話の少なくとも一部は信頼できると確信している。

無論、現代史には恐怖と残酷の物語が満ち満ちている——連続殺人鬼からヒトラー、そしてポル・ポトまで——良識あるほとんど全ての人が、真の悪が存在すると確信するに十分なほどの。サタニズムとは無関係に悪は存在するのだ。同様に過去においてもまた、人間の悍ましい行為に関する話は溢れ返っていた。古代における大量の磔刑や広範囲に広がる「遺棄」による嬰児殺害から、戦争の惨禍、嗜虐的な征服者による弾圧のありふれた話、想像を絶する奴隷制の恐怖の歴史に至るまで。良くある性的な消費財とされた奴隷もそこには含まれる。悪魔なる仇敵だけが人間の堕落の原因なのではないのである。連続殺人鬼や学校銃撃魔を捕まえては、片っ端から「悪魔憑き」のレッテルを貼る人は心していただきたい。

われわれは誰もが、現代の西洋世界はこのようなショッキングな信仰やシナリオを脱したと信じたがっている。だが、残虐行為の奇妙で恐るべき報告、少なくとも時折は悪魔の仕業とされるようなものはあらゆる時代において表面化する。現代もその点では例外ではない。隠蔽を求める犯人の動機は捜査を困難にし、彼らの実数に関する統計はあやふやである。だが、そのような残虐行為が時折生じるのは事実なのだ。その存在に対する恐怖がどれほど過剰なものになりうるとしても。

第12章　最後の論争

悪魔祓いの濫用、および批判者、研究者、メディアに対する、憑依およびいわゆる超常現象の科学的情勢に関する最後の覚え書き

悪魔祓いと悪魔に対する信仰が死に絶えることはない。そして人間同士の見解の衝突はどこにでもある。祓魔師や悪魔祓いを行なう聖職者の理想的な範囲、識別力、訓練に関する論争もまた終ることはない。これらの主題を巡っては全世界で常に論争が取り巻いているが、冷静で均衡の取れた見方こそが常に望ましい。悪魔祓いと悪魔信仰に対する過剰な偏見、無知な見解、不正な濫用が生み出すのは不適切な結果のみである。そして恐らく現代における最も厄介な問題は、お粗末な識別力である。近年における私の主要な役割はこのような歪曲を阻止していくことであった。

私は直接、聖職者自身による虐待的な事例に遭遇したことはない。何故なら私は通常、分別ある霊的助言者が存在することを解っている場合にしか相談に乗らないからである。もしも霊的助言者がいないとか、被害者が直接私に助言を求めて来た場合には思慮深く聡明な宗教家を紹介すること

にしている。

それでも尚、分別ある範囲を超えて、虐待の発生や多様性は些細な問題ではない。恐らくメディアが浸透したわれわれの文化において最も嘆かわしいのは、利己的な療法家が無知な被害者を操り、見世物にしてカネ儲けをしている図である。かなり知れ渡っていることだが、フランスでは幅広い自己流祓魔師が近年、まさにそのようなことをやっている。その遣り口の酷さは言うに及ばず、結局のところは何の役にも立たずに終るのである。この種の事例で合衆国において最もよく知られているものは一部のTV伝道師である。彼らの多くは億万長者となっている。例えばロバート・ティルトンの得意技はカメラの前で「震え」て見せることで、それによって視聴者が自分も悪魔や病を「振り払う」ことができると信じ込ませる――そのためには前以て彼にカネを送金しておく必要があるが。同様に、メディア人ベニー・ヒンは人に「息を吹きかける」だけで悪魔を祓うことができると主張している。ふっと一息やるだけで悪霊から解放され、薬物濫用も治ってしまうというのだ。だが私のお気に入りのTV伝道師は、一群の信者に君たちは一五匹の悪魔に取り憑かれていると宣言し、それから彼らの額をぴしゃりと打つと、一五匹の悪魔全員がどさりと転び出てきたという奴である。

だがこれよりもさらに怪《け》しからぬのは、偽療法家や無責任な聖職者が意図的であるか否かを問わず、身体的な虐待や危害を加えることである。一部の精神病者は独断で、悪魔を攻撃すると称して他者に暴力を揮ったりする。これは例えば、モーガン・フリーマンの義理の孫娘が、怒り狂った元交際相手に刺殺された事例が当て嵌まる。彼は悪魔を祓おうとしただけだと釈明したが、後の捜査により、恐らくは薬物濫用の所為で偏執的な妄想に悩まされていることが解った。この若い娘を刺した時、彼は神が彼女を殺すことを望んだ、何故なら悪魔に取り憑かれていたからだと主張した。後に彼はＰＣＰ〔訳注：幻覚剤の一種〕の摂取によって偏執狂の症状が出ていたとして、狂気による無罪を嘆願した。

暴力的・虐待的な悪魔祓いは昔から常に存在しており、特に無知で未開な社会では頻繁に行なわれていた。だが近代科学と教育の機会が世界に広まると、未開社会で長く採用されていた悪魔祓いのための身体的暴力は実際に目に見えて減少した。にも関わらず、それは時に先進国においても起っているのである。

既に強調しておいたように、主要かつ根本的な誤りは、霊的な問題を物理的手段で解決できるという思い込みである。悪霊を祓うための暴力的あるいは不適切な物理的方法は危険であり迷信である。物理的手段は悪魔のような霊的存在には効果がない。但し、聖水やその他の聖品のように、その物質性の中に秘蹟的な意味が含まれている物品は有効であるし、危険でも有害でもない。

マスコミやその他のメディアは近年、いわゆる悪魔祓いが世界中の人々を物理的に害して来たという話を取り上げている。精神障害は治療も受けずに放置される可能性があり、基準をよく理解していなかったり適切な儀式を無視した人により、場合によっては死に至る場合すらある。特に、病気と憑依を適切に識別できなかった場合がそうである。無知で強欲な術者や自暴自棄になった家族が、しばしばこのような茶番を演じてきた。ほとんどの場合、迷信深く虐待的な行為を行なうのは素人の即興である。だがその実行者が聖職者である場合には、さらに言い訳が立たなくなる。

二〇〇三年、とある「救済」の儀式で八歳の少年が痛ましい窒息死を遂げた。この事故を受け、主宰者のレイ・ヘンフィルが逮捕された。彼は〈黙示録信仰の信仰聖堂教会 the Faith Temple Church of the Apostolic Faith〉と呼ばれる原理主義の店先教会〔訳注：店先で集会などを行なう教会。貧困地区の福音派など〕の設立者であった。彼の指導の下、彼と参加者は少年の上に乗っかって押え付け、ヘンフィルが悪魔と称するものを祓おうとしたのである。少年は重度の自閉症スペクトラムと診断されていた。このような人はしばしば言語能力が低く、そのコミュニケーション方法は素人目には「悪魔によるもの」と誤解されてしまう場合もある。法廷証言によれば、この教会の信者たちの多くは少年が憑依を受けており、悪魔祓いによって彼は「治癒」すると信じていた。

もう一つの事例。とある夫婦が、暴れる自閉症の娘を私の許に連れて来た。悪魔に憑依されているというのだ。私は毅然として彼らの誤りを正さねばならなかった。自閉症患者は時に極めて攻撃的になる場合がある。脳の主要抑制中枢、特に前頭葉に器質性障害を持つ患者も同様である。この場合もまた私はしばしば、混乱した両親に対して、このような病理学的徴候が悪霊の憑依を示していることはほとんど無いと説得しなければならない。このような患者は、その保護者がしばしば「何かしなければ」と自暴自棄になっているので、私の経験では周縁的な術者や風変わりな理論に対して特に無力である。

憑依や悪魔祓いに関するメディアの興味は指数関数的に増加している。世界中の、そしてさまざまな宗教のメディアを漁れば「悪魔祓い」の失敗事例はいくらでも出て来る。スイスの一二歳の少女が暴力的な悪魔祓いで撲殺された。ニュージーランドの二二歳の女性がマオリ族の悪霊祓いの儀式の際に溺死した。イスラムの悪魔祓いと称する儀式で、とあるドイツ人女性は何ガロンもの塩水を飲まされた。とあるムスリムの若い女性は、八日間に及ぶ悪魔祓いの「努力」の末に殴打と栄養失調で死んだ。とあるタイ人女性が、浄化のためと称して二つの大きな鉢に満たされた「聖水」を飲み干すよう仏教僧から強要された、云々。

現代のメディアが今後、これまで以上に世界中で行なわれている悪魔祓いを取り扱うようになるのは不可避的である。それと共に虐待の記事も増えるだろう。だがメディアの注目は適切にも増加しているにも関わらず、このような虐待は一般にそれに比例して増えてはいないのである。如何なる虐待であれ、当然ながら直ちにこれを突き止め、止めさせ、必要ならば起訴せねばならない。だが何よりも火急の要は、この複雑な分野に関するより良い訓練とより啓かれた理解に他ならない。

悪魔祓いの批判者は、このような虐待がある以上、悪魔祓い自体をそもそも廃止してしまえと論ずる。だがそれはあたかも、建築現場における事故傷害を防ぐために新規建築を違法化せよと言うかのごとき暴論である。真の解決策とは、その分野における、より分別ある指導と訓練に他ならない。適切な悪魔祓いの実施を禁じたり、道理に適った要求に見て見ぬ振りをすることではないのである。より多くの有能な術者育成のための努力が行なわれている。だが興味深いことに、これらの努力の幾つかはさまざまな宗教の指導者から反対されているのだ。盲人を導く盲人の好例である。

無知および誇張は常に、人間たちの理性および慎重さの対極にあった。恐らくそれが最も正鵠を射ているのは、この複雑な分野においてであろう。そこでは人々は恐れを抱き、なおかつ適切な指導を受けられることがあまりにも少ない。これを上手く表したラテン語の言葉がある。*abusus non tollit usum*――誤用法は正用法を駆逐しない。自称祓魔師が常に正しい判断を下すことはほとんどない。だがそれでも、酔っ払い運転のクルマが存在するからと言って、自動車そのものを禁止することはないのである。われわれは一部の無知な儀式――あるいは術者の所為で、悪魔祓いの価値を否定してはならない。

* * *

また、科学方面にも造詣が深く経験豊富で、分別があって適切な認可を受けた悪魔祓いの術者養成の重要性と必要性を否定すべきではない。貧弱に作られた宗教的行為と信仰という名の樽の中の魚を撃つのはあまりにも簡単すぎるし、我が国は既にそういうもので溢れ返っている。無論、救済を求める者の一部少数派は無知であり極端であるが、「反宗教派」もまた似たようなものである。数世紀に亘って論争が続いている、複雑ではあっても論理的に帰結される厄介な主題について、正気とバランスを保つ見方を維持することは困難ではある。聡明な人々は、何千年にも亘ってその複雑さを理解しようと努めてきた。時には調子が悪くて路肩に寄せたりもしつつ、また時には壮大で理解困難な宇宙の神秘を前に、極めて人間的な苦闘を繰り広げてきたのである。

私は霊的基盤のない超常現象の研究は似非科学だと見做してはいるが、純粋に霊的な、あるいはいわゆる超自然的性質を持つ現象を信じることは非合理ではないし、非合理的なものとして取り扱うべきでもない。たとえこの主題に関して何かを書いている人々に過剰や限界があるとしても。あるいは、それは「反科学的」姿勢でもない。歴史を通じて文明は堅固な霊的基盤の上に築かれてきたのである。一方また、異教あるいはオカルト的見解の上に築かれたものもある。その両者を識別することが肝要である。

これは何もこれらの社会が生得的にプラグマティズムや科学的探求に対立してきたというわけではない。これらの文化は単に物質的現実と非物質的現実の二本の柱を受け入れただけのことである。健康な文化は心霊主義者の観念に対する無限定の専心には抵抗を示す。だが同時に、あらゆる霊的体験を病理と見做すことはないし、また霊的世界の存在——奇妙にも現代的な誘惑——を否定するものでもない。

本書は以下の点を明らかにするために執筆した。私は本書全般を通じて、この主題全体に「非科学的」なものは何一つないこと、偏見なき人にとってはその証拠は圧倒的であることを論じてきた。

何年か前、私はとある一般向け科学誌のフリーランス・ライターから連絡を受けた。悪魔憑依に関する記事を準備し研究しているというのである。私が過去に書いたエッセイにも精通していた彼は、私にインタヴューを申し入れた。彼は丁重で思慮深い人物だった。彼の求めに応じて、私は自ら進んで、許可を得た今日的な事例の幾つかの梗概を彼に送付した。

それを読んだライターは全く魅了されたと言った。編集者もまた私の事例をその記事に採り入れたいと所望し、次号に掲載されることとなった。編集者曰く、悪魔憑依の問題を真剣に取り扱うには、科学的に信ずるに足る報告と、私のような学識深い精神科医の長い経験が必要なのだと。

以後、その雑誌からは全くの梨の礫《つぶて》となった。

特に驚きもしなかった。その記事はイデオロギー的および商業的理由で拒絶されたに違いない。編集部は科学指向の読者たちからの反発を恐れたのかも知れない。そうなると購読者リストに否定的な影響が及ぶということであろう。いくら偏見がないと言っても、得てしてそういうものである。「科学」雑誌ですら、特に人気のあるものはたとえ可能性の話であっても、憑依の最善の説明が現実の、本物の悪霊であるとする主張を掲載する余地はなかったのだ。何かしらの物質的な説明が必要なのである。その雑誌は恐らく霊に関する見解などは単なる無知の産物か、あるいは何であれ公表する訳にはいかない代物と判断したのであろう。出版社はこのような立場が彼らの典型的な読者を「怒らせる」と想像したのかも知れないが、私の経験ではむしろそれが掲載されれば活発な議論を呼び起こしていたであろう。数年後に『ワシントン・ポスト』に掲載した私の記事がそうであったように。

だが、私はそういうメンタリティだって理解できますよと言うと面喰らう人もいる。私だって、そういう抵抗にも肯定的な要素が確かにあることは認めているのだ。霊性のような分野には宗教的・哲学的定期刊行物や雑誌がある。のみならず「超心理学」の分野にもある。そのような題材はそこで公表すれば良い。たぶんそのような発表の場は世間ではあまり真面目には受け取られないだろうが。私だってそうだし。

だがわれわれは、この道理に適った境界線というものを尊重すべきである。「霊的」という概念は単純に科学という現代的かつ狭量な概念が正当に学ぶことのできるものを超越している。故に当然ながら、憑依だの何だのというようなものは典型的に、現代の科学誌で取り扱い可能な主題から弾かれてしまうのである。霊や祈りといった霊的現実を、金属や雲と同様の科学的調査の対象とすることは不可能である。

そして多くの点で、この世界がこの方向にしがみつくことで暮らし向きが良くなっていることは認めざるを得ない。啓蒙思想の時代以来、科学によって成し遂げられた壮麗なる進歩を見よ。医師という職業の分野においては、これらのプロトコルはワクチンや消毒、病原菌や免疫学の発見、その他多くのことを成し遂げている。われわれは飛行機を、過去に類を見ない工学的成果を、ＴＶを、コンピュータを持ち、宇宙旅行さえ可能となっている。われわれには科学者たちに感謝すべきことが山ほどある。私自身の専門である精神医学においては、入念な二重盲験法による研究と神経科学の発達から莫大な恩恵が得られている。

だがわれわれはまた、我らが科学者たちが彼ら自身の専門領域の外側にある主題に対して思い上がった態度を示すことを望まない。故スティーヴン・ホーキングは聡明な天体物理学者であったが、インタヴューを見る限り、哲学や宗教史、霊性などに関しては何も知らなかったようである。極端な専門家というものには、傑出した科学者もまさにそれに含まれるわけだが、彼らの専門分野を超えた学際的な見方をすることは困難な傾向が見られる。

憑依を真に学問的に把握するためには多くの専門分野に跨がるアプローチが必要である。そこには医学や歴史学に加えて霊性の知識が必要なのだが、純然たる科学者たちの間にはそれが稀なのだ。自らの専門分野に特化した天才は得てして自らの優れた知性が、他分野に対しても同様の権威を以て語る資格を付与していると思い込んでしまうようである——一部の裕福で成功した実業家が自分の本業には優れた能力を発揮するからと言って、自分は人生の達人であり、さらには滅多に無い人間的叡智にも恵まれていると思い込んでしまうが如しである。同じことはジークムント・フロイトにも当て嵌まるし、当て嵌めねばならない。フロイトが自らの見解の表明において引っ込み思案であったと非難する人はいない。しかしながら、彼の専門外である霊性や人類学に関する考えは素人然とした古臭いものであった。例えば既成宗教に対する彼の攻撃は一九世紀の世俗的実証主義者の偏見を反映したものであった。彼のキリスト教観は単なる反キリスト教論者の吐瀉の反映に過ぎぬ。彼自身の時代においてすら完全に論破されていた代物なのだ。

一人のアメリカ人として、私は教会と国家の分離に信を置いている。そしてまた、ある意味で科学と宗教の分離も信じている。「科学 science」という単語はラテン語の *scientia* に由来する。その元来の意味は、単に「知識」である。だが近代的な意味で用いる「科学」とは、宗教的な質問に答えることを期待されてはいない。それは聖書に科学的な質問の答えが期待されていないのと同様である。

これは何もこの両者の間に創造的かつ建設的な対話が成り立たないということではない。理性と信仰は探求の相補的な分野であり、互いに矛盾するものではないのである。正当な歴史的、あるいはその他の宗教的論争、例えば宗教的現象学および歴史学の学識は、ニュアンスに富む合理的な論考の対象となる。さもなくばわれわれは信仰を合理の外の世界に貶め、科学をして狭窄的な意味においてあらゆる問題を専断せしめることとなる。霊的問題や体験に対してすらも、である。この狭隘な定義は「科学主義」と呼ばれ、その切り詰められた境界線は宗教的問題を頭から回答不能のものとして除外するのだ。

だが宗教的問題は論争と厳密な調査の対象と為し得るし、またそうすべきである。もしもそうでなければ、われわれはもはやそれに関する研究を止め、そして理性的な人間として、それについて語ることとすら止めた方がましである。

こうした主題に関する冷静な研究を避けていては、そのような議論を未熟で未経験な者や過激派に任せてしまう危険がある。妥当な学問研究が存在しないなら、これらの分野に興味を持った男女は何の指導も無しに自力でこれらの歴然たる、だが複雑な現実を理解せざるを得なくなるのである。

私の話の多くは、科学指向の読者の方にこの区別をしていただくための試みである。ほとんどの知的な人々は、正しく説明を受けさえすれば同意していただけることに吝《やぶさ》かではないと思う。

私はこれまでに多くの霊的探求者たちと出逢ってきた。そのほとんどは真摯な人々であり、重要な問題に関して困難な質問をぶつけてきた。確かに彼らは時には型破りな答えを思いついたりすることもある。それを嘲るのは容易いが、彼らはわれわれの中でも最も鋭敏で思慮深い人々なのだ。中には否応なしに、痛烈なまでに自暴自棄となっている人もいる。死んだ配偶者や親族の死後生存の証拠を求める中年の研究者は悲しむべきことに、彼らの霊を召喚すると称する霊媒に頼る。そこで陳腐な思い出が出て来る場合もある。時には、より暗い主題も出現する。

霊的な問題において適切な方向性を持たない若い人々は、魔女術や呪文などを弄ぶかもしれない。迷える魂は、ある者は興奮を求め、あるいは誤った場所で少々の霊的慰藉を得る。だが少なくとも、彼らは探求しているのだ。

このような人はたくさんいる。そして彼らの名誉のために言うなら、彼らはもはや「そこには何もない」という物質主義者のメッセージを受け入れてはいない（たとえかつては受け入れていたとしても）。彼らは何かを探し求めている。単なる死んだ、意味なき宇宙以外のものを信じるために。彼らが思いついた信仰体系は酷い傷物かもしれない。だが、誰が彼らを責められようか、冷静かつ思慮深い案内人などほとんどいないこの状況で？

医師として、そして憑依が事実であることを信ずる者として、私は自らの意志でこれを公言し、そして本書で強調してきたように極端な懐疑主義と素朴な軽信との間の微妙なバランスを保つ責任を痛感するようになった。これらの目的に邁進する内に、やや驚いたことだが、さまざまなメディア――出版、ラジオ、オンライン、ポッドキャスト、TV――が、私の発見や観点を熱心に問うているということに気づいた。彼らの報告は、あるものはプロフェッショナルかつ正確であり、またあるものはこの主題に関する現実を歪曲している。だが総じて、メディアは私を公正に取り扱ってくれている。

＊　＊　＊

メディアのユーザからの反応は常に種々雑多である――ハードコアな懐疑派から固い信者まで。『ワシントン・ポスト』紙に掲載した私の記事に対する読者の反応を見て、私は改めて、どれほどの証拠を積み上げようと過激な懐疑派に憑依の実在と悪魔祓いの必要性を認めさせることはできないのだと悟った。それでも尚、私は主として丁重な論争は歓迎している。

ほとんどの人は「興味津々の懐疑派」の範疇に属する。そしてそうした人こそ、本書を瞠目すべき有益な書物だと考えてくれるだろう。そのためには真の科学とは何かに対する狭隘すぎる見方の限界を理解すること、そしてわれわれの認知を越えた所にある霊の領域の概念に対して寛容であることが必要である。私の体験によれば、思慮深い人ならこの二つの条件を妥当なもの――非常に人間的な衝動――と見做すはずである。ただ、このような波立ち騒ぐ海を航海するための案内人がいないだけなのだ。

エピローグ　これらの現象の背後にある真実

何故悪魔は攻撃するのか

過ぎゆく夢の束の間の記憶のように、これらの重要な事柄についての知識が消え失せないように、私はここに書き記す。
——コネティカット州創立者の清教徒トマス・フッカー

ハーヴァード大学教授であり、長期に亘って合衆国上院議員を務めたダニエル・パトリック・モイニハン曰く、「誰でも自分自身の意見を持つ権利があるが、自分自身のためだけの事実を持つ権利はない」。事実は、本書に正直かつ詳細に記したとおりである。同じような事例は幾らでも語ることができるが、既に述べたように、幾ら事例を挙げても端《はな》から耳を貸す気のない者には文字通り馬耳東風である。

私にとって、より興味深い質問は次のものである——「私たちはどうすれば、これらの現象の深層を理解できますか？」。

本書を終えるに当たって、より伝統的な見方を強調しておく。私にとってはそれは極めて首尾一貫したものと思われるからだ。私は過度に教条主義的な、あるいは教派的な傾向に陥らないようにして来た。何故なら憑依や霊の領域といった概念は世界の全ての大宗教に受け入れられ、議論されているからである。だが最後に、人は自らの結論を知らしめることによって自らの旗を掲げねばならない。ここにおいてわれわれは人間と神の神秘の領域に立ち至ったことを認めよう。究極の答えはただ神だけが御存知である。最後に私は、その答えの片鱗だけを示唆しておきたい。

私自身の経験が、それに何世紀にも亘る集合的叡智が示すところによれば、実際に悪魔は人類を——おそらく霊的に、だが同時に身体的にも——滅ぼすことに全力を傾注している。その仕事自体、かなり奇妙なことに見える。それが不可解であることを認めつつ、そこに何らかの合理性を求めることなど可能なのか？　私はしばしば訊ねられるが、何ゆえに悪霊は人を襲撃し、さらにはその人の肉体を乗っ取ってしまうことを選択するのか？

サディズム、それに「不幸は仲間を好む」という事実が答えの一部であると私は確信している。だがそれ以上に、その深層において、昔ながらの説明では彼らが人間を嫌悪するのは彼らの極度の嫉妬と神に対する憎悪の故であるとされている。彼らが斯程《かほど》に誇り高くまた嫉妬深い存在であるならば、神（および特に神人）は彼らの憎悪と苦痛を刺激するというわけだ。そしてまた、彼らの胸糞悪い活動はわれわれ人間に反映されている神の似姿に向けられているようにも見える。そう、彼らはわれわれを堕落させ、彼らの「側」へと取り込みたいのだ。これは確実なことと思われる。われわれ人間は愛するという能力を保持している。それは神を拒んだ悪魔たちが失った、あるいは棄て去った能力である。悪魔の世界はわれわれの愛ある人格を毀損し、霊性を破壊し、そして可能なら肉体的な死をもたらそうとする。

これらの恐ろしいエピソードの根本原因を思量するならば、あらゆる主要な文明において議論されてきた千古の疑問へと逢着せざるを得ない。すなわち、そもそも何ゆえに悪は存在するのかという疑問である。これと関連した疑問として自由選択の概念がある。あらゆる霊的伝統の思想家たちは長年に亘り、この難問を論じてきた。知性ある霊が――悪魔であれ天使であれ――多種多様な倫理の径を自由に選択する能力と意思において、人間と些かなりとも異なっているなどということがあろうか？　そして彼らの超越的な力からして、悪霊はわれわれ人間が人間に対してもたらしうる以上の荒廃をもたらすことができるのである。ローマの諺《ことわざ》に曰く、*corruptio optimi pessima*「最良なるものの腐敗は最悪である」。腐敗したといえども純然たる霊であるから、悪魔の力と知性は人間の力や知性を凌駕している。故に彼らが混乱と悲惨を創り出す能力も人間より高いのである。

そういうわけであるから、彼らよりもさらに強い力によって縛っておかない限り、そのようなことが実際に起るのである。多くの思想家はまさにそのことを教えてきた。聖なる存在、聖なる対立者――神、天使、聖人、聖なる存在、そしてなにより有能な祓魔師――のみが、真に彼らに立ち向かい、被害者を救済する力を持つのであると。だがそうであっても、被害者たる人間は通常、彼らの努力に協力せねばならない。

　とある哲学者によれば、サタンと悪霊はもしも妨げがなければわれわれを皆殺しにするだろうという。私はかつてこの考えを一種の迷信、中世的な誇張であると考えていた。だが今の私は、この言葉が真実であると確信している。

　神の許容的な意志——あくまでも限られた期間であるが——を、神の能動的な願いであると誤解してはならない。神は悪によって善をもたらすことができるという伝統的な教義は無論、すんなりとは受け入れがたい。特に自分自身が本書で書かれたような恐るべき襲撃の、あるいは、何であれ悲惨な出来事の不運な被害者となった場合にはそうであろう。

　人間にすらこのようなサディスティックな行為が可能であるのなら、悪意ある霊が同様に振舞うことに疑いの余地があろうか？　イントロダクションにおいて私は悪魔を「宇宙的」テロリストと呼んだ。多くの大衆にとって、過去数十年の間にこの言葉はますます適切かつ具体的な意味を帯びるようになった。同様に、彼らをナチスの親衛隊やクメール・ルージュの狂信者、一般的な凶徒、ありとあらゆるサディストなどに準《なぞら》えることもできよう。

　このような「リスク」のために、哲学者たちは長年の間このような人間や霊——自由意志を持つが、巨悪を為すこともできる——の創造は正しいことだったのか、それには「価値」があったのかと熟考してきた。だが人間の世界にとっても霊の世界にとっても、自由なき愛、悪の可能性なき善は、たとえ論理的には可能であったとしても、多くの学識深い思想家にとっては信じがたいものであった。

善を拒絶して悪へと向かった悪魔は、また意識的もしくは暗黙の内に神を拒絶し「自分自身の場所」を選んだ。哲学者たちは「悪の魅惑」を語っている。真っ当な精神の持ち主にとってはどれほど不快なものであるとしても。残酷な霊は、まさに彼らがそうなのだが、自ら見出しうるところに自らの満足を見出しているのだと思う。そして彼らは自らの選択をした。推し量ることは困難であり、間違いなく彼らは視野狭窄であるが、彼らが自らの所属を変えたがっているという形跡はない。

多くの現代の信者の間ではこのような観念が一般的であるが、同時にまた遙か昔から——原始教会の頃の少数派の見解から、過去数十年の間に加速された近年の学問的傾向にいたるまで——悪霊と(この思弁の主要な目的である)人間両方のための普遍的救済の可能性に関する思弁があった。それは私に言わせれば複雑に入り組んだ議論であり、たぶん願望的思考の類いと見なせるだろう。支配的な本流の伝統は、各個人——霊も人間も含めて——の選択によって神意を拒絶することは、意識的にせよ暗黙にせよ、恐らくそのまま固定され取り消すことはできない。その理由は知る由もなく、これまた伝統的な宗教用語で言う処の「神秘」なのである。

同じように知る由もないのは、この運命の正確な性質である。これらの観念を信ずる現代の宗教思想家のほとんどは、神がある種のサディスティックな拷問者であるなどということは絶対にあり得ないと認めてはいるが。究極の愛と幸福の源である神からの永遠の断絶の可能性こそ、地上における無価値な生が死後に迎えることになる、この上なき苦痛にして悲劇なる結果なのかもしれない。

このような白熱する問題に関する議論は、言うまでもなく果てしがない。だが私は単純に、これらの重苦しい問題の更なる意味についてはどうぞ自分の頭で考えてごらんなさいと読者に促すだけである。

＊　＊　＊

私は聖職者でもなければ導師《グル》でもないし、またそのような模範的な人になろうとしたことすらない。私は単なる医師であり、甚だしい苦痛と混乱の中にあって私のところに来た人々を助けようとしたただけの者である。だがその結果として「鏡におぼろに映ったもの」を多少はっきりと垣間見ることができるようになったと思っている――それは特権であると同時に、責任でもある。そんなわけで最終的に私は自分の発見を人々と共有することが私の責務だと考えた。

ここにこの問題を強調する最後の物語を記す。正直な読者がこれらの問題に直面する時に熟考すべき個人的難問である。ローマにはこんな言い回しもある。*tua res agitur*、ざっと訳せば「これはあなたの問題でもある」という意味だ。

あの領域は、われわれ全員を注視している。これまでの経験の結果、それは私にとっては歴然たる事実である。次の話のように。

数週間ほど間を置いた二度の機会に、まずは若い娘が、次に母親と息子が私の許に相談に来た。

各々、悪霊の攻撃を受けていると訴えた。若い娘の方はとある呪術師《ブルホ》と会っていた。彼女の話に特定の意味を見出すことができたのは私だけだった。彼が彼女に与えた裏表のある札には「スカリアス」と書かれていた。第7章でキャサリンを苦しめていた悪霊の名前である。当然ながら、彼女もブルホもキャサリンに会ったことはないし、両者の住んでいる場所は八〇〇マイルも離れている。そしてわれわれは札の裏面に書かれた単語に当惑した。「ブロッコリ」。何故その単語がそこに書かれているのか見当も付かないと彼女は言った。それに彼女はその野菜から特段連想する事柄もなく、また好き嫌いもなかった。

それについては一旦忘れることにした。

それからおよそ二週間後、私のよく知る敬虔な司祭からの紹介で、エクアドル人の女が一二歳の息子を連れてやって来た。悪霊が彼を苦しめているのかどうか判断してくれというのである。彼の事例には特定の超自然的要素が見られることから、申し立ては信頼できると考えると私は告げた。少年が立ち上がって立ち去ろうとした時、私はその悪霊は名前を名乗ったかと訊ねた。彼は私を見て言った、「はい、彼は言いました、俺の名前はブロッコリだと」。

これらの名前の重要性を知り得たのは私だけである。それは明らかに、我らが仇敵なる悪魔からの、この私に対するメッセージであったのだ。手を引け、とか？

さらに重要なことにこの逸話は、暗黒の世界はすぐそこに存在しているという事実を例示している。その世界は単に私のみならず、われわれ一人一人のことを熟知しているようなのだ。それは我ら哀れな人間を蔑み、奇妙にも、われわれを誤らせ害するために注力している。とはいえ、私がここで述べていることは新しいことでも持論でもない。

私は本書において、この伝統的な見方に対する強力な証拠を詳細に提示し得たことを願う。強力な証拠なしに、どうして合理的な人がそれを信じようか？

確かにこの証拠は歴史を通じて常に誇張と混乱、過剰反応、そして本書にも記した異常な虐待などと絡み合ってきた。だがそれも当然である。人間というものは、とかく否定したり無視したり、あるいは見通しを失ったりするものなのだから。

数学の天才ブレーズ・パスカルは、本物と想像上の奇蹟――これまた混乱とペテンに取り巻かれた主題――について興味深い結論を下している。パスカルは宗教史と人間の本質に関する明敏な学徒であった。曰く、「もしも本物の奇蹟がなければ、あれほど多くの似非奇蹟は起らないだろう」。

歴史上の奇蹟に関する彼の指摘は、悪魔による現象に関する記録された長い論争と類似している。パスカルは奇蹟に関する多くの誤った、あるいは誇張された報告が、本物の奇蹟から借り物の正当性を引き出していることを知っていた。それらは人々に混乱をもたらし、偽りの希望と軽信的な反応を刺激する。それはまさしく、これらの誤った主張が稀少な本物との誤った類似に基づいているからである。憑依は、本物であれ偽物であれ、その意味ではまさに正鵠を射た相似物と言えるだろう。

もう一つの伝統的な信仰として、悪魔の世界の醜悪な現実を否定したり、あるいは過度に関心を持ったりすること――神の存在とその愛、摂理を信ずることとの対極――はいずれも、賢明ではない。それでも我ら人間の責務は、宇宙におけるわれわれの状況の全ての側面に関して、穏健に注意を払うことであろう。あまり心地よくない側面に対しても。賢明な人は現実から目を背けることはしない。どれほど不愉快な、あるいは理解困難な現実であれ。

私は、これらの証言のどれ一つを取っても、「科学」が理解しているものと矛盾するものではないということを示せたことを願う。恐らくそれこそが本書の主要テーマである。この科学的に信頼しうる証拠という点こそ、このありのままの現実に対して、われわれ全員の目を覚《さま》させるものなのだ。

謝辞

長年に亘り学部長を務められたジョセフ・イングリッシュ博士に感謝を捧げる。研究プロジェクトに関する博士の弛まぬ激励は、「物議を醸す《コントロヴァーシャル》」という言葉に新たな意味を付与した。

原稿を書いたのは私だが、貴重な助言をいただいた数名の方に感謝する。ハーパーコリンズの素晴らしい編集者であるマイルズ・ドイルとシドニー・ロジャーズに。友人であり有能な著述家であるジョン・ライアンに。才能ある言葉の使い手――ラテン語を含む――であるジョン・ファレンに。そしてこの稀少な分野における同僚であり、ヨーロッパ在住の歴史学と人類学の独立研究者であるウィリアム・ギャラガーに（別に親戚ではない）。

既に帰天されたが、百戦錬磨にして博学なる三名の祓魔師に。お名前は秘すが、そのご指導いただいた叡智と、友情に感謝する。また、本書の執筆を奨励していただいた。二度とお目に掛れぬことは返す返すも残念であり、彼らなくしては本書の執筆は不可能であった。
書籍販売人のドン・フェールと法学博士スチュアート・リヴァイにも感謝を。*a grazie anche al maestro Sal.*
最後に、原稿に目を通してくれた何人かの友人と同僚たちへ。いつもながらの有益なコメントに感謝する。

原　注

†1　最初の引用はハーヴァード大学医科大学院精神科助教授にして、ケンブリッジ・ヘルス・アライアンス精神医療および依存症治療部部長マーク・アルバネーゼ博士。二番目の引用はワイル・コーネル医科大学院神経学科教授にして、アメリカ神経学アカデミー元局長、現在はヒューストン・メソジスト病因神経学部グラハム・ファミリー特別教授であるジョセフ・マスデウ博士。祓魔師からの所見は、サン・ホセ教区ゲイリー・トーマス神父。著者のCNNオンライン・プロファイルに引用されているインタヴューは、John Blake, "When Exorcists Need Help, They Call Him," CNN Health, August 4, 2017, https://www.cnn.com/2017/08/04/health/exorcism-doctor/index.html.〔訳注：現在は削除→https://edition.cnn.com/2017/08/04/health/exorcism-doctor に移動〕

†2　Richard Gallagher, "As a Psychiatrist I Diagnose Mental Illness. Also, I Help Spot Demonic Possession," *Washington Post*, July 1, 2016, https://www.washingtonpost.com/posteverything/wp/2016/07/01/as-a-psychiatrist-i-diagnose-mental-illness-and-sometimes-demonic-possession/.

†3　Blake, "When Exorcists Need Help."

†4　Jennifer Robison, "The Devil and the Demographic Details," Gallup, February 25, 2003, https://news.gallup.com/poll/7858/devil-demographic-details.aspx. この報告書では、アメリカ人の七〇%が悪魔と地獄の

存在を信じている。二〇〇七年のピュー研究所の調査では、「一〇人に一人以上のアメリカ人［一一%］が、悪魔祓いを体験もしくは目撃したことがある」という。Russell Heimlich, "Witnesses to Exorcisms," Pew Research Center, Fact Tank, November 12, 2007, https://www.pewresearch.org/fact-tank/2007/11/12/witnesses-to-exorcisms/.

†5 ここで言及されている論文は、"A Seventeenth-Century Demonological Neurosis." in *The Standard Edition of the Complete Psychological Works of Sigmund Freud*, Vol. XIX, ed. and trans. James Strachey (London: Hogarth, 1923), 72–103.。以下の参照およびフロイトの引用もまたこの版より。

†6 Aldous Huxley, *The Devils of Loudun* (London: Chatto & Windus, 1952).

†7 Jean Lhermitte, *Diabolical Possession, True and False* (London: Burns & Oates), 1963. 原書（フランス語）*Vrais et faux possédés* (Paris: Fayard, 1956); アメリカ版 *True and False Possession* (New York: Hawthorn, 1963).

†8 William Blatty, *The Exorcist* (New York: Harper and Row, 1971).

†9 オットー・カーンバーグ博士の理論と治療法に関しては、多数の文献がある。Otto F. Kernberg, *Severe Personality Disorders: Psychotherapeutic Strategies* (New Haven: Yale Univ. Press, 1984) および Frank E. Yeomans, John F. Clarkin, and Otto F. Kernberg, *A Primer of Transference-Focused Psychotherapy for the Borderline Patient* (Northvale, NJ: Jason Aronson Press, 2002). を参照。

†10 Richard Eugene Gallagher, Barbara L. Flye, Stephen Wayne Hurt, Michael H. Stone, and James W. Hull, "Retrospective Assessment of Traumatic Experiences (RATE)," *Journal of Personality Disorders* 6, no. 2 (1992): 99–108.

†11 Malachi Martin, *Hostage to the Devil: The Possession and Exorcism of Five Living Americans* (New York:

Reader's Digest Press, 1976).

†12　ローマ典礼のラテン語版（*Rituale Romanum*）が最初に出版されたのは一六一四年。ラテン語テキスト（英訳付）は、Philip T. Weller, *Roman Ritual*, 3 vols. (Boonville, NY: Preserving Christian Publications, 2007) に所収。現代式儀礼は一九九八年にヴァティカンによって認可され、一九九九年一月に *De exorcismis et supplicationibus quibusdam* として出版された。認可された英訳版である *Exorcisms and Related Supplications* は二〇一七年出版（Washington, DC: US Conference of Catholic Bishops）。

†13　ジュリアに関する章の出典は、イントロダクションに述べた通り、必然的にこの主題に固有の史実的・観測的データに依拠している。ジュリアの「心霊的」能力、憑依状態、彼女の関係者の数名の活動等に関して私が直接体験したことについては完全なる事実である。また、私が直接詳細に面談調査に当たった多様かつ多数の信頼すべき報告者たち——偽名ではあるがジェイクス神父とA神父、およびその他大勢の参加者たち（彼らの証言は細部に至るまで一致している）による、彼女の祓魔式に関する証言の真正性についても確信を持っている。彼女の内的な首尾一貫性、および彼女の憑依事例と記録に遺された歴史上の事例との驚くべき類似性は、本件に更なる信憑性を付与するものである。但し、彼女の事例に特有の強烈さは並外れている。

　彼女のカルトに関する話は主として彼女自身から私が聞いた内容に依拠している。故に確実性は劣るかもしれない。一方、ジュリアの話は常に首尾一貫しており、その話しぶりも真面かつ知的であった。さらに、彼女は私に対しては絶対に嘘はつかないと何度も主張し、また話を誇張する理由もなさそうに見えた。既述の通り、何にせよ彼女の側に虚偽の主張の認識があったのならば、彼女が求めていた儀式を挙行する二人の司祭の意欲も深刻に削がれていたであろう。私はまた、彼女とカルトとの関わりの多くの特徴を傍証する文書もジェイクス神父から提供されていた。最後に、カルトのメンバーの実在と活動に関する独立した証言がある。その活動には、第3章の話全体に仄めかされている脅迫的行動も含まれる。

†14 Isabel Vincent, "I Was an MS-13 Gang Member — and Got Out Alive," *New York Post*, June 10, 2017, https://nypost.com/2017/06/10/i-was-an-ms-13-gang-member-and-got-out-alive/.

†15 M. Scott Peck, *Glimpses of the Devil: A Psychiatrist's Personal Accounts of Possession, Exorcism, and Redemption* (New York: Free Press, 2005).

†16 私は、現代の事例だけでも、祓魔式の最中の空中浮揚に関する信頼すべき事例を一五件ほど直接聞き及んでいる——目撃者は三四名に及ぶ。事例の一つは、私の知り合いであるヨーロッパ人教授から聞かされたもので、彼自らが祓魔式中に目撃したという。

†17 Colin Wilson, *The Occult: A History* (New York: Random House, 1971), 178.

†18 Joseph De Tonquédec, *Les maladies nerveuses ou mentales et les manifestations diaboliques* (Paris: Éditions Beauchesne, 1938).

†19 精神病の診断用語は *Diagnostic and Statistical Manual of Mental Disorders* (DSM-5), 5th ed. (Washington, DC: American Psychiatric Association Press, 2013) より。

†20 Arthur Kleinman, *The Illness Narratives: Suffering, Healing, and the Human Condition* (New York: Basic Books, 1988), および Kleinman, *Patients and Healers in the Context of Culture: An Exploration of the Borderland Between Anthropology, Medicine,and Psychiatry* (San Francisco: Univ. of California Press, 1980).

†21 Frank Hammond and Ida Mae Hammond, *Pigs in the Parlor: A Practical Guide to Deliverance* (Kirkwood, MO: Impact Christian Books, 1973).

†22 Thomas Aquinas, *Summa Theologiae*, ed. P. Caramello (Turin: Marietti, 1963).

†23 アーリングの事例に関しては、Carl Vogl, *Begone, Satan: A Soul-Stirring Account of Diabolical Possession* (1935; Charlotte, NC: Tan Books, 1973) を参照。

†24 René Laurentin, *Le Démon: Mythe ou réalitié* (Paris: Fayard, 1995).

†25 Gabriele Amorth, *An Exorcist Tells His Story* (San Francisco: Ignatius Press, 1999). 〔訳注：邦訳『エクソシストは語る』エンデルレ書店〕

†26 William Friedkin, "The Devil and Father Amorth: Witnessing 'the Vatican Exorcist' at Work," *Vanity Fair*, October 31, 2016, https://www.vanityfair.com/hollywood/2016/10/father-amorth-the-vatican-exorcist.

†27 Benigno Pallila, *Rescued from Satan: 14 People Recount Their Journey from Demonic Possession to Liberation* (San Francisco: Ignatius Press, 2018).

†28 Matt Baglio, *The Rite: The Making of a Modern Exorcist* (New York: Random House, 2009).

†29 Erika Bourguignon, "Introduction: A Framework for the Comparative Study of Altered States of Consciousness," in *Religion, Altered States of Consciousness, and Social Change*, ed. Erika Bourguignon, 3–35 (Columbus: Ohio Univ. Press, 1973).

†30 "In U.S., Decline of Christianity Continues at Rapid Pace," Pew Research Center, October 17, 2019, https://www.pewforum.org/2019/10/17/in-u-s-decline-of-christianity-continues-at-rapid-pace/ より。

†31 T. K. Oesterreich, *Possession Demoniacal and Other Among Primitive Races, in Antiquity, the Middle Ages and Modern Times* (New York: Routledge and Kegan Paul, 1930).

†32 "The Mail," *New Yorker*, November 18, 2019, p. 5, Christine Smallwood, "Astrology in the Age of

Uncertainty," *New Yorker*, October 28, 2019. に対する返信。

†33　"Paranormal America 2018: Chapman University Survey of American Fears," Chapman University, Wilkinson College of Arts, Humanities, and Social Sciences, October 16, 2018, https://blogs.chapman.edu/wilkinson/2018/10/16/paranormal-america-2018/.

†34　Anton Troianovski, "A Shaman with a Plan to Cure Russia's Ills: Exorcise Putin," *New York Times*, October 10, 2019, A4, オンラインでは" 'An Exorcism Must Be Done': An Anti-Putin Shaman Sets Off Unrest," October 9, 2019, https://www.nytimes.com/2019/10/09/world/europe/shaman-putin-dissent.html で配信。

†35　Laura M. Holson, "Witches Are Having Their Hour," *New York Times*, October 11, 2019, last updated October 24, 2019, https://www.nytimes.com/2019/10/11/style/pam-grossman-witch-feminism.html.

†36　Herbert Thurston, *Ghosts and Poltergeists* (Chicago: Gateway, 1953).

†37　Lawrence Pazder and Michelle Smith, *Michelle Remembers* (New York: Simon & Schuster, 1980).

†38　Mike Warnke, *The Satan Seller* (Alachua, FL: Bridge-Logos, 1972).

†39　Gail S. Goodman, Jianjian Qin, Bette L. Bottoms, and Phillip R. Shaver, "Characteristics and Sources of Allegations of Ritualistic Child Abuse," Final Report to the National Center on Child Abuse and Neglect, US Department of Justice, 1994, pp. 1–15. B. L. Bottoms, P. R. Shaver, and G. S. Goodman, "An Analysis of Ritualistic and Religion-Related Child Abuse Allegations," *Law and Human Behavior* 20, no. 1 (1996): 1–34 を参照。

†40　Lawrence Wright, *Remembering Satan* (New York: Vintage, 1994).

†41　Paul R. McHugh, *Try to Remember: Psychiatry's Clash over Meaning, Memory, and Mind* (London: Dana,

2008).

†42 Marsha M. Linehan, *Cognitive-Behavioral Treatment of Borderline Personality Disorder* (New York: Guilford Press, 1993).

†43 Ernest Jones, *Life and Work of Sigmund Freud*, Vol. 1 (London: Hogarth, 1953).

†44 Peter Gay, *Freud: A Life for Our Time* (London: J. M. Dent & Sons, 1988), 94, 96.

翻訳者あとがき

本書は、リチャード・ギャラガー著『悪魔なる仇敵《きゅうてき》――憑依《ひょうい》、悪魔の攻撃、および超自然を探究した精神科医としての我が二五年』（Richard Gallagher, MD: *Demonic Foes: My Twenty-Five Years As A Psychiatrist Investigating Possessions, Diabolic Attacks, And The Paranormal*, HarperOne, New York, 2020）の全訳です。邦題はご覧の通り『精神科医の悪魔祓い《エクソシズム》』という内容に即したものとなりましたが、著者本人は原題の「悪魔なる仇敵 Demonic Foes」というフレーズが相当お気に入りと見えて、本書の中でも形を変えながら何度も登場しています。

そんなギャラガー博士ですが、本書の原書巻末にプロフィールが掲載されておりましたので、ここにそれを翻訳掲載致します。

著者について

有資格の精神科医である医学博士リチャード・E・ギャラガーは、ニューヨーク医科大学臨床精神科教授、コロンビア大学精神分析研究所教授会員。「ファイ・ベータ・カッパ」メンバー〔訳注：成績優秀者の友愛会〕。プリントン大学を「マグナ・カム・ラウディ」〔訳注：第二位の成績〕で卒業。スティネック・クラス賞受賞（古典ラテン語およびギリシア語の奨学金）。イェール大学医学部精神科専門医学実習生として訓練を受け、現在ニューヨーク州ヴァルハラにて開業。

ギャラガー博士は一九九〇年代初頭の創設以来、国際祓魔師《ふつまし》協会のメンバーであり、アメリカ人として最古参。長年、同協会における唯一の俗人、精神科医として運営審議会の科学顧問を務める。また、合衆国における祓魔師集団の育成に尽力。特に、憑依事例およびその他の悪魔の攻撃に関して、医学的・精神医学的病理学の観点からの識別を専らとす。

過去二五年以上に亘り、ギャラガー博士は何百人というキリスト教聖職者、司祭、ラビ等（およびその他の宗教の聖職者）の他、本書の主題領域において、無数のメンタルヘルス専門家らの相談に乗ってきた。医学的観点から見た悪魔憑依について、およびそのような極めて稀少な症例と、遥かに一般的な精神的・身体的疾病とを識別することの死活的重要性について、幅広く発信・講義してきた。

右記の団体、および他の如何なる学術的・宗教的組織も、本書で表明された観点もしくは語られた話にいかなる責任をも負うものではない。また、博士は他の如何なる医師よりも、そして恐らくは世界の誰よりもこのような事例を目の当たりにしてきた医師であるが、右記の団体がそれを証明したこともない。

このプロフィールからも窺えるように、博士はアメリカを代表する優秀な精神科医であり、古典語を含むいくつもの言語を操る才人です。そして本書をお読みいただければお解りの通り、博士はそのキャリアにおいて、「悪魔なる仇敵」と実際に幾度も相見《まみ》え、これと闘って来ました。これほどの卓越した知性と科学的知見を持つ人物が、自らの実体験に基づいてここまで確言しているのですから、この世界に悪魔と呼びうる存在が確かに実在しており、人間に対して各種の攻撃を実際に仕掛けている、としか解釈のしようのない現象が起っていること自体は間違いないようです。それを読者諸賢がどのように解釈されるかはまた別の問題でありましょうが。

さてその悪魔ですが、本文中では実はさまざまな呼び方をされています。devils、demons、evil spirits、単にspirits、そしてdemonic foes。これらはいずれも同じものを指していると思われますが、一応訳語としてはdevilsとdemonsは「悪魔」、evil spiritsは「悪霊」としておきました。但し厳密な区別はありません。

訳語に関してもう一つ。ジェイクス神父によれば、悪魔の攻撃には主として三種類あるそうです。possession、oppression、infestation。このうち、oppressionは「憑依にまでは至らぬほどの、軽めの攻撃」というほどの意味だそうですが、通常は「圧迫」「虐待」「迫害」などと訳されます。またやこしいことに「憂鬱」や「抑圧」のような精神医学的な意味もあるのですが、いずれもジェイクス神父の言う特殊な意味にはしっくりきません。悩んだ末、通常は滅多に使われないであろう「苛虐《かぎやく》」という語を当てました。もう一つ、vexation と呼ばれる攻撃もあり、これも人によっていろいろ定義が違うようですが、あまり日常的に使われない特殊な用語として「障礙《しようげ》」としました。坪内逍遥の『該撒奇談《しいざる》　自由太刀余波鋭鋒《じゆうのたちなごりのきれあじ》』の一節「いかなる悪魔の障礙なるか」の借用です。

最後になりましたが、毎度のごとく遅れがちな翻訳者の仕事を寛容にお待ちいただいた国書刊行会の清水範之編集長、今回編集の労を執って戴いた畏友・古川順弘氏に篤く御礼申上げます。

二〇二一年夏

翻訳者識

著者略歴

リチャード・ギャラガー（Richard Gallagher）

アメリカの精神科医。プリンストン大学卒業後、イェール大学医学部精神科専門医学実習生として訓練を受ける。ニューヨーク医科大学臨床精神科教授、コロンビア大学精神分析研究所教授会員、国際祓魔師協会会員。ニューヨーク州ヴァルハラにて開業医としても活動している。1990年代から「悪魔憑き」「憑依」の症例にたびたび遭遇し、医師・医学者としてその診断・治療に携わり、またこの問題に取り組むカトリック司祭、ラビなどの宗教的聖職者や祓魔師（エクソシスト）の相談役を務める。「憑依」の診断・研究に関する精神医学分野におけるエキスパートであると同時に第一人者でもある。

訳者略歴

松田和也（まつだかずや）

翻訳家。スティーブン・ネイフ他『ファン・ゴッホの生涯』、マグナス・ヘイスティングス『WHY DRAG ？』（以上国書刊行会）、ジュリア・ブラックバーン『黒の画家　フランシスコ・ゴヤ』、W. W. Y. ウォング『ゴッホ・オンデマンド』（以上青土社）、バート・D. アーマン『書き換えられた聖書』（ちくま学芸文庫）等、翻訳書多数。

精神《せいしん》科《か》医《い》の悪魔祓い《エクソシズム》

デーモンと闘《たたか》いつづけた医学者《いがくしゃ》の手記《しゅき》

2021年9月20日　初版第1刷印刷
2021年9月30日　初版第1刷発行

著　者　リチャード・ギャラガー

訳　者　松田和也

発行者　佐藤今朝夫

発行所　株式会社国書刊行会
〒174-0056　東京都板橋区志村1-13-15
電話：03-5970-7421　FAX：03-5970-7427
URL：https://www.kokusho.co.jp
E-mail：info@kokusho.co.jp

装　幀　Malpu Design（清水良洋）

印刷所　中央精版印刷株式会社

ISBN 978-4-336-07248-1 C0010
乱丁・落丁本はお取り替えいたします。